ŒUVRES DE M. PAUL BUESSARD

ENSEIGNEMENT BUESSARD. — ÉTUDES SOCIALES. — ŒUVRE PHILODÉONIQUE
22 cours. 3 ouvrages. 3 ouvrages.

FÊTES ET CHANTS PHILODÉONIQUES
12 fêtes, 37 chants et 3 autres musiques

80 OUVRAGES FORMANT UNE IDÉE UNITAIRE, AUXQUELS ON PEUT SOUSCRIRE
ENSEMBLE OU SÉPARÉMENT

ENSEIGNEMENT BUESSARD

Honoré de plusieurs médailles.

MÉTHODE

POUR LES GENS PRESSÉS ET ÉDUCATION DANS LA VÉRITÉ ET DANS
LA DIGNITÉ

Arithmétique

BUREAU DE SOUSCRIPTION

CHEZ M. PAUL BUESSARD, GRANDE RUE DE PASSY, 44

Dépôt de la rive droite

CHEZ BRÉAUTÉ, PASSAGE CHOISEUL, 28

Dépôt de la rive gauche

CHEZ LAROUSSE ET BOYER, RUE ST-ANDRÉ-DES-ARTS, 49

Z. 17°

V
✳

Ⓒ

12378

ENSEIGNEMENT BUESSARD

<----->

EXPOSÉ

DE LA MÉTHODE POUR LES GENS PRESSÉS

ENSEIGNEMENT BUESSARD

EXPOSÉ DE LA MÉTHODE POUR LES GENS PRESSÉS

Le monde se compose en grande majorité, d'ignorants, et l'ignorance du plus grand nombre tient beaucoup à la lenteur et à la difficulté de la méthode ordinaire qui ne convient pas à la majorité, aux gens pressés, soit qu'ils quittent la classe encore jeunes et dès après la première communion, soit qu'ils n'aient qu'une éducation manquée et qui demande à être refaite rapidement. Les trois quarts des élèves quittent l'école sans avoir même l'instruction première et usuelle; sur une classe de trente élèves, il n'y en a que cinq ou six qui marchent, les cinq ou six qui ont une intelligence et une volonté exceptionnelles. Il en est des intelligences comme des cœurs, la majorité est médiocre et tout moyen d'enseignement basé sur une abstraction ou sur un raisonnement soutenu ne va pas à l'enfant; pour une nature intelligente et appliquée il y en a vingt médiocres et paresseuses avec lesquelles toute méthode longue et difficile n'arrivera jamais. L'ignorance du plus grand nombre est un triste fait qui met en droit de penser que le système ordinaire d'enseignement n'est pas ce qu'il peut y avoir de mieux et je crois avoir eu une idée utile et rendu service en créant une méthode plus facile et plus rapide qui procure l'instruction à ceux avec lesquels les méthodes routinières avaient échoué.

Par ma méthode pour les gens pressés, mon but est de mettre à même d'abord l'enfant de dix ans d'acquérir dans deux ans l'instruction usuelle: français, calcul, tenue des livres, histoire et géographie usuelles, puis l'adulte à éducation manquée de refaire en peu de temps son instruction entière ou partielle. Méthode établie sur trois moyens de mnémothecnie naturelle : 1° chaque étude resserrée dans un cadre que toute intelligence difficile et toute personne pressée puissent parcourir; 2° chaque réponse dans une formule courte formant une liaison d'idées, sans rien de factice, et rapide à apprendre et à repasser; 3° des petits papiers mnémotechniques de récapitulation mettant à même de repasser rapidement une étude et d'être sûr des questions qu'on sait et de celles qu'on ne sait pas. J'ai rompu avec la routine parce qu'elle ne réussissait pas avec la majorité

1

des élèves; mais, ce n'est point une utopie que mes moyens d'enseignement puisque je les applique depuis 1837; ma méthode pour les gens
pressés est établie sur des moyens en dehors de la routine, mais consacrés par un succès de vingt cinq années sur plus de six mille élèves dont
j'ai été le professeur dans différentes familles et institutions de Paris et
dont j'ai refait en peu de temps les éducations manquées. Une méthode
ne se juge que par ses résultats et j'offre à chacun une épreuve concluante
sur des élèves attardés.

GRAMMAIRE.

Ma grammaire se divise en sept études. 1. L'orthographe de principes;
2. l'étude des verbes; 3. l'orthographe d'usage; 4. l'étude des 600 homonymes; 5. la syntaxe usuelle; 6. la grammaire générale; 7. le français
pour les étrangers.

L'ORTHOGRAPHE DE PRINCIPES.

L'orthographe de principes sans abstractions grammati-
cales, toutes les difficultés prises une à une et chacune résolue
par un simple regard ou par un changement indicateur.
Grammaire de principes en quatre pages, pouvant être ainsi
apprise rapidement et repassée sans cesse.

L'exercice des pourquoi faisant sans cesse écrire et repasser
les règles, et donnant un mot type pour écrire tous ceux soumis à la même règle; exercice des pourquoi remplaçant
l'abstraite et stérile insignifiance et les pertes de temps de
l'analyse grammaticale et logique. Cette dernière surtout est
une abstraction difficile et qui n'enseigne à écrire aucun mot.
L'analyse grammaticale a une certaine utilité, mais fait perdre
trop de temps à des choses inutiles; l'exercice des pourquoi,
au contraire, ne porte que sur les mots essentiels. J'ai conservé des devoirs d'élèves qui faisaient sans faute une analyse
grammaticale, une analyse logique et un verbe, et qui avaient
cinquante fautes de principes dans une dictée d'une page.

Voici quelques exemples du système des yeux :

Ce sont, se sont. Ce, devant nom, *se*, devant verbe; phrase-
type du modèle des pourquoi : ce sont ces messieurs qui se
sont contrariés. Pourquoi : ce sont, par un *c*, parce qu'après
ce sont, il y a messieurs, qui est substantif; se sont, par un *s*,
parce qu'après se sont, il y a contrariés, qui est un verbe.

Impératif, s moins ε muet. Phrase-type : écris-moi et ne crie pas. Pourquoi : écris-moi, un s, impératif sans ε muet. Ne crie pas, sans s, impératif avec ε muet.

Voici maintenant deux exemples par les changements indicateurs : *a, sans accent*, quand par avait. Phrase-type : il a manqué à ses devoirs. Pourquoi : le premier *a* sans accent, parce qu'on peut dire : il avait manqué.

Distinguer les temps des verbes. Changer par le pluriel. Il faut que j'aie la conscience que j'ai. Pourquoi : le premier que j'aie par un *e*, parce qu'en changeant par le pluriel, on dirait que nous ayons ; le second sans *e*, parce qu'en changeant par le pluriel, on dirait que nous avons. Si l'on fait des fautes, c'est qu'il est souvent difficile de distinguer si c'est l'indicatif ou le subjonctif, le passé défini ou l'imparfait, le futur ou le conditionnel ; voilà un moyen facile.

Les deux tiers des difficultés de l'orthographe de principes peuvent être résolus par le système des yeux ou par un changement indicateur, et, comme on le voit, je résume chaque règle dans une ligne ou dans une demi-ligne afin qu'on puisse l'apprendre rapidement et la retenir facilement.

Les deux genres ordinaires de participes peuvent s'écrire par le système des yeux. Quant aux difficultés exceptionnelles, le moyen d'en venir à bout, c'est de les prendre une à une, d'appeler sur chacune d'elles une attention spéciale et de donner un moyen simple de les résoudre. Une seule règle pour les deux participes ordinaires et pour les douze cas spéciaux ne vaut rien et ne m'a jamais réussi ; il faut, au contraire, préciser chaque difficulté. Par exemple, le participe suivi d'un infinitif : la romance que j'ai entendu chanter par la femme que j'ai entendue chanter. Si l'élève fait les deux questions ordinaires sur la romance que j'ai entendu chanter : entendu quoi ? ou qui est-ce qui est entendu ? il pourra se répondre naturellement, la romance, et alors il accordera le participe entendu ; il fera une faute. Moi je lui donne ce moyen :

Participe suivi d'un infinitif. Question avec le nom sur l'infinitif. Réponse : oui, j'accorde ; réponse : non, je n'accorde pas. La romance chantait-elle ? non, je n'accorde pas le premier participe entendu. La femme chantait-elle ? oui, j'accorde le second participe entendue.

L'exercice des pourquoi habitue à se rendre compte de ce qu'on écrit ; mais avec des pourquoi faciles, et cet exercice fait sans cesse écrire et appliquer les règles. Le professeur fait souligner dans chaque dictée les mots relatifs aux règles, et ce sont ceux-là seulement que l'élève porte dans la marge de sa copie, et dont il fait les pourquoi ; il peut chaque fois en faire une trentaine d'essentiels, tandis que dans l'analyse grammaticale le temps se passe et se perd à mettre que tel mot qui ne présente aucune variation, aucune difficulté, est un adverbe ou une préposition. Quand un élève est d'une certaine force, il peut se borner à faire les pourquoi seulement de ses fautes.

L'ÉTUDE DES VERBES.

Rapidement apprise à l'aide de deux moyens : 1° tous les verbes en peu de familles distinctes, en vingt-cinq, et chacune avec un verbe-type. 2° La conjugaison rapide en sept temps et deux personnes; chaque verbe-type appris et repassé en une minute, et mettant à même de conjuguer tous ceux de sa famille.

Le tiers des verbes étant irréguliers, la formation des temps que donnent les grammaires expose à se tromper une fois sur trois. De même, ces irrégularités rendent les radicaux impossibles, excepté pour les verbes de la première conjugaison et très-peu d'autres.

Verbes en enir. Verbe-type venir : Je viens, nous venons. Je venais, nous venions. Je vins, nous vînmes. Je viendrai, nous viendrons. Que je vienne, que nous venions. Que je vinsse, que nous vinssions. Venant, venu.

Quand on sait ce verbe-type, et il est bientôt appris, on sait conjuguer tous les verbes en *enir.* Si vous vouliez conjuguer cette famille de verbes par les radicaux, quel serait le radical ?

Verbes en ourir. Verbe-type courir : Je cours, nous courons. Je courais, nous courions. Je courus, nous courûmes. Je courrai, nous courrons. Que je coure, que nous courions. Que je courusse, que nous courussions. Courant, couru.

Verbes exceptionnels en ourir. Nourrir et pourrir, comme finir; mourir, je meurs et que je meure, je suis mort; les autres temps réguliers.

Dans l'exercice verbal, en récitant le verbe, on doit en dire l'orthographe, et le verbe-type suffit pour écrire tous ceux de sa famille dans tous leurs temps et dans toutes leurs personnes.

L'ORTHOGRAPHE D'USAGE.

Une grammaire d'usage procurant l'orthographe de dix mille mots, avec un guide pour les écrire et un mot-type pour aider l'application de la règle ; les exceptions résumées dans une petite phrase facile à retenir. Dans l'étude de l'orthographe d'usage, n'apprendre chaque mot qu'après l'avoir écrit quinze ou vingt fois dans les dictées, c'est trop long, et presqu'aucun élève des externats et des écoles gratuites n'a le temps nécessaire. Mettre tout le dictionnaire en règles, c'est trop confus ; il faut donc se borner aux sons généraux qui ne comportent que peu d'exceptions faciles à retenir. Mon étude en huit pages procure l'orthographe de dix mille mots présentant une difficulté. Les autres sont dans mes dictées d'usage, et après la correction de la dictée, on se met dans les doigts et dans la tête les mots qu'on avait manqués, en les écrivant cinq fois.

Voici quelques exemples pour me faire mieux comprendre :

Euil et ueil, *u* avant l'*e*, après *c* et *g*. Mot-type : le deuil de l'orgueil.

Eur sans *e*, moins l'heure du beurre dans ma demeure.

B double, seulement dans l'abbé au sabbat du rabbin, et nécessairement dans les dérivés de ces trois mots.

L'ÉTUDE DES 600 HOMONYMES.

C'est là une des plus grandes difficultés de l'orthographe, et aucun faiseur de grammaires ne semble s'être douté des deux difficultés des homonymes ; ils se sont bornés à les écrire à la suite les uns des autres, sans aucun moyen d'en faciliter l'orthographe. Ces deux difficultés sont d'abord que l'élève n'est jamais sûr du nombre de manières qu'il y a d'écrire un mot ; puis, qu'il confond l'orthographe d'un homonyme avec celle d'un autre. Ma mnémotechnie des 600 homonymes est établie sur deux facilités :

1° Une phrase résumant toutes les manières d'écrire un mot du même son, et rendant sûr du nombre de manières.

2° Un mot indicateur de l'orthographe de tous les homonymes qu'on ne peut pas trouver par une règle ou par un dérivé.

Mon cher, vous direz en chaire qu'on préfère de la chair saine *sans é*-piderme, à de la bonne chère, nourriture *bonne et chère*. Cette phrase, apprise par cœur, me rend sûr qu'il y a quatre manières d'écrire cher. Les deux premières sont logiques ; mais un des chair féminins s'écrit sans e. Le mot indicateur *sans é*-piderme, appris coupé en deux, indique l'orthographe, empêche de tomber dans la faute ordinaire ; la bonne chère est une autre exception, une autre difficulté, mais dont l'orthographe est indiquée par le mot indicateur : nourriture bonne et chère. Rien que cette connaissance des 600 homonymes réforme toute une vicieuse orthographe d'usage, parce que peu de phrases sont sans homonymes.

LA SYNTAXE.

La syntaxe, la correction du langage acquise par quelques formules de mnémotechnie naturelle ; toute la syntaxe usuelle en sept pages avec chaque réponse et chaque pourquoi résumés dans une ligne. La syntaxe a été appelée le chaos de la grammaire, et l'on voit combien sont mal établies les grammaires qui mêlent tout, font tout apprendre à la fois, orthograghe et syntaxe, et sur chaque chapitre disent tout à la fois. Dans chacune de mes études, il y a trois cours progressifs : un élémentaire, un usuel et un supérieur. Je me suis efforcé de sortir la syntaxe du dédale que lui avaient fait les grammairiens, et de la mettre à la portée de toutes les mémoires et de toutes les intelligences. J'ai réservé les abstractions et les dissertations philologiques pour ma grammaire générale.

QUELQUES SUBSTANTIFS DÉNATURÉS : *Chat d'Angola,* — chat d'Angora, Asie Mineure.

Franchipane, — frangipane, pâtisserie du marquis de Frangipani.

Jeu d'eau, — jet d'eau, qui jette de l'eau.

Pied-droit, — pied-de-roi, du roi Charlemagne.

Fringale, — faimvale, faim d'une cavale.

Concordance des temps, après présent ou futur, présent du subjonctif; après passé ou conditionnel, imparfait du subjonctif. Il faut, il faudra que j'aille; il fallait, il faudrait que j'allasse.

Place des deux pronoms. Direct, le premier, excepté négation avec me, te, nous, vous. Donne-le moi; ne me le donne pas.

Je termine cette syntaxe en donnant une idée de l'analyse logique et des principaux genres de propositions, mais sans en faire un exercice et une perte de temps de chaque jour.

Ma grammaire générale et comparée a pour but d'étudier toutes les questions controversées et les illogismes de la langue française, en offrant le moyen de rendre aux mots et aux locutions irrégulières leur logique et leur uniformité de famille, sans bouleverser la langue. Cette grammaire générale, se rattachant à mon cours supérieur, et non à mon cours usuel, à ma méthode pour les gens pressés, je ne dois pas m'étendre ici davantage.

Ma méthode d'orthographe est corroborée par un système de dictées graduées, enchaînées et formant un ensemble qui embrasse tous les genres de difficultés de l'orthographe. Il ne suffit pas, comme le croient beaucoup d'instituteurs, de mettre n'importe quoi dans les dictées, pourvu qu'elles commencent par le substantif; puis, qu'on en vienne à l'adjectif, au verbe, etc., plusieurs considèrent comme un système de dictées graduées un livre de dictées très-employé, un livre dont la première dictée commence par cette phrase toute hérissée de difficultés, et dont l'enfant ne peut se rendre aucun compte : C'est Dieu qui nous a donné toutes les facultés nécessaires pour apprendre les mathématiques, la grammaire, l'histoire, la géographie. Voilà où en sont encore beaucoup trop d'instituteurs. Mes dictées graduées sont composées seulement de mots que l'enfant ou l'adulte qui commence, puisse écrire sans faute, et dont il puisse se rendre raison, ne le décourageant pas dès les premiers pas par le grand nombre de fautes qu'il fait. Dictées enchaînées et faisant repasser celles qui précèdent; puis grandes dictées embrassant dans leur ensemble toutes les parties de l'orthographe, et dont chacune est formée d'une dictée de principes, d'une dictée d'usage et d'homonymes, et d'une dictée à livre ouvert, établie sur les connaissances usuelles et sur la morale.

Le français est l'étude la plus difficile et la plus longue, et bien qu'elle soit la plus nécessaire, il y a 999 français sur mille qui ne savent pas l'orthographe. Ce fait m'a semblé, comme à beaucoup de gens, la condamnation de la méthode ordinaire, et voilà pourquoi j'ai dû changer complétement le système d'enseignement de chaque partie de cette étude, prendre une à une chaque difficulté, et la soumettre à une solution nouvelle plus facile et plus rapide.

MÉTHODE DE FRANÇAIS POUR LES ÉTRANGERS

PREMIÈRE PARTIE DU COURS.

La grammaire comparée des deux langues et première étude des verbes.

Le langage usuel en trente exercices et conversation élémentaire.

Le genre des mots appris par les sons et à l'aide de mon tableau en deux pages.

Mes principes de lecture sur la valeur et l'articulation des sons.

DEUXIÈME PARTIE.

Orthographe élémentaire; grammaire, dictées et pourquoi.
Deuxième étude des verbes.

Traduction de fables et dialogues de la langue étrangère en français, avec l'exercice philologique des corrections et notes prises et conservées des expressions et locutions manquées.

Fables de Lafontaine et de Florian apprises par cœur, et conversations établies sur les dialogues de ces fables.

TROISIÈME PARTIE.

Orthographe, cours usuel; ma grammaire en quatre pages.
Règles, dictées avec les pourquoi des fautes.

Étude des 600 homonymes, par mon moyen facilitant.

Syntaxe et grammaire générale.

1.

Traductions et lettres.

Lectures et promenades instructives et amusantes, avec mon histoire des arts et ma littérature, compte rendu et conversation.

Je me suis assez étendu sur l'exposé de ma méthode de français, pour qu'il me suffise d'indiquer les trois parties et les modifications nécessaires dont je compose mon cours pour les étrangers.

ÉTUDE DES LANGUES ÉTRANGÈRES

LANGUE ANGLAISE.

Pour parler et écrire une langue, il faut trois choses : acquérir un grand nombre de mots et ne pas les confondre ; connaître les locutions, les manières de s'exprimer de la langue étrangère qu'on apprend, et leurs différences avec celles de la langue maternelle dans laquelle on pense ; enfin, connaître les principes d'orthographe et de syntaxe de cette langue étrangère.

Ma méthode repose sur les six éléments et exercices suivants : 1° un tableau des règles de la prononciation ; 2° une mnémotechnie du langage usuel facilitant l'acquisition rapide et sans confusion des mots et locutions usuelles ; mots appris par les homogènes et homophones ; locutions apprises par l'exercice philologique ; 3° ma grammaire franco-anglaise en douze pages, qui permet d'apprendre et de repasser rapidement les principes, grammaire rapide et facilitée par une philologie comparée ; 4° des traductions de fables et de dialogues de français en anglais, avec l'exercice philologique des corrections, et notes prises et conservées des expressions et locutions manquées, puis ces fables apprises par cœur ; 5° des lectures et promenades instructives et amusantes, avec mon histoire des arts et ma littérature, compte rendu et conversation ; 6° l'orthographe apprise par une grammaire à théorie rapide et mnémotechnique ; par des dictées et par l'exercice des pourquoi des fautes des dictées et des traductions.

Une méthode ne se juge que par ses résultats et par la comparaison, et je prie de faire sur deux élèves, dans des conditions à peu près égales, les trois épreuves suivantes : 1° Comme grammaire, faire apprendre à l'un la grammaire qu'on voudra, à l'autre la mienne et constater lequel des deux aura appris le plus rapidement la grammaire usuelle, les verbes irréguliers, et saura le mieux la philologie comparée du mode de construction des phrases dans les deux langues. 2° Comme mots, prendre cent mots parmi ceux de mes études publiées et soumis à mon moyen homophone, et constater lequel des deux élèves répondra avec le moins de confusion quand on lui demandera : comment dit-on tel mot en anglais ? 3° Comme locutions, constater lequel des deux élèves, par exemple, saura le mieux calculer en anglais. Je me mets à la disposition de tous ceux qui voudront faire une épreuve loyale de l'un ou de l'autre des vingt-deux cours de mon enseignement.

Dans mon étude des langues étrangères, ma méthode de latin sert de modèle pour l'étude des langues anciennes, ma méthode d'anglais pour celle des langues modernes.

ARITHMÉTIQUE

MÉTHODE.

1° La théorie résumée en quelques formules courtes, faciles à retenir ; 2° Tout le calcul usuel en 50 problèmes facilités pouvant être refaits chaque mois, par conséquent bien sus ; 3° les problèmes abstraits avec de nouvelles solutions faciles, uniformes, pratiques, à la portée de toutes les intelligences ; 4° Le calcul mental.

NUMÉRATION.

Fraction — parties d'unité.

Nombre fractionnaire — entiers dans fraction.

Nombre concret, cum, avec l'énoncé d'un objet.

Nombre abstrait, abs, sans l'énoncé d'un objet.

Écrire un nombre. Noms des colonnes écrits jusqu'à unités ; colonnes de trois chiffres, moins première à gauche, et zéro à gauche pour chiffre manquant ; trois zéros pour colonne manquante.

Ainsi, avant de poser les chiffres, l'enfant écrit le nom des colonnes et, par ce petit moyen si simple, il ne passe pas de colonne.

Numération romaine. I, un doigt ; V, les cinq doigts ouverts ; X, les dix doigts croisés ; L, 50 moitié d'un C, cent. D, 500 moitié de *CIƆ* autre expression de mille. Lettre avant moins excepté au dessus de cent.

Réduire sous en centimes et francs. Jouer à pair ou non. Prendre la moitié et ajouter un 0 quand le nombre des sous est pair, un 5 quand il est impair, puis deux chiffres par une virgule. 8 sous ; la moitié de 8 est 4, et comme 8 est pair, j'ajoute un 0 ; 40 centimes. 17 sous ; la moitié est 8, et comme 17 est impair, j'ajoute un 5 ; 85 centimes.

COMPTES D'INTÉRÊTS ET DE RENTES SUR L'ÉTAT.

Intérêt par an. Deux chiffres par une virgule et multiplication par le taux de l'intérêt.

Intérêt par jour. Somme par les jours, trois chiffres séparés par une virgule, sixième et tout comparé à l'intérêt à 6.

Voilà le moyen uniforme de solution des intérêts par jour, et comme dans le commerce l'intérêt est ordinairement à 6, on n'a à faire qu'une multiplication et à prendre le sixième. Ce moyen est beaucoup plus rapide que la solution par l'unité.

Rentes sur l'État. Proportion, cours : taux : : capital : rente. Au moyen de cette proportion, on résout tous les genres de comptes de rentes sur l'État, soit qu'on cherche quelle est la rente d'un capital quand la rente tant est à tant, soit le capital d'une rente, soit à combien pour cent on place son argent.

Dans le calcul pratique, il faut surtout la rapidité ; je me sers de la solution par l'unité quand elle n'est pas plus longue qu'un autre moyen ; mais elle a souvent l'inconvénient de l'être.

NOUVELLES MESURES.

C'est une grande aberration de presque toutes les arithmétiques de se borner à enseigner les nouvelles mesures sans les rapports avec les anciennes et sans les moyens de conversion. Le système décimal a un immense avantage pour les calculs ; mais, dans plusieurs usages, l'habitude a trouvé plus clair et plus commode l'ancien système ; on dira bien longtemps encore : J'ai fait deux lieues et demie et non 10 kilomètres ou un myriamètre. Donnez-moi une livre ou une demi-livre de viande, et non 500 grammes de viande ou deux hecto et demi. La science elle-même a conservé le système duodécimal parce que 12 a plus de diviseurs que 10. J'enseigne donc en vingt problèmes les valeurs réciproques et les conversions.

Quant au calcul mental, il est très-utile dans la pratique et trop négligé dans l'enseignement ; Je lui ai consacré un exercice spécial en 50 problèmes qui résument tous les cas usuels et qui exercent l'esprit à calculer. Mon jeu philodéonique du calcul a aussi pour but de procurer par l'attrait l'habitude du calcul mental.

Le calcul usuel, pour être à la portée des intelligences difficiles et à celle des élèves qui ont peu de temps ou qui n'ont pas besoin des superfluités de la science, exige deux conditions : comme théorie, une formule courte, un procédé rapide, facile et uniforme ; comme pratique, tous les problèmes usuels en un petit nombre de questions qu'on puisse refaire sans cesse, en changeant seulement les chiffres. Si vous lancez un élève ordinaire, comme sont les trois quarts, dans les problèmes complexes, dans les hautes régions de la science, il y perd même la science usuelle; pour lui donner celle-ci, il faut la resserrer dans un cadre restreint embrassant tout ce qui est utile et la faire pratiquer sans cesse et seule. Mon cours supérieur contient toutes les parties de l'arithmétique et même la géométrie utile, la géométrie appliquée au métrage et aux besoins ordinaires de l'industrie.

LA TENUE DES LIVRES A PARTIES DOUBLES EN DOUZE LEÇONS

MÉTHODE.

Définitions, formules courtes, faciles et rapides à apprendre. — Tous les comptes usuels en trente articles. — Brouillard avec la formule de rédaction. — Journal avec deux questions-guides empêchant l'erreur et la confusion, puis un petit tableau faisant trouver les comptes de divers et le relevé facile des opérations d'une journée. — Grand livre avec un moyen empêchant les deux erreurs ordinaires. — Balance naturelle et dépouillée des parties abstraites et inutiles.

DÉFINITIONS.

Billet à ordre. A telle échéance, je payerai, à l'ordre de..., la somme de..., valeur en...; en bas, à droite, date, signature et adresse.

Les deux billets Billet de moi, effet à payer; billet d'un autre, effet à recevoir.

En limitant à trente tous les articles usuels, on comprend que je puisse arriver en très-peu de temps.

JOURNAL.

La grande difficulté, c'est de trouver le compte-débiteur et le compte créancier; les deux erreurs que l'on commet, c'est de mettre à droite le mot qui doit être à gauche, puis de mettre le nom d'un individu au lieu de celui des cinq grands comptes. Je dis cinq, parce que capital est un compte à part qui ne sert qu'une fois par an pour l'inventaire.

LES DEUX QUESTIONS-GUIDES.

Iʳᵉ Question. Quel est celui des cinq grands comptes qui reçoit quelque chose? et seulement si aucun compte ne reçoit, quel est l'individu qui reçoit?

II⁴ Question. Quel est celui des cinq grands comptes qui donne quelque chose? et seulement si aucun compte ne donne, quel est l'individu qui donne?

Le nom du compte qui reçoit, premier mot du titre et à gauche au journal; le nom du compte qui donne, deuxième mot et à droite au titre du journal.

Au lieu de profits et pertes, dites pertes et profits et vous ne serez plus exposé à mettre au grand livre du côté et sous le mot pertes, les profits. Les comptes de divers à divers sont de la partie trouble et inutile; tenez-vous-en au compte de tel à divers et de divers à tel.

LE PETIT TABLEAU.

Faisant facilement reconnaître et établir les comptes de divers et le relevé des opérations d'une journée. Ainsi, après avoir fait passer au journal chacun des trente articles, le professeur dira à l'élève : Supposez maintenant que le même jour il y a eu les dix opérations indiquées par dix articles pris dans les trente ; voyez ceux qui doivent être passés par le compte de divers. On se borne à faire le petit tableau avec seulement les titres et les sommes. D'abord on pointe les comptes qui ont déjà le mot pour porter chacun à part; puis on cherche dans les autres le mot qui est le plus grand nombre de fois du même côté. Quand on a relevé ce compte, on biffe sur le petit tableau les mots qu'il représente et l'on cherche dans ceux qui restent s'il y a encore des comptes de divers. Et remarquez aussi la facilité du petit tableau pour établir les comptes de divers et en reconnaître la justesse : par exemple, dans la négociation d'un billet sous escompte, je suppose que vous ayez oublié l'escompte, le petit tableau vous montrera que vous n'avez pas votre équation et, de plus, il vous indique de quel côté doit être mis au titre du journal le mot divers. Tout teneur de livres trouverait grand avantage et grande sûreté à faire mon petit tableau pour relever et passer les opérations d'un ou de plusieurs jours.

GRAND LIVRE.

Le grand-livre n'offre pas de difficultés sérieuses, mais on peut commettre deux erreurs d'inattention, et je donne un petit moyen pour s'en préserver.

BALANCE.

La balance n'offre qu'une difficulté, c'est le compte de balance de sortie et de balance d'entrée. J'offre le moyen simple et naturel de supprimer ce compte qui est non seulement de la partie trouble mais absurde, puisque, pour se servir de balance de sortie, il faut tout bouleverser, faire de chaque passif un actif et de chaque actif un passif, et solder chaque compte ainsi renversé et faussé.

Mon volume de tenue de livres renferme les notions supplémentaires qui peuvent être nécessitées par des positions ou circonstances exceptionnelles ; mais j'ai établi une tenue des livres usuelle plus que suffisante pour la plupart des commerces. C'est parce qu'on perd les questions usuelles dans les difficiles et parce que plusieurs détails sont réellement trop abstraits que les parties doubles se sont attiré le surnom de parties troubles et que les neuf dixièmes des commerçants ont renoncé à l'apprendre; et c'est un grave inconvénient qu'un commerçant ne puisse ni tenir ni comprendre ses livres, que bien souvent il n'en ait même pas. Je me suis donc attaché à débarrasser la tenue des livres de tout ce qui la rendait inaccessible au plus grand nombre.

GÉOGRAPHIE.

Cette étude, comme toutes mes autres, se divise en trois cours : le cours enfantin ou élémentaire, le cours usuel et le cours supérieur. Je donnerai plus loin une idée de l'ensemble de mon cours enfantin ; je ne parlerai ici que du cours usuel qui se rattache le mieux à ma méthode pour les gens pressés.

Je compose ce cours des définitions géographiques et cosmographiques, de l'étude topographique de la mappemonde et des cinq parties du monde, puis de la géographie topographique de la France : provinces, départements, chefs-lieux et sous-préfectures sur rivières.

DÉFINITIONS.

Avec une formule mnémotechnique résumant en peu de mots la réponse à chaque question. Ce que l'on confie à la mémoire doit être court afin qu'elle l'apprenne et le repasse facilement et rapidement. Mais étude surtout sur la carte.

Points cardinaux. Haut, nord; bas, midi; droite, est; gauche, ouest.

Archipel. Groupe d'îles,

S'orienter le jour. Matin, le soleil à droite ; après midi, le soleil à gauche.

Longitude. Distance au méridien, au cercle en long.

Droite et gauche d'une rivière en se tournant vers l'embouchure.

Par ce moyen aidé, comme toujours, d'explications verbales, je fais apprendre rapidement soixante définitions géographiques et cosmographiques.

MÉTHODE TOPOGRAPHIQUE.

Gravant forcément la carte dans l'esprit de l'élève et par une méthode à quatre moyens de mnémotechnie naturelle : 1° forcer l'élève à n'étudier que sur la carte en ne posant que des questions et en ne donnant pas de réponses dans le livre. Si vous donnez, comme on le fait ordinairement, des leçons de géographie à apprendre par cœur, l'élève arrivera à la fin du livre sans savoir la géographie, parce qu'il aura trouvé plus commode pour sa paresse d'apprendre chaque jour quelques lignes d'un livre que d'étudier sur la carte. 2° Lui donner les positions relatives des villes et des pays par un questionnaire et par un voyage qui le forcent à chercher sur la carte ces positions relatives. 3° L'obliger et l'exercer par les petits papiers mnémotechniques à répondre instantanément et par questions isolées, comme cela a lieu dans la vie usuelle, et à prouver qu'il a la carte dans la tête. 4° Faire faire par les élèves capables une carte spéciale de la partie d'étude qu'ils apprennent et ne comprenant que les points géographiques, objets de l'étude, mais nettement établis. Quant aux élèves qui ne savent pas le dessin, c'est du temps perdu; un bon atlas suffit et, pendant le temps qu'on perd à mal faire la carte d'un pays, on en apprendrait cinq ou six.

Un auteur, répandu et d'une position élevée dans l'enseignement, m'a pris ma méthode des questions sans les réponses, mais en oubliant de dire qu'elle était de moi et depuis 1837; de façon qu'étant moins connu que lui, on dira probablement que c'est moi qui ai pris sa méthode; et voilà comment se font la gloire et l'opinion.

Je vais faire comprendre le moyen des petits papiers par l'étude des sous-préfectures.

ÉTUDE DES CHEFS-LIEUX ET DES SOUS-PRÉFECTURES
SUR RIVIÈRE.

Les classant ainsi que les rivières dans l'esprit de l'élève, en unissant chaque ville à sa rivière, en obligeant à les étudier en ordre sur la carte et en faisant redire par le tirage des petits papiers chaque département autant de fois que chacun contient d'arrondissements.

FLANDRE. — 1 DÉPARTEMENT, NORD.

Chef-lieu Lille-sur-Deule; les deux sous-préfectures au nord sont Dunkerque et Hazebrouck; les quatre au sud : Douai-sur-Scarpe, Cambrai-sur-Escaut, Valenciennes-sur-Escaut et Avesnes-sur-Elpe.

On est habitué à dire Châlons-sur-Marne; il n'est pas plus difficile de dire Douai-sur-Scarpe; mais s'il y a toute une ligne et sans méthode pour chaque réponse, l'élève ne peut pas apprendre.

On met sur un petit papier le chef-lieu et chaque sous-préfecture, et quand on repasse la moitié ou la totalité des villes, en étudiant et en tirant chaque ville, on redit le chef-lieu et les sous préfectures du département; on redit donc sept fois le département du Nord et avec une question différente et isolée, comme cela a lieu dans la vie usuelle.

L'étude des départements par bassins est mauvaise comme division et comme méthode; elle embrouille tout : elle met ensemble des départements d'une province différente; elle place dans le bassin d'un fleuve des départements qui n'ont aucun rapport avec le cours et les rives du fleuve; elle fait un bassin du Blavet et le met dans les Côtes-du-Nord, alors que tout le cours du Blavet est pour ainsi dire dans le Morbihan; mais il fallait un bassin pour le département des Côtes-du-Nord et on lui en suppose un qu'il n'a pas. Même erreur pour le Finistère qui n'a pas même de petite rivière formant bassin. De même l'étude de détail des départements par villes principales en bloc est confuse et expose à deux dangers : à prendre pour sous-préfectures des villes qui n'en sont pas et à passer des sous-préfectures.

Mon cours supérieur de géographie présente sur chaque pays sept études : la géographie physique, administrative, topographique, industrielle, artistique, historique et philosophique.

HISTOIRE.

Sans aucune de ces mnémotechnies factices en dehors des habitudes ordinaires de l'étude et de la vie usuelle et qui ne s'appliquent qu'aux dates, ce qui n'est pas toute l'histoire. Mnémotechnie naturelle en quatre exercices.

Étude des dates donnant à retenir le moins de dates possible, caractérisant chaque siècle par un type en quelques mots et faisant trouver avec ce peu de jalons le siècle de tous les faits et de tous les hommes, et le synchronisme des faits des différentes nations dans chaque siècle. Pour les histoires particulières, la date principale et la liaison de ces trois idées :

la date, le nom de l'homme et son grand fait, trois choses qui, apprises sans les séparer, empêchent la confusion ordinaire.

Etude des faits. Le mot cause et le mot conséquence écrits à chaque fait et donnant ainsi d'une manière naturelle et distincte la cause et la conséquence de chaque fait, deux choses que l'enfant ne trouve pas ou confond, et exercice qui développe et rectifie son intelligence.

Etude des hommes, donnant à un homme pour surnom son grand fait ou ses principaux faits, de manière que, par cette liaison d'idées, on les trouve naturellement l'un par l'autre et aussi facilement que l'un des noms d'une personne qu'on est habitué à appeler par ses deux noms, ou bien formule résumant la vie d'un homme.

Etude des mœurs en six cadres méthodiques : vie religieuse, administrative, industrielle, artistique, militaire et privée, méthode qui empêche la confusion ordinaire et ne laisse plus l'élève ne savoir même pas par quel bout prendre sa réponse.

Petits papiers rendant sûr de ce qu'on sait et de ce qu'on ne sait pas, et habituant à répondre sans hésitation et de toutes les manières dont on peut être interrrogé.

La presque impossibilité pour les élèves et pour les personnes du monde de trouver le siècle d'un évènement ou d'un homme, c'est que, dans toutes les histoires générales, les dates sont multipliées à l'infini, les événements entremêlés avec de longs et confus développements, sans rien de précis et de clair qui résume et fasse ressortir les synchronismes ; 42 dates et 42 petites phrases sont possibles à retenir pour toutes les mémoires.

Premier siècle de l'ère chrétienne. *Auguste. — Empire romain.* Siècle de onze des douze Césars.

Cette phrase indique qu'il n'y a que le peuple romain qui ait joué un grand rôle dans ce siècle, et que tous les faits et hommes qui se rattachent aux douze Césars sont du premier siècle de l'ère chrétienne.

430 av. J.-C. *Périclès. — Péloponèse.* Le siècle de Périclès commence par la guerre persique ; il a au milieu la guerre du Péloponèse et se termine par la retraite des dix mille qui répond à Rome à trois retraites : celle sur le mont sacré, celle des Volsques et celle des décemvirs.

Voici donc un siècle chargé d'hommes et de faits, résumé dans une phrase de quatre lignes qui indique les faits synchroniques du Ve siècle av. J.-C. Donc, si on demande quel est le siècle d'Alcibiade, de Lysandre, de Coriolan ou d'Appius, on le trouve en rattachant ces personnages aux faits auxquels ils ont pris part.

Pour les histoires particulières, par exemple, pour l'histoire de France, avec 112 dates seulement, je trouve le siècle de tous les hommes et de tous les faits principaux et l'année de chaque fait des années modernes depuis 1789.

717 Chilpéric II — Vinciac.
840 Charles le Chauve — Fontenay, féodalité.
1805 1ᵉʳᵉ Campagne d'Autriche — Austerlitz.
1809 2ᵉᵐᵉ Campagne d'Autriche — Wagram.

Avec ce système de mnémotechnie naturelle et facile et avec l'aide des petits papiers, ou se classe nettement tout dans l'esprit. Apprenez ces trois choses sans les séparer : la date, le nom du roi et son grand fait pour surnom ; pour les années modernes, la date, le fait général et le grand fait spécial, et quand vous aurez appris 717 Chilpéric II — Vinciac ou 1805 première campagne d'Autriche — Austerlitz, si l'on vous demande sous qui Vinciac ou dans quelle campagne et en quelle année la bataille d'Austerlitz, vous répondrez sans hésitation ni confusion. Puis c'est avec l'aide des petits papiers que vous vous habituerez à répondre instantanément et de toutes les manières, qu'on soit interrogé sur un siècle, une date, un homme, un fait ou un détail de mœurs. Sur un petit papier une date, et répondre par la formule des trois liaisons d'idées ; sur un autre, un homme et en donner une idée ; sur un autre un fait et en dire la cause et la conséquence ; sur six petits papiers, vie religieuse, administrative etc., à telle époque. De plus dans un exercice de récapitulation, les petits papiers permettent de repasser rapidement une étude, ce qu'on ne peut pas faire avec un livre, et d'être sûr des questions qu'on sait et de celles qu'on ne sait pas. On tire rapidement tous les petits papiers, toutes les questions d'une étude et l'on met d'un côté ceux qu'on sait, d'un autre ceux qu'on ne sait pas et l'on réétudie ces derniers. Au reste qu'une des personnes si nombreuses qui n'ont jamais pu apprendre la chronologie historique de la France ni répondre sans confusion sur les faits isolés, essaie de mon moyen. Je ne demande que des épreuves sur soi-même et sur les autres et je suis trop heureux quand on ne nie pas la facilité et la sûreté de ma méthode sans l'avoir essayée ni même examinée.

Je m'attache le plus possible à former et à développer le raisonnement des enfants ; je leur établis, leur fais apprendre et leur demande le pourquoi de chaque chose, la cause et la conséquence de chaque fait ; mais dans les études élémentaires, le raisonnement n'a que le quart à faire ; les trois quarts sont l'affaire de la mémoire : des définitions, des règles, des noms propres ou des mots à apprendre ; et cela n'est pas fâcheux, car la raison ne se développe que tard et ne vient même pas du tout à certaines gens, et la principale faculté intellectuelle de l'enfant est la mémoire.

De même par ma méthode d'une simple formule à liaison d'idées, je mets à même d'apprendre en deux pages, à reconnaître les quatre vingts dieux et demi-dieux principaux de la mythologie, la chose à laquel'e chacun préside et les attributs auxquels on les distingue.

Saturne — temps; ailes, faulx et sablier.

Jupiter — ciel; aigle et foudre.

Harpocrate — silence; doigt sur bouche.

H rcule — massue; tuant l'hydre aux sept têtes.

Puis rattachant les études les unes aux autres, les faisant apprendre les un's par les autres, j'ai voulu qu'avec mes 42 dates d'histoire générale et mes 112 d'histoire de France, on n'eût plus de dates nouvelles à apprendre soit en littérature pour connaître le siècle d'un littérateur, soit dans l'histoire des arts, dans celle des découvertes et inventions par exemple. Je rattache la biographie de chaque littérateur à un fait ou à un personnage historique, et pour trouver le siècle des découvertes et inventions, ce qui est le plus difficile dans cette étude, je rattache les inventeurs à un roi ou autre d'une date connue.

Les cartes de Gringoneur le fou de Charles VI (1380).

L'art d'émailler de Bernard Palissy l'artiste de François Ier (1515).

L'aérostat de Montgolfier qui fit ses premiers essais devant les Etats Généraux de 1789.

Puis je donne l'explication de chaque invention; et l'on voit que tous mes moyens sont de la mnémotechnie naturelle, sans rien de factice ni de changé, sans mettre par exemple des mots pour des chiffres ou des chiffres pour des mots.

COURS ENFANTIN.

Pour les jeunes enfants et aussi pour les adultes qui n'ont qu'un an pour faire ou refaire leur instruction. Grammaire enfantine avec règles et dictées graduées ne décourageant plus l'enfant dès ses premiers pas — calcul enfantin avec une théorie résumée en quelques formules courtes et avec des moyens de facilitation de la numération et des quatre règles. — Géographie enfantine donnant en quelques pages la connaissance des principaux pays, villes, fleuves, etc. — Histoire enfantine donnant en vingt pages la connaissance des grands hommes des histoires anciennes, moyen âge et moderne et l'intelligence des causes et conséquences des principaux faits. — Mythologie enfantine, tableau en deux pages des 80 principaux dieux et demi-dieux. En 1837 j'ai éprouvé ce cours enfantin sur 2 à 300 jeunes enfants de 6 à 8 ans et sur autant d'adultes qui n'avaient qu'un an pour l'apprendre; un examen eut lieu en septembre à l'amphithéâtre de l'école de Médecine sur des élèves d'un simple externat; les questions furent tirées au sort pour chaque élève et l'assemblée constata la vérité des résultats et m'en témoigna à plusieurs reprises son étonnement et son encourageante approbation.

LA FEUILLE DE PROGRÈS.

FEUILLE D'ÉTUDES PROGRESSIVES ET D'ÉMULATION
PENDANT TOUTE L'ANNÉE.

Mettant à même de faire des parties d'études complètes, de combler les lacunes de l'instruction de chaque élève, de ne jamais attarder un élève fort pour les faibles, ni d'aller trop vite pour les intelligences médiocres, pour la majorité ; enfin d'obtenir de l'émulation toute l'année. Par exemple, chaque dynastie de France forme un progrès ; l'élève qui prouve, en tirant sans faute les petits papiers, qu'il sait les mérovingiens, ne s'attarde pas à attendre les autres et passe aux carlovingiens, et à la fin de l'année ce sont les élèves qui ont eu le plus et le même nombre de progrès d'histoire qui concourent seuls pour le prix d'histoire. Par ce système, les élèves forts ne peuvent pas se plaindre, comme cela a lieu dans toutes les pensions, qu'ils apprennent toujours la même chose. Chaque élève a sa feuille de progrès sur laquelle le professeur écrit ces mots : Progrès de (la date et signature) l'élève convient avec ses parents d'une récompense, d'une petite somme pour chaque progrès qu'il présentera ; de plus les parents et les maîtres savent toujours ainsi où en est l'instruction de chaque enfant et peuvent combler les lacunes, tandis que par le mode d'enseignement ordinaire, un enfant qui arrive dans une classe quand celle-ci en est à la dernière moitié d'une étude, n'en apprend jamais la première ; ou bien s'il manque par maladie ou par toute autre cause, il est bien rare qu'il remplisse les vides.

MÉTHODE POUR NE PAS OUBLIER.

Trois moyens 1° petits papiers mettant à même de repasser rapidement et sûrement chaque étude, tandis que c'est impossible quand il faut réétudier tout un livre et l'on croit savoir une réponse quand par le fait on ne la sait pas et qu'on ne l'aurait pas dite si l'on n'en avait pas vu, en repassant, les premiers mots, la première phrase dans le livre. 2° Exercices de récapitulation d'ensemble des différents progrès d'une science 3° examens trimestriels de récapitulation et études repassées chaque semaine, récapitulation rendue possible par la facilité et la rapidité des petits papiers. On oublie par toutes les méthodes ; il est surtout de la nature de l'enfant d'oublier ; mais par ma méthode on repasse rapidement et sûrement et l'on repasse sans cesse.

JEUX PHILODÉONIQUES.

Ces dix jeux procurent mille connaissances en faisant de la science un jeu, et quoique jeux d'instruction, plus amusants et plus drôles que les jeux insignifiants ordinaires.

Chaque jeu est composé de cent cartes sur chacune desquelles est écrite une question énigmatique, instructive et amusante; on donne une carte à tirer; la personne qui se trompe ou ne répond pas, dépose un centime, un jeton ou un gage; si la personne suivante ne répond pas non plus, elle dépose également un centime ou un jeton et c'est la personne qui répond la première et à son tour qui gagne et ramasse les centimes ou les jetons de celles, qui n'ont pas répondu.

Le jeu de la mythologie, c'est le jeu si j'étais petit papier? si j'étais Actéon, que feriez-vous de moi? répondre par la métamorphose, ou bien on compose une tombola d'objets donnant lieu à une énigme scientifique à deviner et celui qui répond gagne l'objet. Une *montre* qui va comme les affaires du temps de cet empereur qui portait un nom facile et qui ne l'était pas du tout. Il faut deviner l'empereur Commode.

Dans mes simples résumés pour les enfants, je ne me livre à aucune discussion philosophique ni ne traite aucune question sociale; j'ai fait pour les gens du monde qui veulent s'éclairer et prendre des convictions raisonnées, de grands ouvrages : mon histoire universelle de l'humanité, ma littérature universelle de l'esprit humain, mon code des devoirs et des principes, mon organisation et mon poëme philodéonique. Mais je dis la vérité sur tout fait, sur tout homme et sur toute chose; ma conscience se refuse à fausser les esprits dans l'intérêt de tel ou tel. Je mets en relief tout ce qui peut donner des sentiments de dignité et je flétris tout ce qui peut porter à l'abjection des caractères; la morale c'est non de taire le mal, mais de le dire pour le flétrir et pour en donner l'indignation. Je puis me tromper, mais il me semble qu'un système d'éducation par l'indifférence des principes dignes, par les compositions de conscience et par le faux, produirait une jeunesse sans principes dignes ni sentiments dévoués, ni préoccupations sérieuses, une jeunesse ne parlant et ne s'occupant que des moyens de jouir et de s'enrichir, de jeux de bourse et de cartes, de vie d'estaminet et de lorettes, sacrifiant sa famille à ses passions, une jeunesse à cœur atrophié et à esprit faussé. Celui qu'on habitue à des compositions de conscience pour les autres en a bientôt pour lui-même et celui qu'on a trompé finit bientôt par le savoir et en vient à ne plus croire à rien et à perdre même tout lien moral. Voilà pourquoi j'ai cru devoir établir mon système d'éducation sur la dignité et sur la vérité. Certes je suis soutenu et encouragé dans ma lutte

douloureuse de tous les jours par ceux qui me disent; je vous
dois la petite instruction que j'ai ; mais aussi par ceux qui
me disent : vos ouvrages m'ont donné des idées de devoir et
des sentiment de dignité que je n'avais pas auparavant. En fait
d'opinion, la bonne pour l'un sera toujours la mauvaise pour
l'autre; mais jeter à celui qui ne pense pas comme nous l'in-
jure, la calomnie et le bâillon, c'est prouver qu'on sent ne pas
avoir pour soi la vérité. La seule maxime dans l'intérêt de
tous serait : tolérons pour qu'on nous tolère ; mais quand la
comprendra-t-on et la pratiquera-t-on ?

Je me borne à exposer ici mon enseignement usuel, ma
méthode pour les gens pressés ; mais mon enseignement en
vingt-deux cours embrasse toutes les branches des connaissances usuelles et encore une fois ma méthode n'est point
une utopie puisqu'elle me réussit depuis 1837 et que je l'ai
appliquée sur plus de six mille élèves dans différentes familles
et institutions de Paris. Les attestations de ceux qui s'en sont
servis pour eux-mêmes ou pour d'autres sont venues corro-
borer mes convictions. Je perfectionne sans cesse et je
n'aime rien autant que les critiques désintéressées. Ce sont
ces résultats constatés par les sociétés savantes qui m'ont
valu leurs médailles d'encouragement et ce que je ne cesse de
demander, c'est qu'on essaie sur soi-même ou sur d'autres ;
c'est qu'on me soumette à des épreuves au grand jour; c'est
qu'on prenne quelques parties d'études et quelques élèves
attardés et il suffira d'une épreuve de quelques jours. J'offre
gratuitement ma méthode et mes conseils à ceux qui désirent
acquérir par eux-mêmes ou procurer à d'autres l'instruction
dont ils ont besoin.

A ceux qui me demandent comment il se fait que mon enseignement ne soit pas plus connu et plus répandu, voici la
réponse ; il y a à cela quatre obstacles. Le premier c'est que
la plupart des gens sont indifférents au progrès, à la vérité
et à la propagation de l'instruction ; c'est que beaucoup leur
sont hostiles et se croient intéressés à entraver, à calomnier
et à briser ceux qui s'y dévouent. Ajoutez à cette catégorie les
auteurs de méthodes intéressés à nuire et dans une position
à pouvoir le faire. Le second, ce sont les professeurs et instituteurs qui pour la plupart loin de servir le progrès le repous-
sent, les uns par jalousie, les autres par paresse et incapacité.
Cependant je dois dire que des instituteurs et des institutri-
ces auraient désiré prendre ma méthode; mais aux uns leurs
professeurs ou leurs sous maîtresses ont dit que ne sachant
pas s'ils resteraient dans la pension ils ne voulaient pas se
donner la peine d'étudier une nouvelle méthode; d'autres en
ont été empêchés par mes ennemis. Le troisième c'est que les
lycées et les écoles communales ont un enseignement officiel;
le quatrième, c'est le petit nombre des éducations de famille;
quatre-vingt-dix-neuf parents sur cent n'élèvent pas leurs
enfants et tiennent avant tout à se débarrasser d'eux.

Ce qui semblerait encore prouver que mes idées ont quelque

valeur, c'est que des auteurs et des professeurs me les prennent sans dire qu'elles sont de moi ; sans être un paon, j'ai trouvé bien des geais depuis 1837. Sans doute je crois qu'il serait loyal et qu'il m'est bien dû de dire que le moyen avec lequel on réussit est de moi ; mais je ne poursuivrai jamais mes plagiaires et mes contrefacteurs , il me suffit de penser que mes idées sont utiles et je remercie même ceux qui les propagent sans ma marque de fabrique; je sais que je ne dois pas m'attendre à ce qu'on me tienne compte d'une vie de luttes, de dévouement et de sacrifices de tous les jours et je me résigne à m'appliquer ce vers modifié de Béranger : En me créant Dieu m'a dit : *lutte et souffre.*

LA RÈGLE DE CONDUITE PHILODÉONIQUE

Sois homme de devoir, de principes, de travail et d'instruction.

Sois homme de devoir. — En n'agissant que d'après la concordance de réponse de ta conscience et de ta raison, cette concordance de réponse est un guide infaillible; Dieu a voulu que tout homme pût se bien conduire par lui-même; puis, pense que toute faute a sa punition même sur la terre, on ne pourrait citer un cœur coupable qui ait été calme, un criminel qui ait été heureux. Remplis donc tes devoirs envers Dieu, envers ta patrie, envers ta famille, envers tes semblables et envers toi-même. — Ton devoir envers Dieu, en lui offrant pour culte une journée remplie par le travail et par le devoir. — Ton devoir envers ta patrie, en ayant les vertus civiques : la dignité, le désintéressement, la justice, le respect des droits, et ne te dégrade jamais en appuyant ou en acceptant le mal. — Ton devoir envers ta famille en ne séparant pas d'elle ta vie, en l'honorant par tes vertus, en l'aidant par ton travail et par ton dévouement, en ne demandant point de comptes à tes parents, car quoi que tu fasses, tu seras toujours leur débiteur; en maintenant l'union de ta famille par tes bons exemples et par tes concessions. — Ton devoir envers tes semblables, en faisant pour eux ce que tu voudrais pour toi-même; ne sois ni égoïste, ni déloyal, et ne fais tort à personne de son temps et de ses produits par des dettes volontaires. — Ton devoir envers toi-même, en cultivant ton esprit et en formant ton cœur aux principes et aux habitudes dignes et austères, en repoussant tout mensonge et toute composition de conscience; bannis le luxe et l'oisiveté, ils engendrent la corruption et les besoins factices; aie une vie simple et travailleuse. Prends le soir du plaisir, mais prends-le sans remords, sans corrompre les autres et toi-même, et ne te souille jamais ni par l'ivresse ni par les habitudes d'estaminet, ni par la passion du jeu et des spéculations de bourse. — Propage autour de toi l'idée du devoir par l'exemple, par la diffusion des écrits utiles et par l'attrait des arts. — Souviens-toi de tes morts et accorde-leur un culte de reconnaissance; que ceux qui t'ont aimé et protégé pendant la vie soient encore avec toi après leur mort; consacre un musée de famille à ce qui te reste d'eux, et vis avec les souvenirs qui peuvent te donner le sentiment et l'exemple du devoir.

Sois homme de principes. — En ayant un principe unité dans les trois sphères; un principe ne se scinde pas, c'est une unité ou ce n'est rien. Prends le principe qui est la source et le terrain logique des sentiments élevés, féconds et indépendants, la dignité, le principe et but humanitaire : le gouvernement de l'homme par lui-même, du peuple par lui-même et du travail par lui-même, et la société assise sur le devoir, les principes dignes, le bien-être par le travail et l'instruction du plus grand nombre, et mets ton principe au-dessus des hommes, des circonstances et de l'intérêt personnel.

Sois homme de travail. — En ne vivant jamais en oisif et en n'étant pas un seul jour sans travailler. Aime le travail en le proclamant le plus grand bienfait de la Providence et en adoptant cette maxime : l'homme n'a droit de prendre du repos et du plaisir que le soir après avoir travaillé le jour. — Travaille avec zèle, intelligence et probité; n'accepte qu'un avancement, des bénéfices et des récompenses légitimes. Refuse toute aumône, toute gratuité froissante et toute spoliation ; ne dois rien qu'au travail et à toi-même, et aide de tout ton concours les idées et existences utiles méconnues ou en souffrance.

Sois homme d'instruction. — En consacrant chaque jour quelques moments à étudier, à éclairer et à cultiver ton esprit ; sors ton âme de l'état brut ; grandis-la et ennoblis-la par la lumière et par la science. L'ignorance est un sacrilége et l'ignorant un exploité ; la science est le plus beau flambeau du monde ; l'étude le plus doux consolateur du cœur. — Elève tes enfants par une éducation qui fasse d'eux des citoyens, des cœurs honnêtes et des esprits éclairés. — Aime l'instruction en la propageant en toi et dans les autres et en aidant les hommes et les moyens qui peuvent la répandre.

Termine ta journée par ce simple examen de conscience : Quel bien ai-je fait aujourd'hui ? quel mal ancien n'ai-je plus fait ? ai-je été un homme de devoir, de principes, de travail et d'instruction ? Au lieu de dire : Je ferai comme les autres et je vivrai avec mon siècle même dans ce qu'il a de mauvais, fais le contraire, réforme-toi ; que tous tes actes tendent au principe et but humanitaire et n'accepte rien qui lui soit contraire. — Sois donc en tout temps et par toi-même, en adoptant la règle de conduite philodéonique, un honnête homme et un homme utile.

UNE POÉSIE PHILODÉONIQUE.

LE TRAVAILLEUR INTELLECTUEL.

O mon œuvre ! combien tu m'as coûté de larmes ;
J'ai tout bravé pour toi, misère, hostilité ;
Je voudrais en ta fleur voir aimer quelques charmes,
Et de tous mes enfants, c'est toi le plus gâté.
Quand je gagne une obole, avec toi je partage ;
Tout le feu de mon cœur, je le concentre en toi,
Et de mon avenir tu fais toute la foi ;
Plus il nous coûte, plus on aime son ouvrage.
N'est-ce pas à ton tour que tu me grandiras,
Ce que je fais pour toi que tu me le rendras ?
Je te devrai plus tard une illustre existence,
Et pour mes jours vieillis une modeste aisance ;
Car dans tous mes écrits j'ai mis la vérité,
L'amour du bien, du beau, les routes qu'il faut prendre
Quand on veut se créer un bonheur mérité,
Quand on veut arriver à s'aimer, se comprendre...

Pauvre fou que je suis ! combien l'illusion
Trouble en la fascinant l'imagination,
La transporte en dehors du réel de la vie,
Du mirage lointain qu'elle laisse entrevoir,
Rend la fausse douceur, malgré nous poursuivie !
A qui ne connaît pas même le mot devoir,
A quoi bon prononcer celui de sacrifices ?
Ceux qui pourraient t'aider ont trop peu pour leurs vices.
A qui ne pleure pas, d'autrui que sont les pleurs ?

A qui ne souffre pas, d'autrui qu'est la souffrance ?
On ne peut rien, voilà votre dure sentence.
Quoi ! vous ne pouvez pas de ces nobles labeurs
Acheter les produits, aider leur propagande,
Leur offrir les appuis que leur essor demande,
Utiliser le temps des talents méconnus ?
Et quand ils sont brisés par des coups imprévus,
Quand sous la calomnie ils penchent vers l'abîme,
Au lieu d'abandonner froidement la victime,
Quoi ! vous ne pouvez pas lui tendre votre main,
Soutenir son martyre en lui disant courage !
Votre égoïsme craint le plus léger nuage,
Et dans vos cœurs blasés il ne bat rien d'humain.
Dans un air radieux à mon heure d'aurore
Je crus voir sur mon front briller un météore,
Mais le ciel s'assombrit ; des foudres du malheur
Ce jet de feu n'était que l'éclair précurseur.
Oh ! voir mes vieux parents manquer du nécessaire.
Et mes pauvres enfants souffrir sans avenir,
Et mon idée utile en germe dépérir...
Et toujours votre mot : nous ne voulons rien faire.
Vous êtes donc bien sûrs de pouvoir d'un soutien
Vous passer, de n'entrer dans aucun cataclysme ?
Si le glas pour vous sonne, oh ! de votre égoïsme
On vous répètera le mot : je ne puis rien.
Contre la calomnie et contre l'injustice,
Et contre la misère on lutte... mais l'effort,
Mais la force s'épuise au bout d'un long supplice.....
Vous pourriez me sauver, et vous dites la mort.
Va, pauvre Bélisaire, art paria du monde,
Va, noble général brisé dans les combats,
Va, sublime clarté pour toi seule inféconde,
Céleste et doux rayon tombé sur des ingrats !
Va du moins protester et fais vibrer dans l'âme
Un sentiment plus juste et moins indifférent ;
Proteste en restant digne et que ta voix réclame
Les droits de l'honnête homme et la part du talent.
Toi du moins, ô mon Dieu, mes pleurs et ma prière,
Ne les repousse pas, mon seul espoir, mon père !
Oh ! ne me laisse pas toujours, toujours souffrir,
N'avoir plus qu'une grâce à demander... mourir !

UN CHANT PHILODÉONIQUE.

LE CHANT DU TRAVAIL.

(Pour la musique, voir ce chant gravé.)

CHŒUR.

De bonheurs purs notre printemps s'émaille,
Le temps pour nous s'écoule radieux ;
Et notre foi dit à l'homme : travaille,

Travaille encor, toujours, pour être heureux.
Le travail c'est la vie
Et le bonheur ;
Son beau ciel sanctifie
Le travailleur.

COUPLETS AVEC CHŒUR.

1er *Couplet.*

De l'heureux et du pauvre, ô toi la Providence,
D'un amour infini bienfait universel,
Tu fais s'épanouir le cœur, l'intelligence,
Et tu mets dans la vie un trésor éternel.
Mon esprit dépouillant les langes du mensonge,
De toute vérité comprend et suit la loi ;
Mon âme s'appartient, avant d'agir je songe.
Travail, tu m'as fait homme ; honneur, travail, à toi !

2e *Couplet.*

L'humanité vécut dans un dur esclavage,
Enchaînée et sanglante aux pieds d'hommes sans cœur,
Bâillonnée et clouée aux fers du moyen âge,
Elle attendit longtemps, bien longtemps un vengeur.
Le travail vint ; soudain il relève l'esclave,
Il abaisse à son tour l'oppresseur en émoi ;
Tout ce qui n'est pas pur disparaît sous sa lave ;
Travail, tu m'as fait libre ; honneur, travail, à toi !

3e *Couplet.*

Fier et surtout heureux de mon indépendance,
J'ai pu par tes bienfaits toujours la conserver ;
J'ai pu sous ton beau ciel des coups de l'indigence
Et des faveurs des grands toujours la préserver.
Souvent découragée et parfois abattue
Mon âme s'est trempée aux sources de ta foi ;
Le culte du veau d'or ne l'a pas corrompue.
Travail, tu m'as fait probe ; honneur, travail, à toi !

4e *Couplet.*

O toi qui me tressas mes premières couronnes,
Celles que mes parents mouillèrent de leurs pleurs,
Tu m'en réservais donc d'autres, et tu les donnes
Pures de tout regret, toujours douces aux cœurs.
Par d'utiles travaux j'illustrai ma patrie,
Ma mère a béni Dieu d'être heureuse par moi ;
D'un souvenir d'amour ma mort sera suivie.
Travail, tu m'as fait grand ; honneur, travail, à toi !

POISSY. — TYPOGRAPHIE ARBIEU.

ŒUVRES DE M. PAUL BUESSARD

Enseignement Buessard. **Études sociales.** **Œuvre philodéonique.**

22 cours.   3 ouvrages   3 ouvrages.

Fêtes et chants philodéoniques.

12 fêtes, 37 chants, et 3 autres musiques.

80 ouvrages formant une idée unitaire, auxquels on peut souscrire ensemble ou séparément. Souscription de 100 fr., donnant droit à tous les ouvrages, ou souscription de 30 francs et de 15 francs, en un bon sur la poste, *Grande rue de Passy*, 41, et l'on reçoit sans dérangement les ouvrages de chaque souscription.

ENSEIGNEMENT BUESSARD

HONORÉ DE PLUSIEURS MÉDAILLES.

MÉTHODE

pour les gens pressés, et éducation dans la vérité et la dignité.

Lecture et Écriture. — Français. — Calcul. — Tenue des livres. — Géographie. — Histoire. — Littérature. — Mythologie. — Langues latine et anglaise. — Physique et chimie appliquées. — Histoire naturelle. — Mnémosyne philodéonique. — Histoire des arts et découvertes. — Histoire professionnelle du travail dans ses douze sphères intellectuelles et industrielles. — Les jeux philodéoniques et la tombola énigmatique. — Trois grands ouvrages d'histoire, de littérature et de philosophie pour les gens du monde. — Chaque étude, en résumé, 50 centimes ; en volume, 2 francs, en livraison, 50 centimes.

Méthode pour les gens pressés, établie sur des moyens nouveaux et faciles en dehors de la routine, et consacrée par un succès de 25 années, sur plus de six mille élèves dont M. Paul Buessard a été le professeur et a refait en peu de temps les éducations manquées.

Rapport de la commission de l'École normale de Versailles, nommée en 1837 par le ministre de l'instruction publique : « Nous avons remarqué dans les nouvelles solutions exposées par M. Paul Buessard, des formules qui prêtent efficacement aide à l'enseignement en résumant les faits d'une manière complète et qui dénotent une attention intelligente et un certain tact à deviner ce qui peut frapper l'esprit des enfants. Cette méthode nous paraît excellente surtout pour la pratique. »

Médailles des sociétés savantes et paroles d'un président : « Vous avez rendu un grand service en mettant à même de s'instruire par des moyens faciles et rapides ; la Société me charge de vous offrir un témoignage de son estime, et j'aime à vous dire que vous avez bien mérité de votre pays. »

La commission envoyée par le gouvernement de la Grèce pour étudier les méthodes de la France, me fit savoir que c'était la mienne qui avait été trouvée la meilleure ; mais telle est la fatalité qui s'attache à moi, que cette bonne chance ne se réalisa pas plus que les autres ; la guerre de Crimée vint bouleverser la Grèce et détruire mes espérances. Je ne suis arrivé à être utile qu'en me faisant l'apôtre de mon idée ; mais j'en ai été toute ma vie le martyr.

Voici ce qui me soutenait dans mes découragements :

Je dois vous faire hommage des progrès de mes élèves, progrès dus à votre méthode ; toutes les jeunes filles qui me viennent des autres maisons sont bien inférieures à celles que j'ai formées d'après votre enseignement. C* B*.

Votre enseignement est le plus facile et le plus rapide dont je me sois encore servi.   F*.

Seul jusqu'à ce jour, vous avez compris la manière d'enseigner les classes pressées ; j'apprécie chaque jour la simplicité et l'avantage de votre excellente méthode, et j'en ai déjà obtenu des résultats remarquables.   L*.

Votre méthode fait merveille sur les petits princes polonais dont je dirige bien loin de vous l'éducation.   BiL*.

Chaque jour j'apprécie davantage les bienfaits de votre méthode, et je regrette qu'elle ne soit pas plus répandue, car l'instruction n'effraierait plus du tout.   CL* AL*.

Vous avez la gloire de formuler le premier et de traduire en exercices méthodiques et usuels des notions qui germaient closes encore jusqu'à vous dans la tête de quelques instituteurs, parmi lesquels j'aime à me compter.   B*.

C'était votre méthode qui me faisait obtenir le prix cantonnal.   C*.

J'ai mis votre méthode en pratique dans un régiment de ligne et dans un de cavalerie et ce sont les divisions qui la suivent qui ont remporté le prix du concours. De plus, vous vous efforcez de mettre au-dessus de la force la justice, l'amour de la patrie et le sentiment de la dignité, de former des citoyens. J'ai semé vos germes et j'éprouve le besoin de vous remercier et de vous dire que vous avez bien mérité de votre pays.   Le capitaine T. de M*.

J'ai appris seul et par votre méthode ce que je sais d'orthographe, de calcul, de géographie et d'histoire, et je dois à votre enseignement, non-seulement la petite instruction que je possède, mais encore des idées de devoir, d'ordre et d'économie que je n'avais pas auparavant.   M*.

Pension de garçons : Je viens au nom de tous mes camarades vous témoigner les sentiments de reconnaissance que nous éprouvons pour vos bons soins de tous les jours. Nos paroles sont celles que des fils adressent à leur père pour lui dire qu'il ne sème pas ses bons conseils sur des cœurs ingrats.

Pension de demoiselles : Vous nous faites aimer l'étude ; vous nous faites chérir la vertu dont vous êtes une vive image, et les sages préceptes que vous nous donnez avec tant de douceur et de bienveillance, nous instruisent bien moins encore que vos exemples. Puissions-nous les imiter !

Ce qui semblerait prouver que mes idées ont quelque valeur, c'est que les auteurs et les instituteurs me les prennent sans dire qu'elles sont de moi.

LA PHILODÉONIE

EN TABLEAU

(Philos AMI déon DEVOIR)

PAR M. PAUL BUESSARD.

LA FAMILLE PHILODÉONIQUE.

SUR TROIS BASES.

1. La règle de conduite philodéonique, lien moral ;
2. L'éducation sur la vérité, la dignité et la rapidité de méthode de l'enseignement Buessard ;
3. Les fêtes et soirées de famille philodéoniques propageant par l'attrait le devoir, le talent et les idées utiles.

L'ORGANISATION PHILODÉONIQUE DES PROFESSIONS.

SUR DOUZE ÉLÉMENTS.

1. La règle de conduite philodéonique, lien moral ;
2. L'instruction professionnelle obligatoire pour tous ;
3. L'admission dans la carrière après double examen professionnel et moral ;
4. Le travail aux trois classes de travailleurs et aux trois parts proportionnelles sans aucune absorbante ni insuffisante ; 3e classe, le minimum : 2e le double ; 1re le triple ;
5. Le travail des femmes dans la famille et au même salaire proportionnel que celui de l'homme ;
6. La mission progressive et le tableau d'honneur ;
7. La probité en affaires, la rapidité de solution et la conciliation sans procès ;
8. L'intermédiaire philodéonique et les cinq comités protecteurs de l'honnête homme ;
9. Le tableau professionnel et mensuel de tous les renseignements utiles ;
10. La bibliothèque professionnelle ;
11. Le salon philodéonique pour soirées et fêtes professionnelles philodéoniques ;
12. La maison de famille et l'hôtel professionnel philodéoniques.

LA PHILODÉONIE CENTRALE.

DE L'ADMINISTRATION GÉNÉRALE ET DES FÊTES SOLENNELLES, LIEN ET CENTRE COMMUNS.

AUX SEPT ÉTABLISSEMENTS.

1. L'Éden philodéonique et olympique, salon — jardin des fêtes solennelles, avec ornementation expressive empruntée à la nature et à l'art ;

2. Les douze administrations des douze sphères du travail aux cinq comités protecteurs de l'honnête homme ;

3. Le comptoir d'honneur d'exposition permanente et de vente des œuvres intellectuelles et manuelles couronnées chaque mois dans les douze sphères du travail ;

4. La caisse philodéonique du travail formée du produit des travaux en commun, d'une remise sur les ventes et des offrandes facultatives mensuelles. Jetons de travail répartis aux travailleurs des douze sphères ;

5. La communication philodéonique, journal mensuel de tout ce qui intéresse les douze sphères du travail et comptes-rendus des fêtes ;

6. La bibliothèque centrale philodéonique ;

7. Les douze salles des cours professionnels ;

LES DOUZE SPHÈRES DU TRAVAIL

AVEC CHACUNE SON ÉTABLISSEMENT-TYPE ET SA MISSION PROGRESSIVE.

I. TRAVAIL SOCIAL.

LA MAISON DE FAMILLE ET L'HOTEL PHILODÉONIQUE.

Appartement confortable. — Salle d'études. — Lavoir et salle de bains. — Jardin ou cour ombragée. — Infirmerie fraternelle. — Musée de famille. — Salon philodéonique. — Les trois bases morales de la famille philodéonique.

L'hôtel professionnel pour les gens non en famille, dans les mêmes conditions de bien-être et de devoir que les maisons de famille.

II. TRAVAIL PÉDAGOGIQUE.

LE LYCÉE ET L'ÉCOLE NORMALE PHILODÉONIQUES.

Le pensionnat, maison de famille. — L'externat aux sept éléments du bien — Les salles d'éducation de famille. — L'école normale formant des professeurs pour la réforme de l'éducation sur la vérité, la dignité et la rapidité de méthode. — L'enseignement Buessard embrassant toutes les connaissances usuelles ; méthode pour les gens pressés et éducation dans la vérité et dans la dignité.

III. TRAVAIL AGRICOLE.

LA FERME PHILODÉONIQUE.

La maison de famille. Derrière la maison, le parterre, le jardin potager et la serre. — Autour du jardin, les bâtiments et l'infirmerie fraternelle. — Au fond, les étables aérées et propres avec bestiaux séparés et pâture naturelle en plein air. — Champ de grande culture et prairie. — Les fumiers relégués à l'extrémité de la ferme. — Moulin, four et lavoirs communs au hameau.

IV. TRAVAIL INDUSTRIEL.

L'ATELIER ET LE MAGASIN PHILODÉONIQUES

Avec les douze éléments de l'organisation philodéonique produisant la vie à bon marché et la probité en affaires, le bien-être, la moralité et la capacité du travailleur.

V. TRAVAIL ADMINISTRATIF
LE PORTIQUE ADMINISTRATIF PHILODÉONIQUE

Formant et procurant des administrateurs intègres et capables et des inter-médiaires philodéoniques. — Le bureau des affaires civiles. — Du travail intellectuel. — Du travail manuel. — Des liquidations et cessations d'affaires. — Des employés. — L'école administrative.

VI. TRAVAIL JUDICIAIRE
L'ARÉOPAGE PHILODÉONIQUE

La justice sans frais, conciliante et indépendante. — La magistrature du devoir. — Le bureau de consultations sans frais. — Le tribunal sans frais aux jges de conciliation et aux trois jurys civil, professionnel et répressionnel. — Le système pénitentiaire philodéonique.

VII. TRAVAIL MÉDICAL
LA MÉDECINE DE LA NATURE

A remèdes simples, peu coûteux, sans violence, ni répugnance, ni dangers, i n'appauvrissant plus le corps et la bourse. — La loyauté dans le prix des isites et des opérations.

VIII. TRAVAIL SCIENTIFIQUE
L'ATHENÆUM SCIENTIFIQUE

A classifications et nomenclatures naturelles, sans jargon, et à étiquettes itilitaires.

IX. TRAVAIL LITTÉRAIRE
L'ACADÉMIE PHILODÉONIQUE

Faisant de la littérature utile une carrière. — L'imprimerie-librairie à la portée de tous. — La publicité gratuite et sans camaraderie. — La propagation d'une bibliothèque dans chaque famille.

X. TRAVAIL MUSICAL
L'ORPHÉON PHILODÉONIQUE

L'association orphéoniste aux trois parts proportionnelles sans aucune absorbante. — Les groupes philodéoniques donnant à la musique une mission utile et noble, aux artistes des moyens de production et des ressources de chaque jour. — Les classes de musique sans désordres avec les cours de tout genre qui peuvent former un véritable artiste.

XI. TRAVAIL PICTURAL ET SCULPTURAL.
L'ATELIER ARTISTIQUE PHILODÉONIQUE

L'association artistique aux trois parts proportionnelles sans aucune absorbante. La propagation des musées de famille. Les ateliers de peinture sans désordres ni scandales et avec les cours de tout genre qui peuvent former un véritable artiste.

XII. TRAVAIL DRAMATIQUE ET CHORÉGRAPHIQUE
LE THÉÂTRE PHILODÉONIQUE

L'association dramatique aux trois parts proportionnelles sans aucune ab-

sorbante. — Le théâtre aux pièces grande école de la vie. — Les bals philodéoniques de famille et artistiques. — Les classes dramatiques et chorégra-
phiques sans désordres et avec les cours de tout genre qui peuvent former un
véritable artiste dramatique.

LES FÊTES ET INTERMÈDES PHILODÉONIQUES

Créant au devoir, au talent et aux idées utiles, une France olympique et
dans chaque famille une propagande par l'attrait.

LES DOUZE GRANDES FÊTES PHILODÉONIQUES ET OLYMPIQUES.

Espérance, principes, devoir, travail, science, providence, France, humanité,
mariage, famille, consolation et mort.

LA MATINÉE.

Chacun à son travail et à ses devoirs.

L'APRÈS-MIDI.

I. L'Eden philodéonique et olympique. II. Le prélude symphonique de la
fête. III. La première poésie de la fête, — poésie de l'homme. IV. Le premier
chant philodéonique de la fête. V. La deuxième poésie de la fête, — poésie de
la femme. VI. Le deuxième chant philodéonique de la fête. VII. La troisième
poésie de la fête, — poésie de l'enfant. VIII. Le troisième chant philodéonique. IX. La communication philodéonique sur les douze sphères du
travail avec production d'idées utiles et d'hommes de talent. X. La distribution
des prix, les inaugurations sous les douze coupoles d'honneur et la glorification
des familles. XI. L'engagement moral et la distribution de l'emblème. XII. La
marche triomphale.

LA SOIRÉE.

XIII. L'illumination expressive de la philodéonie et des maisons des lau-
réats. XIV. Le banquet philodéonique au buffet d'honneur, au vélum, au mets
et au toast d'honneur et avec intermède philodéonique. XV. Le bal philodéonique avec l'histoire de la danse exposée et mise en action, ballet de la fête,
danses nouvelles, la grande danse et intermède philodéonique.

LES INTERMÈDES PHILODÉONIQUES

DE FAMILLE OU ARTISTIQUES.

I. Un prélude. II. La poésie philodéonique de l'homme. III. Un chant philodéonique. IV. La poésie de la femme. V. Un chant philodéonique. VI. La
poésie de l'enfant. VII. Un chant philodéonique. VIII. La communication philodéonique, production d'idées utiles et d'hommes de talent. IX. La tombola
énigmatique ou un jeu philodéonique. X. Une marche triomphale.

L'œuvre philodéonique, pour être réalisée, n'a pas besoin d'être posée tout
d'un coup en grand et dans toutes ses parties : fonte famille et toute profession
peuvent la poser immédiatement en elles, et dans toute ville une philodéonie
avec une salle de fêtes et de cours et un local administratif est facile à établir.
Les établissements-types de chaque sphère de travail se fonderont peu à peu.
Les développements de l'idée philodéonique et les moyens d'exécution se trouvent dans le livre de l'organisation philodéonique. Les personnes qui désireraient
mettre en pratique tout ou partie de l'œuvre philodéonique ou de l'enseignement
Buessard, ou bien organiser une fête, un intermède philodéonique, sont priées
d'écrire à M. Paul Buessard, grande rue de Passy, 41.

POISSY. — TYPOGRAPHIE ARBIEU.

ŒUVRE PHILODÉONIQUE.

(Philos AMI, déon DEVOIR.)

L'œuvre philodéonique a pour but de transformer sans secousses la société, et de l'asseoir sur ses quatre bases normales : le devoir, les principes dignes, le bien être par le travail et l'instruction du grand nombre ; elle a pour raison d'être, de remplir les quatre grands vides qui sont la principale cause du mal : le manque d'une règle de conduite à principes dignes et acceptables par tous les esprits ; le manque d'une organisation libre des professions et du travail ; le manque de plaisirs profitant au devoir, au talent et aux idées utiles ; le manque d'un système d'éducation vrai, digne et rapide. On ne peut espérer changer l'homme et son sort qu'en changeant le milieu. Si même le peu qu'il y a de cœurs dignes, au lieu de se rendre martyrs et de s'annihiler par l'isolement, se groupaient autour de l'œuvre philodéonique et la posaient dans leur sphère d'existence, ils verraient bientôt cesser la plupart de leurs souffrances et prépareraient l'avenir de l'humanité.

La règle de conduite philodéonique. — *L'organisation philodéonique.* — *Le code des devoirs et des principes d'un bon état social.* — *Le poëme philodéonique.* — *Les* 12 *fêtes, les intermèdes et les* 37 *chants philodéoniques.* Chaque libretto de fête, 1 franc. Chaque chant en musique, 1 franc. La grande danse, 1 franc. Le solfége Buessard, 1 fr. 50.

ETUDES SOCIALES.

L'histoire universelle de l'humanité. — *La littérature universelle de l'esprit humain.* — *Etude sociale établie sur ma Biographie,* grandes études ayant pour but de détruire les préjugés et les idées faussées, de rétablir la vérité et la dignité, et de bien poser le principe et but humanitaire dans ses conséquences et conditions logiques en montrant les principes, les institutions et les idées qui ont été utiles et ceux qui ont été nuisibles à l'humanité.

Donné à ma vie pour mission le devoir, de détourner des excès et des désordres, de refaire en peu de temps les éducations manquées et de chercher des appuis pour les idées utiles, le travail et le sort de l'honnête homme. — Pendant plusieurs années, procuré à des enfants l'instruction professionnelle, des apprentissages avantageux et moraux, et récompensé chaque progrès, chaque réforme de conduite par le don d'une tirelire, d'un vêtement ou d'un autre objet utile. — Détourné des enfants du vagabondage des rues et leurs familles du cabaret et des désordres. — Procuré à de nombreuses existences en souffrance de l'occupation ou des facilités d'existence. — Jeté ma vie au sein des désordres et des discordes pour les assoupir, pour y distribuer de mes livres du devoir et y prêcher le devoir, la paix et les concessions mutuelles ; ramené quelques-uns, et j'en ai été quitte pour deux légères blessures en sauvant deux fois des existences en danger. Porté à donner à la femme un salaire suffisant et un travail au dedans de la famille, et j'ai continué dans le possible un dévouement qui n'est pour moi que ma dette envers Dieu et l'humanité. J'ai fait tout ce bien sans être secondé, en recevant de grands éloges, mais aucun appui, en vivant au jour le jour, en partageant le peu que je gagnais et en me condamnant à une vie de luttes, de privations et de souffrances de tous les jours. Concourez à généraliser ce petit résultat individuel et le règne du bien adviendra.

J'applaudis à vos efforts aussi intelligents qu'opiniâtres pour l'amélioration de la société. Honneur à vous, qui savez vous mettre à la portée des humbles et vous attachez moins à flatter qu'à éclairer. BÉR.

Je vois sans étonnement votre zèle infatigable et persévérant pour la propagation des idées de devoir; tous les gens de bien vous en doivent des remer-
ciements au nom de l'humanité.   LASC*.

Tous ceux qui, comme vous, s'efforcent de rapprocher le pauvre du riche et
de prévenir ainsi les crises sociales qui menacent l'avenir, tous ceux-là ont droit
à l'estime des bons citoyens et méritent leur reconnaissance.
                                        T*, membre de l'Académie.

J'ai été assez heureux pour rencontrer votre livre du devoir; la franchise,
la pureté et la tolérance de vos opinions trouveront, je l'espère, accès dans
beaucoup d'âmes.   L*.

Votre œuvre philodéonique est bien certainement l'œuvre d'un homme capable
de concourir énergiquement et efficacement au grand mouvement de progrès
vers le bien et le vrai qui s'efforce de régénérer l'humanité.   H*.

Je ferai mon profit et dirai tout le bien que je pense de votre livre et de
votre œuvre du devoir, dont j'apprécie plus que personne la portée et le but.
                                        Mᵉ C*, haut fonctionnaire.

Je considère comme éminemment patriotique votre œuvre du devoir : moraliser, inspirer l'amour de l'ordre, du travail et des devoirs envers la famille et
la société, c'est assurément rendre à son pays et à ses concitoyens le plus grand
et le plus utile service. Vous auriez pu vous caser d'une manière avantageuse;
vous avez préféré rester dans votre pauvreté indépendante; je n'en suis pas le
moins du monde étonné, mais vous êtes une exception de la plus rare espèce.
                                        M*, autre haut fonctionnaire.

Nos camarades et nous, nous avons adopté votre règle de conduite philodéonique; nous avons renoncé au cabaret et nous passons nos soirées à lire, à
étudier vos ouvrages, à dire vos vers et à nous éclairer.
                                        Une petite députation.

Après le sacrifice de ma santé et de ma fortune pour moraliser et secourir
mes semblables, je me suis vu forcé d'y renoncer pour ne pas descendre vivant
dans la tombe et y entraîner ma famille. Si vous avez le courage de continuer
à vous vouer au martyre pour une société qui n'en tient aucun compte, faites-le,
vous serez admirable.   BL*.

Prenez courage; l'avenir est dans le sein de Dieu; il n'est pas possible que
vous soyez toujours méconnu.   O. S.

Les concours que chacun peut accorder par lui-même ou procurer dans la
sphère de ses relations, sont : Adoption de l'enseignement Buessard par des
familles et des pensions qui aimeraient à faire profiter leurs enfants de ses avantages, des gens attardés et pressés, puis par des professeurs qui se feraient un
sort par ma méthode, par les moyens de publicité, les leçons et les relations
qu'elle leur procurerait. — Adoption de la règle de conduite philodéonique. — .
Organisation d'intermèdes philodéoniques par les familles qui voudraient donner à leurs soirées un charme nouveau, varié et utile, et par des artistes qui
trouveraient dans les intermèdes philodéoniques les moyens de se produire et
d'avoir des leçons et des soirées. — Adoption dans la profession de l'organisation philodéonique. — Fondation d'établissements philodéoniques. — Offrandes
facultatives dont il est rendu compte. — Souscription aux ouvrages pour soi-
même, ou pour d'autres à qui ils peuvent être utiles. — Mes leçons utilisées ou
recommandées et demandes de professeurs et d'artistes. — Création de relation
avec des français et étrangers en France et à l'étranger. On est prié de se mettre en relation avec M. Paul Buessard, en lui écrivant directement grande rue
de Passy, 41, ou chez M. Bréauté, libraire, passage Choiseul, 28.

POISSY. — TYPOGRAPHIE ARBIEU.

ENSEIGNEMENT BUESSARD

ARITHMÉTIQUE

CALCUL ENFANTIN

Mettant le jeune enfant à même d'apprendre la théorie du calcul en résumant chaque réponse dans une formule courte que l'enfant peut apprendre et repasser facilement et rapidement, puis facilitant les opérations par des moyens simples, gradués et sûrs.

NUMÉRATION

Arithmétique, science des nombres.

Grandeur ou *quantité,* objet partageable.

Unité, quantité de comparaison; un mètre, un litre, un gramme.

Nombre entier, unités complètes, 3, 5, 8, 12.

Fraction, partie d'unité, 1/2, 1/3, 1/4.

Nombre décimal, division régulière de dix en dix : dixième, centième, millième.

Nombre pair, à moitié exacte sans demie : 2, 4, 6, 8.

Nombre impair, à moitié inexacte, avec demie, 1, 3, 5, 7, 9

Valeur des zéros, à gauche, nulle; à droite, rend dix fois plus **fort** : 08 fr., 80 fr.

Objet de la Numération, lire et écrire les nombres.

1, 2, 3, 4, 5, 6, 7,
Noms des nombres, un, deux, trois, quatre, cinq, six, sept,
8, 9, 10, 11, 12, 13, 14, 15, 16,
huit, neuf, dix, onze, douze, treize, quatorze, quinze, seize,
17, 18, 19, 20.
dix-sept, dix-huit, dix-neuf, vingt.

Nombre de deux chiffres : 2 vingt, 3 trente, 4 quarante, 5 cinquante, 6 soixante, 7 soixante-dix, 8 quatre-vingt. 9 quatre-vingt-dix ; nombre de trois chiffres, 1er à gauche 100; nombre de quatre chiffres, 1er à gauche, mille, 2e cent,

Lire, 9. 17. 38. 246. 3657. 74. 647. 3895.

Lire un nombre. Colonnes de trois chiffres par la droite, mais lire par la gauche ; noms des colonnes de droite à gauche : unité, mille, million, billion ou milliard, trillion.

Lire : 6 trillions, 009 billions, 189 millions, 017 mille, 008 **unités.**

Ecrire un nombre. Noms des colonnes écrits jusqu'à unités ; colonnes de trois chiffres, moins 1re à gauche et zéro à gauche pour manquant ; trois zéros pour colonne manquante.

Par ce moyen si simple on écrit sans se tromper tous les nombres.

Ecrire 69 trillions, 137 billions, 18 mille, 9 unités.

Trillions, billions, millions, mille, unités.
69,   137,   000,   018,   009.

Réduire sous en centimes, (jouer à pair ou non). Prendre la moitié et ajouter un 0 quand le nombre des sous est pair, un 5 quand il est impair.

8 sous,   7 sous,
40 centimes.   35 centimes.

1er progrès de calcul enfantin : faire les petits papiers; mettre sur chacun une question ; puis comme problème lire et écrire des nombres depuis les trillions et réduire les sous en centimes jusqu'à 10 sous.

ADDITION.

TABLE D'ADDITION.

2 et 1	font	3	4 et 1	font	5	6 et 1	font	7	8 et 1	font	9			
2 et 2	»	4	4 et 2	»	6	6 et 2	»	8	8 et 2	»	10			
2 et 3	»	5	4 et 3	»	7	6 et 3	»	9	8 et 3	»	11			
2 et 4	»	6	4 et 4	»	8	6 et 4	»	10	8 et 4	»	12			
2 et 5	»	7	4 et 5	»	9	6 et 5	»	11	8 et 5	»	13			
2 et 6	»	8	4 et 6	»	10	6 et 6	»	12	8 et 6	»	14			
2 et 7	»	9	4 et 7	»	11	6 et 7	»	13	8 et 7	»	15			
2 et 8	»	10	4 et 8	»	12	6 et 8	»	14	8 et 8	»	16			
2 et 9	»	11	4 et 9	»	13	6 et 9	»	15	8 et 9	»	17			
3 et 1	»	4	5 et 1	»	6	7 et 1	»	8	9 et 1	»	10			
3 et 2	»	5	5 et 2	»	7	7 et 2	»	9	9 et 2	»	11			
3 et 3	»	6	5 et 3	»	8	7 et 3	»	10	9 et 3	»	12			
3 et 4	»	7	5 et 4	»	9	7 et 4	»	11	9 et 4	»	13			
3 et 5	»	8	5 et 5	»	10	7 et 5	»	12	9 et 5	»	14			
3 et 6	»	9	5 et 6	»	11	7 et 6	»	13	9 et 6	»	15			
3 et 7	»	10	5 et 7	»	12	7 et 7	»	14	9 et 7	»	16			
3 et 8	»	11	5 et 8	»	13	7 et 8	»	15	9 et 8	»	17			
3 et 9	»	12	5 et 9	»	14	7 et 9	»	16	9 et 9	»	18			

Pour additionner les nombres plus élevés, la table d'addition suffit : n'additionner que le chiffre des unités et conserver le chiffre des dizaines. Si la somme des unités fait plus de 9, ajouter 1 au chiffre de la dizaine : 23 et 6 ; dites 3 et 6 et conservez votre dizaine 2 ; 39 et 6, dites 9 et 6, 15 et comme cela fait plus de 9, ajoutez 1 au chiffre de la dizaine 3, donc 39 et 6, 45.

Addition et résultat. Réunion de plusieurs objets de même espèce en une somme ou total.

Quand fait-on une addition ? Reçu tant, plus tant.

Signe de l'addition. Croix droite, plus +.

Preuve, définition. Deuxième opération de vérification de la première.

Comment fait-on une addition ? Entiers copiés de droite à gauche ; addition par la droite ; unité posée, dizaine reportée.

Preuve de l'addition. De bas en haut.

Problème. Reçu 9764 fr. + 75 fr. + 689 fr.

$$9764$$
$$75$$
$$689$$
$$\overline{10528}$$

2ᵉ progrès de calcul enfantin, petits papiers et problèmes.

SOUSTRACTION.

TABLE DE SOUSTRACTION.

1 de 2	reste 1	3 de 7	reste 4	5 de 12	reste 7	8 de 9	reste 1
1 de 3	» 2	3 de 8	» 5	5 de 13	» 8	8 de 10	» 2
1 de 4	» 3	3 de 9	» 6	5 de 14	» 9	8 de 11	» 3
1 de 5	» 4	3 de 10	» 7	6 de 7	» 1	8 de 12	» 4
1 de 6	» 5	3 de 11	» 8	6 de 8	» 2	8 de 13	» 5
1 de 7	» 6	3 de 12	» 9	6 de 9	» 3	8 de 14	» 6
1 de 8	» 7	4 de 5	» 1	6 de 10	» 4	8 de 15	» 7
1 de 9	» 8	4 de 6	» 2	6 de 11	» 5	8 de 16	» 8
1 de 10	» 9	4 de 7	» 3	6 de 12	» 6	8 de 17	» 9
2 de 3	» 1	4 de 8	» 4	6 de 13	» 7	9 de 10	» 1
2 de 4	» 2	4 de 9	» 5	6 de 14	» 8	9 de 11	» 2
2 de 5	» 3	4 de 10	» 6	6 de 15	» 9	9 de 12	» 3
2 de 6	» 4	4 de 11	» 7	7 de 8	» 1	9 de 13	» 4
2 de 7	» 5	4 de 12	» 8	7 de 9	» 2	9 de 14	» 5
2 de 8	» 6	4 de 13	» 9	7 de 10	» 3	9 de 15	» 6
2 de 9	» 7	5 de 6	» 1	7 de 11	» 4	9 de 16	» 7
2 de 10	» 8	5 de 7	» 2	7 de 12	» 5	9 de 17	» 8
2 de 11	» 9	5 de 8	» 3	7 de 13	» 6	9 de 18	» 9
3 de 4	» 1	5 de 9	» 4	7 de 14	» 7		
3 de 5	» 2	5 de 10	» 5	7 de 15	» 8		
3 de 6	» 3	5 de 11	» 6	7 de 16	» 9		

Avec une table d'addition et de soustraction, l'enfant, après l'avoir apprise, n'a pas besoin de compter sur ses doigts, et de plus, il peut en repasser les parties qu'il oublie.

Soustraction, définition. Retranchement d'un nombre d'un autre,

Les trois noms du résultat. Reste après la soustraction, excès du plus grand, différence des deux.

Quand fait-on une soustraction? Je devais tant, j'ai payé tant à valoir, ou sur plusieurs j'en prends une partie.

Signe de la soustraction. Un seul trait d'union, moins —.

Signe de l'égalité. Deux traits d'union =.

Comment fait-on une soustraction? Petit sous plus grand, écrit de droite à gauche; soustraction par la droite; ajouter 10 quand plus petit que chiffre de dessous et augmenter de 1 le chiffre de dessous à gauche.

Preuve de la soustraction. Par addition du reste et du plus petit et retrouver le plus grand ou nombre d'en haut.

Problème. Je devais 7,043,678 fr., j'ai payé 967,804

$$\begin{array}{r} 7045678 \\ 967804 \\ \hline 6077874 \end{array}$$

3ᵉ progrès de calcul enfantin.

MULTIPLICATION.

TABLE DE MULTIPLICATION.

2 fois 2 font 4		4 fois 2 font 8		6 fois 2 font 12		8 fois 2 font 16
2 fois 3 » 6		4 fois 3 » 12		6 fois 3 » 18		8 fois 3 » 24
2 fois 4 » 8		4 fois 4 » 16		6 fois 4 » 24		8 fois 4 » 32
2 fois 5 » 10		4 fois 5 » 20		6 fois 5 » 30		8 fois 5 » 40
2 fois 6 » 12		4 fois 6 » 24		6 fois 6 » 36		8 fois 6 » 48
2 fois 7 » 14		4 fois 7 » 28		6 fois 7 » 42		8 fois 7 » 56
2 fois 8 » 16		4 fois 8 » 32		6 fois 8 » 48		8 fois 8 » 64
2 fois 9 » 18		4 fois 9 » 36		6 fois 9 » 54		8 fois 9 » 72
3 fois 2 » 6		5 fois 2 » 10		7 fois 2 » 14		9 fois 2 » 18
3 fois 3 » 9		5 fois 3 » 15		7 fois 3 » 21		9 fois 3 » 27
3 fois 4 » 12		5 fois 4 » 20		7 fois 4 » 28		9 fois 4 » 36
3 fois 5 » 15		5 fois 5 » 25		7 fois 5 » 35		9 fois 5 » 45
3 fois 6 » 18		5 fois 6 » 30		7 fois 6 » 42		9 fois 6 » 54
3 fois 7 » 21		5 fois 7 » 33		7 fois 7 » 49		9 fois 7 » 63
3 fois 8 » 24		5 fois 8 » 40		7 fois 8 » 56		9 fois 8 » 72
3 fois 9 » 27		5 fois 9 » 45		7 fois 9 » 63		9 fois 9 » 81

4ᵉ progrès de calcul enfantin : récitation de la table de multiplication.

Multiplication, définition. Répétition d'un nombre autant de fois que d'unités dans un autre.

Deux facteurs et résultat. Multiplicande dessus, multiplicateur dessous; résultat, produit.

Signe de la multiplication. Croix oblique ×

Quand fait-on une multiplication ? A tant un seul, combien plusieurs?

Comment fait-on une multiplication ? Pour le multiplicateur le plus petit, multiplication par la droite; chaque produit, avancé d'une place à gauche et multiplication par zéro, place seulement indiquée; enfin, addition des produits partiels.

Multiplication par 10, 100, 1000, zéros de 10, 100, 1000 à droite.

Preuve de la multiplication. En changeant l'ordre des facteurs.

Problème. A 907 fr. le mèt., combien 76089 mèt. ?

$$
\begin{array}{r}
76089 \\
907 \\
\hline
532623 \\
6848010 \\
\hline
69012723
\end{array}
$$

Preuve. $\quad\begin{array}{r}907\\76089\\\hline\end{array}$

A 9 fr. le mèt., combien 10, 100, 1000 mèt.

$$9\times\ \ 10=\ \ 90$$
$$9\times\ 100=\ 900$$
$$9\times1000=9000$$

5e progrès de calcul enfantin : Petits papiers et problèmes.

DIVISION.

TABLE DE DIVISION.

En	2 combien de fois	2 1 fois	En	4 combien de fois	4 1 fois	En	6 combien de fois	6 1 fois	En	8 combien de fois	8 1 fois
»	4	» 2 2 °	»	8	» 4 2 »	» 12	» 6 2 »	» 16	» 8 2 »
»	6	» 2 3 »	» 12	» 4 3 »	» 18	» 6 3 »	» 24	» 8 3 »
»	8	» 2 4 »	» 16	» 4 4 »	» 24	» 6 4 »	» 32	» 8 4 »
» 10	» 2 5 »	» 20	» 4 5 »	» 30	» 6 5 »	» 40	» 8 5 »
» 12	» 2 6 »	» 24	» 4 6 »	» 36	» 6 6 »	» 48	» 8 6 »
» 14	» 2 7 »	» 28	» 4 7 »	» 42	» 6 7 »	» 56	» 8 7 »
» 16 »	» 2 8 »	» 32	» 4 8 »	» 48	» 6 8 »	» 64	» 8 8 »
» 18 »	» 2 9 »	» 36	» 4 9 »	» 54	» 6 9 »	» 72	» 8 9 »
» 3 »	3 1 »	» 5 »	5 1 »	» 7 »	7 1 »	» 9 »	9 1 »
» 6 »	3 2 »	» 10 »	5 2 »	» 14 »	7 2 »	» 18 »	9 2 »
» 9 »	3 3 »	» 15 »	5 3 »	» 21 »	7 3 »	» 27 »	9 3 »
» 12 »	3 4 »	» 20 »	5 4 »	» 28 »	7 4 »	» 36 »	9 4 »
» 15 »	3 5 »	» 25 »	5 5 »	» 35 »	7 5 »	» 45 »	9 5 »
» 18 »	3 6 »	» 30 »	5 6 »	» 42 »	7 6 »	» 54 »	9 6 »
» 21 »	3 7 »	» 35 »	5 7 »	» 49 »	7 7 »	» 63 »	9 7 »
» 24 »	3 8 »	» 40 »	5 8 »	» 56 »	7 8 »	» 72 »	9 8 »
» 27 »	3 9 »	» 45 »	5 9 »	» 63 »	7 9 »	» 81 »	9 9 »

Nombres intermédiaires. Chercher le produit au-dessous du dividende. En 17 comb'en de fois 5? 3 fois pour 15 et il reste 2.

Division, définition. Recherche du nombre de fois qu'une quantité est contenue dans une autre.

Deux facteurs et résultat d'une division. Dividende à gauche, diviseur à droite et quotient résultat.

Signe de la division. Deux points : ou trait horizontal. 8 : 6 ou $\frac{8}{6}$.

Quand fait-on une division? Partager, ou à tant plusieurs combien un seul?

Comment fait-on une division ? Diviseur à la droite du dividende et division par la gauche; un seul chiffre du dividende comparé à un seul du diviseur, quand il y a nombre égal de chiffres; quand un chiffre de plus au dividende partiel, deux comparés à un seul du diviseur; multiplication du diviseur par le chiffre du quotient et soustraction du dividende partiel. Quotient trop fort, quand soustraction impossible; trop faible, quand reste plus fort que diviseur.

Division par 10, 100, 1000. Un, deux, trois chiffres séparés par une virgule de droite à gauche.

Preuve de la division. Multiplication du diviseur par le quotient et addition du reste, et retrouver le dividende.

Preuve de la multiplication. Division du produit par l'un des facteurs et retrouver l'autre.

A 9071234 francs 8 mètres, combien le mètre?

```
9071234 | 8
8         1133904
─────
10
 8
─────
27
24
─────
31
24
─────
72
72
─────
034
 32
─────
  2
```

Partager 9071234 francs entre 26 personnes et sans écrire chaque produit.

```
9071234 | 26
127       348893
231
232
243
 94
 16
```

A 19 francs 10, 100, 1000 mètres, combien un seul?

$$19 : 10 = 1,9$$
$$19 : 100 = 0,19$$
$$19 : 1000 = 0,019$$

7e progrès de calcul enfantin. Petits papiers et problèmes.

———

ARITHMÉTIQUE USUELLE

1o La théorie résumée en quelques formules courtes, faciles à retenir; 2o tout le calcul usuel en 50 problèmes facilités pouvant être refaits chaque mois, par conséquent bien sus; 3o les problèmes abstraits avec de nouvelles solutions faciles, uniformes, pratiques et à la portée de toutes les intelligences; 4o le calcul mental.

NUMÉRATION

Arithmétique et calcul. Arithmétique, science des nombres, théorie raisonnée; calcul, procédés pratiques des opérations

Grandeur ou quantité, objet partageable.

Unité, quantité de comparaison.

Nombre et chiffre. Nombre, réunion d'unités et pouvant être de plus d'un chiffre.

Nombre entier, unités complètes.

Fraction, parties d'unité.

Nombre fractionnaire, entiers dans fraction.

Nombre décimal, divisions régulières de dix en dix, nouvelles mesures.

Nombre complexe, divisions irrégulières, anciennes mesures.

Nombre concret cum avec l'énoncé d'un objet.

Nombre abstrait, abs sans l'énoncé d'un objet.

Nombre pair, à moitié exacte sans demie.

Nombre impair, à moitié inexacte avec demie.

Objet et division de la numération, lire et écrire les nombres. parlée et écrite.

Numération parlée, les dix chiffres; puis unité ajouté à 9, dizaine ou dix; 2 dizaines ou vingt; 3 dizaines ou trente; 4

dizaines ou quarante; puis cinquante, soixante, soixante-dix, quatre-vingt. A chaque dizaine les neuf chiffres rattachés et nommés avec elle, mais onze, douze, treize, quatorze, quinze et seize. Unité ajoutée à 99, cent; à 999 mille, puis million, billion ou milliard, trillion, quatrillion, quintillion, sextillion, septillion, octillion, nonillion et décillion.

Numération écrite. Conventions : Chiffre à gauche dix fois plus fort, deux places cent fois, trois places mille fois. Zéro à gauche nul, à droite augmente de dix. Chaque colonne unité, dizaine et centaine. Chiffres manquants remplacés par des zéros. Zéro ajouté à cent, mille; ajouté à cent mille, million; ajouté à cent millions, billion; ajouté à cent billions ou dix fois cent milliards, trillion.

Numération décimale. Unités de dix en dix : myria, dix mille; kilo, mille; hecto, cent; déca, dix; unité; déci, dixième; centi, milli, dix milli, en ajoutant le nom de l'unité. Un seul chiffre par colonne.

Zéros à droite des décimales, valeur non changée, 10 fois plus de parties mais dix fois plus petites.

Système duodécimal, multiples et diviseurs de 12, nombreux et avantageux pour les calculs astronomiques.

Les trois manières de lire un nombre décimal. 1º Entiers séparément et décimales séparément; 2º ensemble entiers et décimales; 3º entiers, puis chaque décimale séparément.

Axiome, évidence par elle-même.

Théorème, vérité démontrée.

Problème, question à résoudre.

Signes d'équation, de plus grand et de plus petit. Equation, double trait d'union; plus grand $>$ angle à pointe à droite; plus petit, inverse et pointe à gauche $<$.

LE CALCUL

EN CINQUANTE PROBLÈMES FACILITÉS.

LES SIX PROBLÈMES DE NUMÉRATION.

1. *Lire un nombre.* Colonnes de trois chiffres par la droite, mais lire par la gauche. Noms des colonnes : Unité. Mille. Million. Billion ou Milliard. Trillion. Quatrillion. Quin. 5. Sex 6. Sept. 7. Oct. 8. Non 9 . Déc. 10.

	quat	tr	bil	millions	mil	unités.
Lire : 7.	018.	963.	009.	458.	017.	

2. *Ecrire un nombre.* Noms des colonnes écrits jusqu'à unité ; colonnes de trois chiffres, moins première à gauche et zéro à gauche, pour manquant ; trois zéros pour colonne manquante.

Écrire 8 trillions, 17 millions, 8 mille :

Trillions.	Billions.	Millions.	Mille.	Unités.
8.	000.	017.	008.	000.

2. *Ecrire les nouvelles mesures.* Noms des colonnes écrits depuis la première énoncée, jusqu'à la dernière énoncée ; un seul chiffre par colonne et un seul zéro pour colonne manquante ; virgule après l'unité ; a et o plus grand que l'unité, i plus petit.

Ecrire 6 myriamètres 9 hectomètres 8 mètres 9 centimètres.

myr.	kil.	hec.	déca.	mètres,	déci.	centi.
6.	0.	9.	0.	8,	0.	9.

4. *Ecrire des décimales sans entiers.* Zéro, virgule.

fr. d. c.

Ecrire cinq centimes : 0, 0 5.

5. *Ecrire en chiffres romains.* I, 1 doigt ; V, 5 doigts ouverts, X, 10 doigts croisés ; L, 50, moitié de C, cent ; D, 500, moitié de CIƆ autre expression de mille. Lettre avant, moins excepté au-dessus de cent.

Ecrire 1844 : MDCCCXLIV.

6. *Réduire sous en centimes et francs.* Prendre la moitié et ajouter un 0 quand le nombre des sous est pair, un 5 quand il est impair, puis deux chiffres par une virgule.

Réduire 84 sous puis 67 sous en centimes et francs :

84	67
4 fr. 20 c.	3 fr. 35 c.

ADDITION.

Addition et résultat, réunion de plusieurs de même espèce en une somme ou total.

Quand fait-on une addition ? Reçu tant plus tant.

Signe de l'addition, croix droite.

Longues additions, 50 par 50, petite marque et reste à côté.

Preuve définition, deuxième opération de vérification de la première.

LES DEUX PROBLÈMES D'ADDITION.

7. *Reçu tant plus tant.* Entiers copiés de droite à gauche ; addition par la droite ; unité posée, dizaine reportée. Preuve de bas en haut.

1.

Reçu 47 + 894 + 7985

$$
\begin{array}{r}
47 \\
894 \\
7985 \\
\hline
8926
\end{array}
$$

8. *Reçu tant de nombres décimaux.* Virgules sous virgules, décimales copiées de gauche à droite et virgule à somme.

Reçu 7 m. 60 c. + 89 m. 8 d. + 964 m. 783 mil.

$$
\begin{array}{r}
7,60 \\
89,8 \\
964,783 \\
\hline
1062,183
\end{array}
$$

SOUSTRACTION.

Soustraction, définition retranchement d'un nombre d'un autre.

Les trois noms du résultat, reste après la soustraction : excès du plus grand, différence des deux.

Quand fait-on une soustraction ? je devais tant, j'ai payé tant à valoir, ou sur plusieurs, j'en prends une partie.

Signe de la soustraction, un seul trait d'union, moins.

LES DEUX PROBLÈMES DE SOUSTRACTION.

9. *Je devais tant ; j'ai payé tant à valoir.* Petit sous plus grand, écrit de droite à gauche ; soustraction par la droite ; ajouter 10 au chiffre de dessus, quand plus petit que chiffre de dessous et augmenter de 1 le chiff.e de dessous à gauche. Preuve par addition du reste et du plus petit.

Je devais 6038 francs, j'ai payé à valoir 793 francs :

$$
\begin{array}{r}
6038 \\
793 \\
\hline
5245
\end{array}
$$

10. *Je devais tant ; j'ai payé un à-compte décimal.* Virgules sou virgules ou zéros au nombre supérieur et virgule au reste.

Je devais 789 francs, j'ai payé 398 fr. 75 c. ;

$$
\begin{array}{r}
789,00 \text{ c.} \\
398,75 \\
\hline
390,25
\end{array}
$$

MULTIPLICATION.

Multiplication définition répétition d'un nombre autant de fois que d'unités dans un autre.

Deux facteurs, résultat et signe multiplicande dessus, multiplicateur dessous et le plus petit; produit et croix oblique.

Quand fait-on une multiplication? à tant un seul combien plusieurs ?

Multiplication addition abrégée 7 × 3 même chose que 7 additionné 3 fois.

Faire une table de Pythagore, les neuf chiffres horizontalement et verticalement; pour deuxième colonne doubler la première; pour les autres, première d'en haut ajoutée à dernière obtenue.

Multiple d'un nombre, produit de ce nombre par un entier.

Produit d'un nombre par 2, 3, 4, 5, double, triple, quadruple, quintuple.

Preuve de la multiplication par la multiplication changer l'ordre des facteurs.

Qu'est-ce que multiplier 8 par 75 centièmes. Ne prendre que les 75 centièmes, multiplier par un nombre plus petit que 1, donc produit plus petit que 8.

Peut-on changer l'ordre des facteurs d'une multiplication? Répéter 4, 28 fois la même chose que répéter, 28, 4 fois mais plus petit pour multiplicateur afin d'avoir moins de multiplications successives.

Multiplications successives et pourrait-on commencer par la gauche? Multiplications successives par unités, dizaines, centaines, possibles par la gauche en avançant chaque fois d'un chiffre à droite.

LES QUATRE PROBLÈMES DE MULTIPLICATION.

11. *A tant un seul, combien plusieurs?* Pour multiplicande le plus grand, pour multiplicateur le plus petit et multiplication par la droite; chaque produit avancé d'une place à gauche, et multiplication par zéro, place seulement indiquée; enfin addition des produits partiels. Preuve par 9, addition horizontale et en retranchant 9 des multiplicande et multiplicateur; restes multipliés et égalité avec le reste du produit.

A 7963 francs le mètre, combien 809 mètres ?

$$
\begin{array}{r}
7963 — 3 \\
809 — 8 \\
\hline
71712 \quad 24—6 \\
637440 \\
\hline
6446112 —— 6
\end{array}
$$

12. *A tant un seul, combien plusieurs avec zéros ?* Les effacer au multiplicateur, puis les rétablir au produit.

A 68 francs le mètre, combien 300 mètres?

$$68$$
$$300$$
$$\overline{20400}$$

13. *A tant un nombre entier, combien* 10, 100, 1000? Zéros de 10, 100, 1000 à droite.

A 87 francs le mètre, combien 10, 100, 1000 mètres ?

$$87 \times 10 = 870 \quad 87 \times 100 = 8700 \quad 87 \times 1000 = 87000.$$

14. *A tant un nombre décimal, combien* 10, 100, 1000? Virgule avancée d'une, deux, trois places à droite et zéros pour compléter.

A 87 fr. 75 c. le mètre, combien 10, 100 1000 mètres ?

$$87,75 \times 10 = 877\,fr.\,5d.\ 87,75 \times 100 = 8775\,fr.\ 87,75 \times 1000 = 87750\,f.$$

DIVISION.

Division définition recherche du nombre de fois qu'une quantité est contenue dans une autre.

Quand fait-on une division? partager ou à tant plusieurs combien un seul.

Facteurs et résultats d'une division dividende à gauche, diviseur à droite et quotient de la nature du dividende.

Choix du dividende dividende, unités cherchées.

Division, soustraction abrégée, 10 divisé par 2, la même chose que 2 retranché 5 fois de 10.

Déplacement de la virgule à droite 10, 100, 1000 fois plus fort, à gauche plus faible.

Divisibilité par 2, 3, 5 et 9 pair par 2; 0 et 5 par 5; nombre dont somme des chiffres multiple de 3 ou de 9.

Nombres premiers non divisibles exactement, impairs.

Division des décimales les compléter dans les deux facteurs.

Preuve de la division par la multiplication multiplication du diviseur par le quotient et addition du reste; et retrouver le dividende.

Preuve de la multiplication par la division division du produit par un facteur et retrouver l'autre.

LES SIX PROBLÈMES DE DIVISION.

15. *Partager ou à tant plusieurs, combien un seul et par un chiffre?* Division sur une ligne, prendre 1/2, 1/3, 1/4 jusqu'à 1/9,

sans poser de division. Un chiffre de quotient sous chaque
chiffre du dividende, reste écrit ou non au-dessus du chiffre du
dividende et formant un nombre avec le chiffre de droite suivant du dividende. Preuve par la multiplication.

$$\text{Prendre la moitié de} \quad \begin{array}{c} 11\ 1 \\ 37058 \\ \hline 1/2 \quad 18529 \end{array}$$

16. *Partager entre* 10, 100, 1000. Virgule avancée d'une, deux,
trois places à gauche et zéros à gauche pour compléter.

Partager 87 francs entre 10, 100, 1000 personnes :
$$87 : 10 = 8,7 \quad 87 : 100 = 0,87 \quad 87 : 1000 = 0,087.$$

17. *Partager entre un nombre de plus d'un chiffre.* Diviseur à la
droite du dividende et division par la gauche. Un seul du dividende comparé à un seul du diviseur, quand nombre égal
de chiffres ; quand un chiffre de plus au dividende partiel,
deux comparés à un seul du diviseur ; multiplication du diviseur par le chiffre du quotient et soustraction du dividende
partiel. Quotient trop fort quand soustraction impossible ; trop
faible quand reste plus fort que diviseur. Reste en décimales,
zéro au dividende et virgule au quotient. Reste en fraction,
reste numérateur, diviseur dénominateur. Preuve par 9,
comme pour multiplication en ajoutant le reste et égalité des
trois avec le chiffre du dividende.

Partager 870456 francs entre 9647 personnes :

$$\begin{array}{c|c} 3-870456 & 9647 - 8 \\ 22060 & \overline{90,23} - 5 \\ 29660 & 40 \\ & \\ 8 \text{ ——— } 719 & \overline{8} \\ & \overline{48 - 3} \end{array}$$

18. *Tant d'ouvriers ont fait tant de mètres, combien de mètres
feront tant d'autres ouvriers ?* Dividende unités cherchées, mot
à côté de combien de, et multiplication du quotient par le
troisième nombre.

$$\begin{array}{c|c} 908 \text{ mètres} & 87 \text{ ouvriers} \\ 380 & 10,^m43 \text{ un seul ouvrier} \\ 320 & 6 \text{ ouvriers} \\ 59 & \overline{62,^m58} \end{array}$$

19. *Tant de mètres ont coûté tant de francs, combien de francs
coûteront tant de mètres ?* 487 mètres ont coûté 98 francs, combien coûteront 100 mètres ?

$$\begin{array}{c|c} 980 \text{ francs} & 487 \text{ mètres} \\ 0060 & 0 \text{ fr, } 20 \text{ c. un seul mètre} \times 100 = 20 \text{ fr.} \end{array}$$

20. *Tant de mètres et de centimètres ont coûté tant de francs.*

combien de mètres et de centimètres aura-t-on pour un seul franc et *pour plusieurs?* Même solution, mais mètres pour dividende et décimales complétées dans facteurs :

97 m. 75 c. | 68 fr. 00 c.

29	750	1 m. 43 c. pour un seul franc; pour plusieurs
2	5500	francs multiplication du quo-
	5100	tient par le nombre de francs.

INTÉRÊTS, RENTES ET ASSOCIATIONS.

Intérêt et escompte intérêt tant pour cent ajouté; escompte tant pour cent retranché.

Intérêt des intérêts ou composé intérêts laissés chaque année et augmentant le capital produisant intérêt.

Commission tant pour cent sur avantage procuré.

Rentes 5 et 3 sur l'État pair du 5, 100; pair du 4,50, 90; pair du 3, 60. Variations quotidiennes du cours ou valeur du capital représentatif d'un coupon de rentes toujours le même; différence quand on vend.

Placer au denier exiger un sou pour 20, 30, ou 35 sous, pour trouver le capital d'une rente multiplier; la rente d'un capital, diviser par le taux du denier.

Placer à tant pour 100 1, 2, 3, 4, 5 ou 6 francs par chaque cent francs.

LES DIX PROBLÈMES D'INTÉRÊTS, RENTES ET ASSOCIATIONS.

21. *Intérêt de telle somme à tant pour cent pour un an.* Deux chiffres par une virgule et multiplication par le taux de l'intérêt. Dans l'escompte d'un billet retrancher cet intérêt de la somme.

Intérêt de 800 fr. à 6 p. 0/0 pour un an :   8,00 fr. intérêt à 1.
                                                6
                                          ―――――――――
                                         48 fr.   intérêt à 6.

22. *Intérêt pour tant de mois.* Intérêt par an et comparaison du nombre des mois.

Intérêt de 00 fr. a 6 p. 0/0 pour 3 mois : 48 fr. intér. d'un an. 1/4 de 12 mois : 12 fr. int. de 3 mois.

23. *Intérêt par jour.* Somme par les jours, trois chiffres séparés par une virgule, sixième et tout comparé à l'intérêt à 6.

Intérêt de 800 francs à 8 pour 3 mois 6 jours :

$$
\begin{array}{r}
800 \\
96 \\
\hline
76,800 \\
\end{array}
$$

1/6	12,800	intérêt	à	6
1/3	4,33	intérêt	à	2
	17,03	intérêt	à	8

Diviseurs rapides mais différents. 36000 divisé par le taux de l'intérêt. Ainsi 9000 pour l'intérêt à 4. Trois chiffres par une virgule et neuvième.
100 × 360 jours ou 36000 : au taux de l'intérêt :: La somme × les jours : x

24. *Intérêt composé.* Somme multipliée par 100 augmenté du taux de l'intérêt, autant de fois qu'il y a d'années, puis deux fois autant de chiffres séparés au produit.

Intérêt composé de 800 francs à 6 p. 0/0 pendant 2 ans :

$$
\begin{array}{r}
800 \\
106 \\
\hline
\end{array}
$$

8	48	00
	1	06
50	88	00
848	00	0
898 f. 88 c. 00		

25. *Capital d'une rente.* Inverse; multiplier par 100 et diviser par le taux de l'intérêt.

Capital de 1200 francs à 6 p. 0/0   120000
1/6 — 20000 francs.

26. *Rentes sur l'État. Rente d'un capital quand le cours du 5 ou du 4.50 est à tant.* Proportion, cours : taux :: capital : x sous rente. Quand on cherche un extrême, on multiplie les deux moyens et on divise par l'extrême connu. Quand on cherche un moyen on multiplie les deux extrêmes et on divise par le moyen connu.

Rente de 800 francs, quand le cours du 5 est à 90.

cours : taux :: capital : rente
90 : 5 :: 800 : x = 44 fr. 44 c.
5
4000
1/9 — 44,44

27. *A quel taux réel place-t-on son argent, dans le cas précédent du 5 ?* Même proportion 100 sous capital, 90 : 5 :: 100 : x.

28. *Capital d'une rente quand le cours du 3 est a tant*. Même proportion, x sous capital.

$$\text{cours} : \text{taux} :: \text{capital} : \text{rente}$$
$$70 \ : \ 3 \ :: \ x \ : \ 8$$
$$70$$
$$\overline{560}$$
$$1/3 \ 186 \ \text{fr. } 66 \, \text{c.}$$

29. *A quel taux réel place-t-on son argent dans le cas précédent du 3 p. 0/0 ?* Même proportion, 100 sous capital. 70 :3 :` 100 : x. C'est-à-dire combien a-t-on réellement pour cent.

30. *Premier associé, telle mise; deuxième associé, telle mise; troisième associé, telle mise; puis telle somme à partager.* Argent à partager divisé par la somme des mises jusqu'aux dix millièmes, et multiplication du quotient par chaque mise. Quand il y a des années, multiplication de chaque mise par les ans.

1ᵉʳ associé 2000 fr.	15000 fr. à partager	9000
2ᵉ — 3000	60	1,6666
3ᵉ — 4000	60	
9000 somme des mises.	60	
	60	
	6	

			3333,2000
1,6666	1,6666	1,6666	4999,80.0
2000	3000	4000	6666,4000
3333,2000	4999,8000	6666,4000	14999,4000

Quand la division a un reste, il y a nécessairement une différence de quelques centimes; mais cette règle d'association a l'avantage d'être rapide et facile.

NOUVELLES MESURES.

Etablissement du système décimal par la République en 1793, usage général en 1840.

Mesures décimales carrées. Deux chiffres décimaux pour représenter les décimètres carrés, quatre pour les centimètres carrés, six pour les millimètres carrés. Le carré de 10 est 100. 10×10.

Mètre carré $=$ 100 décimètres carrés, 10,000 centimètres carrés, 1.000.000 millimètres carrés.

Ne pas confondre les décimètres carrés avec les dixièmes de mètre carré. 0ᵐ, 4 dixièmes de mètre carré et 0, 40 décimètres carrés, même valeur, mais écrits différemment.

Hectare, hectomètre carré $=$ 100 ares ou 10,000 centiares ou mètres carrés.

Mesures décimales cubes. Trois chiffres, parceque le cube de 10 est 1000. 10×10×10; trois chiffres pour décimètres cubes, six pour centimètres cubes, neuf pour millimètres cubes.

Conversion des mesures supérieures en inférieures. Ajouter des zéros.

Des inférieures en supérieures. Séparer par une virgule un, deux, trois chiffres.

10 kilos en hecto ou à 10 francs l'hecto, combien le kilo? 10 fois plus ou 100 francs.

10 hectos en kilos ou à 10 francs le kilo, combien l'hecto? Dix fois moins ou 1 franc.

300 déca en kilo? 3 kilos.

TABLEAU DES MESURES COMPARÉES ET DES MONNAIES.

0,20	0,25	0,33	0,50	0,66	0,75
1/5	1/4	1/3	1/2	2/3	3/4

I. MONNAIE.

Franc, un centième de plus qu'une livre.
Décime, pièce de deux sous. 1/2 décime, un sou.
Centime, centième partie d'un franc, 5ᵐᵉ d'un sou.
Liard, quart d'un sou.
Pistole, dix francs.

Monnaies étrangères.

Livre sterling ou guinée d'Angleterre, 25 francs.
Crown ou couronne................ 6
Shelling........................ 1 fr. 20 c.
Ducat d'Allemagne............... 11
Thaler d'Allemagne 3
Florin d'Allemagne.............. 2
Piastre d'Espagne............... 5 fr. 50.
Réal d'Espagne.................. 0   25.
Cruzade de Portugal............. 3 fr.
Rouble de Russie................ 4
Kopeck de Russie................ 0   04 c.
Dollar des Etats-Unis 5   20
Une roupie de l'Inde............ 2   50
Un reis du Brésil............... 0.002 millièmes de fr.

II. MESURES DE LONGUEUR.

Mètre, 3 pieds 11 lignes.
Décimètre, 4 pouces.
Centimètre, 4 lignes.
Millimètre, 1/2 ligne.
Toise, 1ᵐ 95 ou 6 pieds.
Pied, 0,33 ou 1,6 d'une toise ou 12 pouces.
Pouce, 0,027 millimètres ou 12 lignes.
Ligne, 0,002 millimètres.
Une toise carrée, 3ᵐ 79 carrés.
Une toise cube, 7, 40 cubes.
Un pied carré, 0, 10.
Un pied cube, 0, 03.
Mètre carré, 9 pieds 48.
Mètre cube, 29 pieds 17.

Mesures de chemin.

Myriamètre, 2 lieues 1/2 ou dix mille mètres.
Kilomètre, 1/4 de lieue.
Lieue, 4000 mètres ou 2000 toises. Lieue ancienne, 4444 mèt.

Aunage.

Aune, 1ᵐ 20 c.
Mètre, 5/6 d'une aune, donc 6 mètres 5 aunes.
1/2 aune, 1/4, 1/3, 1/6 d'aune, les 1/2, 1/3, 1/4, 1/6 de 12
plus un 0.

III. MESURES DE SUPERFICIE.

Are, décamètre carré, 2 perches des eaux et forêts.
Hectare, hectomètre carré, 2 arpents des eaux et forêts.
Centiare, mètre carré.
Arpent, 100 perches de 22 pieds, ou 1/2 hectare ou 50 ares.

C'était la mesure du gouvernement; mais dans la plupart
des provinces l'are valait 3 perches et l'hectare 3 arpents ou

Hectare, 2600 toises.
Are, 26 toises.
Centiare, 0,26 c. de toise carrée.

IV. MESURES DE SOLIDITÉ.

Stère, mètre cube, 1/2 voie ou 1/4 de corde, mesure des bois
de chauffage.

En Bretagne. bois plus court, 5 stères à la corde.
Bois de charpente, mètre cube = 0 solives.

V. MESURES DE CAPACITÉ.

Substances sèches.

Litre, décimètre cube.
Décalitre, 10 litres ou un boisseau moins 1/4.
Hectolitre, 100 litres ou 8 boisseaux.
Boisseau, 12 litres 1/2, remplacé par le décalitre.
Setier, 150 litres ou 12 boisseaux.
Muid, 19 hectolitres ou 1900 litres.

Substances liquides.

Pinte, 1 litre 05 centilitres; chopine, une demi-pinte; setier, un quart.
Bouteille, 0,75 centilitres.
Velte, 7 litres 6 décilitres.
Feuillette, 136 litres ou 1 hectolitre 36 litres.
Pièce de Bourgogne 210, de Bordeaux 220 litres.
Litre, une bouteille 1/4.

VI. POIDS.

Gramme, 19 grains; centimètre cube d'eau distillée á 4 degrés.
Kilogramme, deux livres; décimètre cube d'eau distillée.
Hectogramme, 1/5 de livre.
Décigramme, 2 grains.
Livre, 1/2 kilogramme, 5 hecto ou 500 grammes ou 16 onces ou 2 marcs.
1/2 livre, 2 hecto 1/2 ou 250 grammes ou 1 marc.
Quarteron, 1 hecto 1/4 ou 125 grammes.
Once, 32 grammes ou 8 gros.
Grain, 1/2 décigramme.
Tonneau, mille kilogrammes.
Quintal métrique, cent kilogrammes.

Les six unités des nouvelles mesures et leur valeur: 1° franc, monnaie de 5 grammes, au titre de 9/10; — 2° mètre, longueur de la dix millionième partie du tour de la terre; —3° are, surface d'un décamètre carré; — 4° stère, solide, mètre cube; — 5° litre, liquide ou sec, décimètre cube; — 6° gramme, poids d'un centimètre cube. Écrire les nouvelles mesures : carrées, deux chiffres par colonne, cubes ; trois chiffres ; carré de 10, 10 fois 10 ou 100 ; cube, 10 fois 10 et 10 fois 100 ou 1000.

31. *Reçu tant de sous.* Double addition en sous, puis en centimes.

2 fr.	7 s.	2 fr.	35 c.
0	18	0	90
3 fr.	5 s.	3 fr.	25 c.

32. *Je devais tant de francs et sous, j'ai payé tant.* Double soustraction :

9 fr. 3 s. emprunt d'un franc ou de 9 fr. 15 c.
4   1.   20 sous sur les 9 francs   4   85
4 fr. 6 s.   4 fr. 30 c.

33. *Tant de toises en mètres ou à tant le mètre, combien la toise ?* Nombre plus grand cherché, multiplication ; nombre plus petit, division par la valeur de l'objet. Pour ce problème, nombre plus grand, multiplication par 1, 95, valeur de la toise en mètres.

34. *Tant de mètres en toises ou à tant la toise, combien le mètre ?* Nombre plus petit cherché, division par 1,95, reste par 33 pour pieds ; autre reste par 27 pour pouces, par 2 pour lignes.

35. *Tant de pieds en centimètres ou à tant le centimètre, combien le pied ?* Nombre plus grand cherché, multiplication par 33, valeur du pied en centimètres.

36. *Tant de centimètres en pieds ou à tant le pied, combien le centimètre ?* Nombre plus petit cherché, division par 33.

37. *Tant de lieues en kilomètres et myriamètres.* Nombre plus grand cherché, multiplication par 4, chiffre à gauche des kilo, myria.

67 lieues.
4
26 myr. 8 k.

38. *Tant de kilomètres en lieues et fractions de lieues.* Nombre plus petit cherché. Prendre le quart et un kilo restant, quart de lieue, deux 1/2, trois 3/4.

39. *Tant d'aunes en mètres ou à tant le mètre combien l'aune ?* Nombre plus grand cherché, multiplication par 1,20, valeur de l'aune en mètres.

40. *Tant de mètres en aunes ou à tant l'aune, combien le mètre ?* Nombre plus petit cherché, division par 1,20.

41. *Tant d'hectares et ares en arpents et perches.* Nombre plus grand cherché, multiplication par 2.

42. *Tant d'arpents et de perches en hectares et ares,* Nombre plus petit cherché, moitié.

43. *Tant de cordes et de voies en stères et à tant la corde, combien la voie et le stère?* Tant de; nombre plus grand, multiplication par 4 et par 2 ; — à tant ; nombre plus petit, division par 2 et par 4.

44. *Tant de solives en mètres cubes et à tant la solive, combien le mètre cube?* Tant de; division par 10 ; —à tant; multiplication par 10.

45. *Tant de boisseaux en litres, décalitres et hectolitres.* Nombre plus grand cherché, multiplication par 12 l. 50; premier chiffre à gauche des litres, déca ; deuxième, hecto.

46. *Une demi-pièce, tant de feuillettes et tant de bouteilles en litres, décalitres et hectolitres.* Multiplication par 105, 136 et 0, l. 75 puis addition.

47. *Tant de livres onces, gros, grains en grammes et kilogrammes.* Multiplication par 500, 32, 4 grammes et pour les grains par 5 centigrammes, puis addition.

48. *Tant de grammes en livres, onces, gros, grains.* Division par 500, 1ᵉʳ reste par 32, 2ᵉ reste par 4, 3ᵉ reste réduit en centigrammes et divisé par 5.

49. *Combien coûteront tant de kilo, d'hecto et de grammes à tant le gramme et tant le kilogramme ?* Tout en grammes, multiplication par le prix du gramme, et pour le kilo séparer trois chiffres.

7 k. 8 h. 6 gr. à 7 fr. le gramme   7.8.0.6 gr.

7

5 4 6 4 2 fr.

A 7 fr. le kilogramme, cela coûterait mille fois moins : 54 fr. 642 c.

50. *Tant de kilomètres simples, carrés et cubes en mètres,* tant de toises carrées et cubes en mètres carrés et cubes, 1ᵉ cas, multiplication ; 2ᵉ cas. division.

Cinq progrès de calcul usuel 1. Numération 2ᵉ Addition, soustraction et multiplication 3. Division et problèmes par l'unité. 4 Intérêts, rentes et associations 5. Nouvelles mesures. Petits papiers des questions et problèmes.

Le calcul usuel, pour être à la portée des intelligences difficiles, et à celle des élèves qui ont peu de temps, ou qui n'ont pas besoin des superfluités de la science, exige deux conditions : comme théorie, une formule courte, un procédé rapide, facile et uniforme; comme pratique. tous les problèmes usuels en un petit nombre de questions qu'on puisse refaire sans cesse, en changeant seulement les chiffres. Mon *Etude du calcul mental* complète le calcul usuel, et l'on peut aussi l'apprendre par mon jeu philodéonique du calcul mental.

LES GUIDES DE LA VIE USUELLE

LIVRE DE MÉNAGE

RECETTES		1er septembre.	DÉPENSES	
Appointements.......	300	Boulangerie	1	»
		Boucherie..............	2	»
		Épicerie...............	1	»
		Fruiterie..............	1	»
		Vêtements, un habit.....	90	»
		Dépenses diverses......	» 50
			95, 50

FACTURE

ENSEIGNE, GENRE DE COMMERCE ET ADRESSE

Doit M. Pierre :

1861. Septembre.	2	6 mètres de calicot à 50 c. le mètre...	3	»
	7	Une voilette......................	7	
			10	»

Pour acquit de dix francs
PAUL.

Reçu du débiteur.

Je soussigné déclare avoir reçu de M. Pierre, la somme de trois cents francs, que je m'engage à lui rembourser à raison de cent francs par mois, à partir du 1er octobre courant.

Paris, le 1er septembre, 1861.

PAUL.

Reçu du créancier.

Reçu de M. Paul, la somme de cent francs, à valoir sur celle de trois cents que je lui ai prêtée.

Paris le 1er octobre, 1861.

PIERRE.

Billet à ordre.

Au premier janvier mil huit cent soixante deux, je paierai, à M. Pierre ou à son ordre, la somme de trois cents francs, valeur reçue en compte, en numéraire ou en marchandises.

Paris le 1er septembre, 1861.

PAUL.

rue de...

Endossement. — Au dos du billet, dans le sens de la longueur; payez à l'ordre de. — le porteur du billet le jour de l'échéance : pour acquit.

Lettre de change.

Au premier janvier mil huit cent soixante deux, vous voudrez bien payer sur cette seule lettre de change, à mon ordre, la somme de trois cent francs, valeur reçue en marchandises.

Paris le 1er septembre, 1861.

A M. Pierre,
négociant à Versailles.
PAUL.
rue de....

accepté la somme de trois cents francs.
PIERRE.

OBSERVATIONS SUR LES MESURES COMPARÉES

La lieue métrique de 4,000 mètres n'est qu'une petite lieue et le kilomètre qu'un petit quart de lieue, puisque la lieue ancienne avait 4,444 mètres.

Le mètre n'étant que les 5/6 d'une aune, un objet qui coûtait 6 francs l'aune, ne vaut que 5 francs le mètre.

La corde de bois en Bretagne a 5 stères et ne coûte que de 6 à 7 francs le stère; mais le bois n'est coupé qu'à 2|3 de mètre; il faut donc ajouter un tiers au prix quand on le compare à celui de Paris.

L'ancien boisseau était de 12 litres 1/2; le nouveau n'est que de 10, un décalitre; il y a donc 2 litres 1|2 de différence ; en vendant le boisseau nouveau le prix de l'ancien, le marchand gagne un quart; le boisseau qui coûtait 12 sous ne devrait en coûter que dix, et quand on achète un quart on n'a même que 2 litres au lieu de 2 litres 1|2, parce que la mesure n'est que de deux litres ; il faut donc acheter au litre ou au demi-boisseau ou 1/2 décalitre.

La bouteille n'étant que de 75 centilitres, parfois même de 60, ne devrait coûter que 12 sous quand le litre en coûte 16, et pourtant le marchand ne fait ordinairement qu'une différence de 2 sous; il y a donc tout intérêt à prendre au litre ou au demi-litre et non à la bouteille.

La livre étant de 500 grammes, il n'y a pas de poids d'un quart ; il y a l'hecto, 100 grammes et un petit poids de 25 grammes que le marchand oublie souvent avec intention d'ajouter ; de plus, le coup de pouce fait perdre du 1/5 au 1/4. La police et le client ne devraient donc jamais le tolérer. Que dirait le marchand si on lui donnait 1/5 ou 1/4 de moins de la somme due pour la marchandise ? comment appellerait-il le client? Il n'y a pas de vols reçus, un vol est un vol.

MOYEN DE TROUVER LE QUANTIÈME DU MOIS ET LE NOMBRE
DES JOURS DU MOIS

Le quantième du mois. — Savoir seulement par quel jour commence le mois. La semaine ayant 7 jours, si le mois commence par exemple un jeudi, le 1er, 8, 15, 22 et 29 seront un jeudi et par ce jour on trouve les autres et on peut se passer de calendrier.

Le nombre des jours du mois. — Chaque os de la main, mois de 31 ; chaque creux, mois de 30 ; donc deux mois de suite tombant sur des os ont 31.

ENSEIGNEMENT BUESSARD,

HONORÉ DE PLUSIEURS MÉDAILLES,

PASSAGE CHOISEUL, 28, ET GRANDE RUE DE PASSY, 41.

ARITHMÉTIQUE

DES EXAMENS ET DES COLLÉGES.

Théorie par la mnémotechnie naturelle ; problèmes classés et résolus par des moyens uniformes et faciles.

NUMÉRATION ET LES QUATRE RÈGLES.

(*Voir* la Théorie résumée et les Problèmes facilités de mon calcul usuel ; toutes les questions des examens s'y trouvent.)

NOMBRES PREMIERS ET PLUS GRAND COMMUN DIVISEUR.

(*Voir* page 218.)

FRACTIONS.

(Théorie et Règles générales, *voir* livre, de page 178 à 198.)

PROBLÈMES DEMANDÉS AUX EXAMENS

CLASSÉS ET FACILITÉS.

1. Règles des prises fractionnaires. — 2. Égalités fractionnaires. — 3. Partages fractionnaires. — 4. Travaux fractionnaires. —

★

5. Marchandises fractionnaires. — 6. Fontaines fractionnaires. — 7. Distances fractionnaires.

PRISES FRACTIONNAIRES.

Prendre les $\frac{5}{6}$ *de* 12. — Multiplier l'entier par le numérateur et dénominateur primitif $\frac{60}{6}$, ou un seul sixième multiplié par 5.

Prendre les $\frac{2}{3}$ des $\frac{3}{4}$. Multiplication de fraction.

Il est les $\frac{2}{3}$ des $\frac{3}{4}$ des $\frac{5}{6}$ de 24 heures, quelle heure est-il? Fractions de fractions en une seule, puis même moyen que pour prendre les $\frac{5}{6}$ de 12.

ÉGALITÉS FRACTIONNAIRES.

Les $\frac{4}{7}$ *d'un nombre égalent 2, quel est ce nombre?* Nombre égalé divisé par numérateur et multiplié par dénominateur $\frac{2 \times 7}{4}$.

Un seul 7me $\frac{2}{4}$ et tout le nombre ou les $\frac{7}{7}$, 7 fois plus.

Les $\frac{3}{8}$ d'un nombre égalent 4, quels en sont les $\frac{2}{3}$? — Même solution, $\frac{4 \times 8}{3}$ dont le $\frac{1}{3}$ est tant et les $\frac{2}{3}$ deux fois plus qu'un seul tiers.

Les $\frac{5}{6}$ des $\frac{8}{9}$ d'un nombre font 120, quel est ce nombre? — Fractions de fractions en une seule, et solution des égalités fractionnaires.

Les $\frac{2}{3}$ plus les $\frac{3}{4}$ d'un nombre égalent 88, quel est ce nombre? — Addition de fractions et solution des égalités fractionnaires.

PARTAGES FRACTIONNAIRES.

Partager 40 francs en 2 parties dont l'une soit les $\frac{7}{8}$ *de l'autre.* — Nombre à partager divisé par dénominateur, et quotient, première part multipliée par numérateur.

Partager $\frac{3}{4}$ en 2 parties qui soient entre elles comme 5 et 7. — Diviser la fraction par la somme des deux nombres, et multiplier le numérateur par chaque nombre :

$\frac{3}{4} : 12 = \frac{3}{48}$ (multiplier un dénominateur c'est le rendre plus petit) $3 \times 5 = \frac{15}{48}$ $3 \times 7 = \frac{21}{48}$. Preuve : $15 + 21 = \frac{36}{48} : 12 = \frac{3}{4}$.

Partager 24,000 francs à $\frac{1}{2}$, $\frac{1}{4}$, $\frac{1}{11}$. — Fractions au même dénominateur; francs divisés par la somme des numérateurs, et quotient multiplié par chaque numérateur.

Partager la même somme en 3 parties telles que la première soit les $\frac{4}{5}$ de la seconde et la seconde le $\frac{1}{4}$ de la troisième. — La troisième supposée 4 ou $\frac{3}{3}$, la deuxième $\frac{4}{3}$, la première $\frac{4}{5}$ et solution précédente.

On a partagé une somme entre trois personnes : la première a eu le $\frac{1}{4}$, la seconde les $\frac{3}{5}$ du reste, et la troisième a reçu 360 francs; on demande la part des deux autres et la somme partagée :

Deuxième : $\frac{3}{5}$ des $\frac{3}{4}$ ou les $\frac{9}{20}$. Première : $\frac{5}{20}$. Total : $\frac{14}{20}$ ou $\frac{7}{10}$. 360 = la somme dont ce nombre est les $\frac{3}{10}$ ou $\frac{360 \times 10}{10}$ ou 1200, somme à partager. Première : $\frac{1}{4}$ 300; Deuxième : $\frac{3}{5}$ du reste 900 ou 540 fr.

TRAVAUX FRACTIONNAIRES.

Un ouvrier a fait le $\frac{1}{7}$ d'un ouvrage, le second le $\frac{1}{3}$, le troisième le reste, qui était de 121 mètres; quel était l'ouvrage total et combien chaque ouvrier a-t-il fait de mètres? — Les deux fractions au même dénominateur, le numérateur du troisième complète l'entier en fraction, et, divisant le nombre de mètres connu, donne la valeur d'une seule unité des fractions, unité multipliée ensuite par chacun des 3 numérateurs, et la somme donne l'ouvrage total :

$$\frac{3}{21}, \frac{7}{21}, \frac{11}{21} = 121^m \quad \frac{1}{21} = 11^m \quad \begin{array}{r} 3 = 33 \\ 7 = 77 \\ 11 = 121 \\ \hline 231 \end{array}$$

Un ouvrier a fait les $\frac{3}{4}$ d'un ouvrage, un autre a fait le reste et on lui en donne 20 francs; combien devra-t-on avoir donné au premier? — Le reste, ce qui complète l'unité, et multiplication de la somme par le numérateur. Ici le reste, c'est le $\frac{1}{4}$; donc le premier a reçu 3 fois 20 francs.

Trois ouvriers se présentent pour faire un ouvrage; le premier le ferait en 8 jours $\frac{1}{2}$, le second en 7 jours et le troisième en 5 $\frac{1}{4}$; s'ils travaillent ensemble, en combien de temps l'ouvrage sera-t-il fait? — Addition des trois nombres et prendre le tiers.

Sur un ouvrage qui demandait 3 heures $\frac{1}{2}$ on a travaillé 2 h. $\frac{3}{4}$, combien de temps devra-t-on encore travailler? — Tout en fraction et soustraction de fractions.

En 3 heures $\frac{1}{3}$ une machine a fabriqué $\frac{4}{7}$ d'un mètre, que ferait-elle en 24 heures? — Heures en fraction et division de la fraction de mètre pour avoir le travail d'une heure, puis multiplication par le nombre d'heures demandé :

$$\frac{4}{7} : \frac{10}{3} \text{ ou } \times \frac{3}{10} = \frac{12}{70} \text{ par heure et 24 fois plus en un jour.}$$

Un ouvrier s'est chargé de faire les $\frac{3}{4}$ d'un ouvrage, il donne sa tâche à faire à deux autres ouvriers; l'un lui fait les $\frac{5}{7}$ et l'autre le reste : combien a fait chacun de ces deux autres ouvriers? — Le premier, les $\frac{5}{7}$ de $\frac{3}{4}$ ou les $\frac{15}{28}$; le deuxième, les $\frac{3}{4}$ moins les $\frac{15}{28}$ du premier.

$$\frac{3}{4} \text{ ou } \frac{21}{28} - \frac{15}{28} = \frac{6}{28}$$

MARCHANDISES FRACTIONNAIRES.

Si l'on a acheté 4 aunes $\frac{1}{2}$ à 7 francs, et 8 aunes $\frac{1}{4}$ à 9 francs, *combien a-t-on acheté d'aunes et pour combien d'argent?* — Pour les aunes, additions de fractions; pour l'argent, deux multiplications et addition des deux produits.

On a donné à une personne les $\frac{7}{9}$ d'une pièce de drap, elle en donne les $\frac{3}{4}$ à une autre, et celle-ci cède les $\frac{2}{3}$ à une troisième personne, quelle fraction de la pièce de drap aura cette dernière personne? — Fractions de fractions, numérateurs et dénominateurs multipliés les uns par les autres. Elle aura les $\frac{2}{3}$ des $\frac{3}{4}$ des $\frac{7}{9}$.

On a retiré les $\frac{2}{3}$ d'une étoffe, puis on a pris les $\frac{5}{7}$ du reste et il reste encore 4 mètres; de combien de mètres toute la pièce se composait-elle? $4^m = \frac{2}{7}$, et le nombre dont les $\frac{2}{7}$ égalent 4 est $\frac{28}{2}$ ou 14 mètres, tiers du nombre 42 dont a retiré les $\frac{2}{3}$.

FONTAINES FRACTIONNAIRES.

Une fontaine donne 11 litres en 8 minutes, une autre 7 litres en 5, laquelle est la plus abondante? — Fractions avec litres pour numérateur et réduire au même dénominateur.

$$\frac{11}{8} \quad \frac{7}{5} \text{ ou } \frac{55}{40} \quad \frac{56}{40}.$$

En 2 heures $\frac{1}{3}$ une fontaine donne 8 mètres cubes; combien de mètres cubes en 7 heures? — Produit d'une heure obtenu par division des mètres cubes par les heures en fraction, puis multiplication par nombre d'heures $8^m : \frac{7}{3} \times 7$ heures.

En 2 heures $\frac{1}{3}$ une fontaine a rempli les $\frac{7}{8}$ d'un bassin, combien en remplit-elle par heure? — Fraction du bassin divisée par fraction des heures $\frac{7}{8} : \frac{7}{3} = \frac{3}{8}$.

Deux fontaines alimentent un bassin, la première le remplirait seule en 2 heures, la seconde en 3 heures; toutes deux coulant ensemble, en combien de temps le bassin sera-t-il rempli? — Produit de chacune dans une heure, addition de fractions $\frac{1}{2} + \frac{1}{3} = \frac{5}{6}$ en une heure.

DISTANCES FRACTIONNAIRES.

Un courrier parcourt 27 kilomètres $\frac{1}{3}$ en 7 heures $\frac{1}{2}$; combien parcourrait-il en 1 heure et en combien de temps parcourra-t-il un kilomètre? — Tout en fraction et dividende, unités cherchées.

Deux courriers partent pour Brest; le premier fait 3 lieues à l'heure, le second 2 lieues; mais le premier part de Paris, le second de Dreux et a 8 heures et 17 lieues d'avance sur le premier; dans combien d'heures se rencontreront-ils? — Addition des lieues d'avance et des lieues des heures d'avance, puis division du nombre de lieues d'avance par la différence des heures :

Deuxième : 17 lieues + 16 lieues des 8 heures d'avance, en tout 33 lieues d'avance;

Premier : 1 lieue gagnée par chaque heure, donc 33 lieues regagnées en 33 heures.

Deux villes sont à 400 lieues de distance ; une voiture part de la première et fait 3 lieues par heure, celle qui part de la seconde 7 ; combien de temps mettront-elles à se rencontrer, puis à quelle distance les points de départ se rencontreront-elles ?—Addition des lieues parcourues par les deux et division de la distance totale par cette somme, le quotient est le temps. Distance des points de départ obtenue par la multiplication du quotient du temps par le parcours à l'heure de chacun :

Les deux 10 lieues par heure. 400 lieues : 10 = 40 heures.

Premier : 3 lieues × 40 = 120 lieues.

Deuxième : 7 lieues × 40 = 280 lieues.

Petits papiers des fractions : chaque question théorique et chaque énoncé des problèmes.

NOUVELLES MESURES.

Mesurer. — Comparer à l'unité de mesure.

Mesurer une ligne. — Evaluer une seule dimension : la longeur.

Mesurer une surface. — Evaluer deux dimensions : longueur et largeur.

Mesurer un solide. — Evaluer trois dimensions : longueur, largeur et hauteur.

Peser. — Comparer à l'unité de poids.

Apprécier un objet. — Comparer à l'unité de valeur : monnaie.

Capacité. — Contenance.

Histoire de l'établissement du système métrique. — Avant 89, chaque province avait ses poids et mesures. L'Assemblée constituante décrète, en 1790, l'uniformité des poids et mesures. Méchain et Delambre mesurent l'arc de méridien entre Dunkerque et Barcelone d'où la distance du pôle à l'équateur, 5,130,740 toises. La Convention établit le mètre étalon 0T, 5,130,740. En 1799, la commission générale des poids et mesures présenta le résumé de ses travaux. L'Empire eut la déplorable idée de créer le système mixte du pied métrique, du boisseau métrique, de la livre métrique ; ce ne fut qu'en 1837 qu'on revint à la vérité du système décimal.

Système métrique et légal. — Mètre, unité fondamentale et légale imposée par la loi.

Prouver que les cinq autres dérivent du mètre. — Page 15 du calcul usuel.

Les multiples et sous-multiples. — Myria, etc., page 235.

Rapport des fractions, page 235.

Distance du pôle à l'équateur en degrés, toises et mètres, kilomètres et myriamètres, 90 degrés. — 5,130,740 toises, qui divisées par 10,000,000 donnent 3 p. 11 l. 296 ou le mètre. 10,000,000 mètres, 10,000 kilomètres, ou 1,000 myriamètres.

Circonférence duodécimale. — 360 degrés plus facile pour calculs astronomiques, parce que 12 contient plus de diviseurs que 10.

— Degrés en 60 minutes et minutes en 60 secondes, secondes en tierces.

I. Monnaie.

Unité monétaire. — Franc, 5 grammes au titre de 9 dixièmes et au diamètre de 23 millimètres.

Monnaies effectives d'argent. — Pièce de 5 francs, 25 grammes et 37 millimètres ; pièce de 2 francs, 10 grammes et 27 millimètres ; pièce de 50 centimes, 2 grammes 50 et 18 millimètres ; pièce de 20 centimes.

Monnaies effectives d'or. — Pièce de 20 francs, 6 grammes 45 et 21 millimètres ; pièce de 40 francs, 12 grammes 90 et 26 millimètres.

Monnaies effectives de cuivre.—Pièces de 1 centime, 5 c. et 10 c.

Livre par rapport au franc. — *Réduction des sous en centimes et en francs, et des centimes en sous.* — Page 235.

Carat. —Or pur 24, ou poids de 4 grains pour matières précieuses.

Un mètre en pièces d'argent. — 20 pièces de 2 francs ajoutées à 20 pièces de 1 franc.

Un mètre en pièces d'or. — 34 pièces d'or de 20 francs et 11 de 40 francs.

Avec un lingot de 72 francs d'argent pur, combien d'argent monnayé ? — Prendre le neuvième et multiplier par 10. 72 : 9 = 8 × 10 = 80, ce qui revient à quel est le nombre dont 72 est les 9 dixièmes, ou pour prendre les 9 dixièmes multiplier par 10 et diviser par 9.

Avec 72 kilogrammes d'argent pur, combien d'argent monnayé ? — Tout en grammes, ajouter le dixième et diviser par 5 pour avoir des francs.

20 livres d'or, combien cela vaut-il en argent et en monnaie de cuivre ? — 20 × 15,50. 20 × 620 parce que l'or vaut 15 fois 1/2 plus que l'argent et 620 fois plus que le cuivre.

Poids de 600 fr. en argent et en or. — 1 gramme d'argent = 0,20 ; 1 gramme d'or 3 fr. 10, division de 600 francs par la valeur d'un gramme.

Poids d'argent pur et de cuivre dans une pièce de 5 francs. — 5 francs = 25 grammes ; le dixième cuivre 2,5 et 9 fois le dixième 22,5.

Une soupière pesant 875 grammes au titre de 0,840, quel poids d'argent pur ? —Cuivre la millième partie ou 0,875 ; argent 840 fois la millième partie de 875 ou 0,840 × 875.

Poids en anciennes mesures de 20 carats de perles. — 20 × 4 grains.

Echange de l'or pur contre de l'or à 18 carats. — Or pur 24, donc or à 18 carats, 6 parties de cuivre.

1 kilogramme en pièces de 5 francs, puis en pièces de 20 francs. — 40 pièces de 5 francs et 155 pièces d'or.

Les 3 titres d'orfévrerie pour l'or, les 2 pour l'argent. — Pour l'or 0,95, 93 et 90, pour l'argent 95 et 90.

Livre tournois, origine de son nom. — Première monnaie fabriquée à Tours.

II. Mesures de longueur.

Mètre, mesure juste et approximative. — Pages 214 et 236.

Mètre, mesure effective. — Canne ou règle divisée en décimètres, centimètres et millimètres.

Les 4 anciennes mesures de longueur et valeur. — Page 236.

Conversion des anciennes mesures de longueur en nouvelles, et vice versâ, page 236 et page 15 du calcul usuel.

Valeur de la toise carrée et cube, du pied carré et cube, du mètre carré et cube, page 236.

Mesures de chemin anciennes et nouvelles. — Approximatives et conversion, pages 236 et 15.

Circonférence de la terre. — Lieues de 25 au degré ou de 4,444 m: 9,000 lieues plus $\frac{4000}{4444}$.

Mesures d'aunage. — Rapport du mètre à l'aune et conversion réciproque; fractions d'aune en centimètres, pages 237 et 15.

III. Mesures de superficie.

Les 2 anciennes mesures et les 3 nouvelles de superficie. — Conversion, pages 237 et 15.

Mesure effective de superficie. — Chaîne d'arpenteur, décamètre divisé en mètres et chaque mètre en chaînons de 2 décimètres.

Réduction des myriamètres carrés en kilomètres carrés, hectares, ares, et vice versâ, page 238.

Pourquoi écrit-on les décimètres carrés avec deux chiffres, et est-ce la même chose qu'un dixième de mètre carré? — 1 mètre carré $= 10$ d. $\times 10$ ou 100 décimètres carrés, le carré de 10 est de 100. 1 décimètre carré n'est donc que le centième du mètre carré.

Qu'est-ce qu'un myriare? — 10,000 ares ou 100 hectares.

Pourquoi n'y a-t-il ni décare ni déciare? — Aucun nombre qui multiplié par lui-même donne 10 ni 1000.

A 140 fr. 35 centiares, combien l'hectare? — Un seul centiare 4 fr., un are 400, un hectare 40,000.

Un terrain de 35 hectares, 5 ares, est vendu à 5 francs le mètre carré, combien coûte-t-il ? — Tout réduire d'abord en ares, puis en mètres carrés en ajoutant deux zéros.

IV. Mesures de solidité.

Anciennes et nouvelles mesures du bois de chauffage et conversion réciproque, pages 238 et 15.

Ancienne et nouvelle mesure du bois de charpente et conversion réciproque, pages 238 et 15.

Mesure effective de solidité. — Stère, 1 mètre de sole entre montants, 88 c. de haut et bois coupé à 1 m. 14.

Combien un stère rempli d'eau pèserait-il ? — Stère ou mètre cube = 1,000 décimètres cubes ou kilogrammes.

7 mètres 6 décimètres d'un mètre cube en litres. — 7,006 décimètres cubes ou litres.

Les $\frac{7}{9}$ de 8 mètres cubes en décimètres cubes. — Les $\frac{7}{9}$ de 8,000 décimètres cubes.

Pourquoi trois chiffres dans les colonnes cubes. — On peut avoir 999 décimètres ou centimètres cubes à écrire.

V. Mesures de capacité.

Substances sèches.

Anciennes et nouvelles mesures et conversion, page 238.

Mesures effectives pour substances sèches. — Bois comme cuivre, égalité de diamètre et de profondeur, hectolitre 503 millimètres.

Substances liquides.

Anciennes et nouvelles mesures et conversion, page 238, et Calcul usuel, 16.

Pièce de Bourgogne et de Bordeaux. — Bourgogne 210 litres, Bordeaux 220.

Chopine et verre d'un 1/2 setier. — Chopine, 1/2 pinte; 1/2 setier, 0,22 centilitres.

Mesures effectives pour les liquides. — 1° Cuivre, tôle ou fonte : cylindres de profondeur égale au diamètre, hectolitre, demi-hectolitre. Double décalitre et demi-décalitre, décalitre, 233 millimètres de diamètre et de profondeur. — 2° Etain, litre et sous-multiples, cylindres d'une profondeur double du diamètre 172 millimètres sur 86. — 3° Fer-blanc pour lait et huile, et comme mesures en cuivre, profondeur égale au diamètre.

VI. Poids.

Anciennes mesures de poids, page 239.

Nouvelles mesures de poids, valeur en nombres ronds et valeur juste. — En nombres ronds, page 239; valeur juste, livre 0 kilogr. 4,895; 1 kilogr., 2 l. 048, 1 once, 31 gr. 25, 1 gros 3,90, 1 grain 0,054, page 215.

Conversion et problèmes des poids, pages 239 et Calcul usuel, 46.

Mesures effectives de poids. — En cuivre, depuis 20 hecto jusqu'au gramme et cylindre à bouton ; hauteur du cylindre égale au diamètre, et bouton la moitié. Poids de 1 gramme et de 2 grammes, diamètre plus grand que hauteur pour place nécessaire au nom du poids. — Kilogramme 52 milligrammes et bouton 26. Gramme diamètre, 7 milligrammes, hauteur 2,5, bouton 3,5. — Poids au-dessous pour choses précieuses et chimiques, lames de laiton carrées. décigramme, 10 milligrammes carrés, centigramme 6, milligramme 3,3.

Groupement des poids. — Série de godets coniques en cuivre du poids d'un kilogramme, et godets de 10 grammes, 5 grammes.

Balances. — 3 choses : colonne, fléau, bassins; fléau dans une position horizontale, points de suspension et centre de gravité sur une même ligne droite.

Doubles pesées. — Contre balance fausse; corps pesé avec sable, puis objet remplacé par un poids.

Pesanteur. — Attraction terrestre.

Poids d'un corps. — Force de sa tendance à se rapprocher du centre de la terre.

Pourquoi eau distillée à 4 degrés et pesée dans le vide? — Distillée pure, à 4 degrés, maximum de densité et pesée dans le vide pour éviter l'action de la pesanteur atmosphérique.

Petits papiers des nouvelles mesures : questions en italique.

PROPORTIONS.

(Théorie, voir livre, page 128.)

Problèmes classés et facilités — avec une formule rapide sans proportion ou avec une proportion uniforme pour chaque grande catégorie de problèmes.

INTÉRÊTS ET RENTES ORDINAIRES.

Formules sans proportion. — Voir les moyens faciles et rapides de mon calcul usuel.

Proportion des intérêts par an. — 100 : taux : : capital est à rente.

— *par mois* 2me terme, taux de l'intérêt × le nombre des mois en 12mes.

— *par jour* 2me terme, taux de l'intérêt × le nombre des jours en 360mes ou 365mes.

Intérêt de 600 fr. à 3 0/0 pour un an, pour 5 mois, pour 3 mois 18 jours.

Capital d'une rente de 600 fr. dans les mêmes conditions.

Intérêt composé de la même somme pendant 4 ans.

Proportion des intérêts composés. — Autant de proportions qu'il y a d'années et à chaque nouvelle proportion, le capital augmenté de l'intérêt précédent.

Intérêts composés avec mois. — Un an divisé par 12 et multiplié par le nombre des mois : $\frac{664 \ 50}{12}$ 1 an × 7 mois.

ESCOMPTE EN DEHORS.

Escompte en dehors. — Laissé en dehors de 100, règle ordinaire des intérêts.

ESCOMPTE EN DEDANS.

Escompte en dedans. — Mis en dedans de 100, proportion la même, mais premier terme 100 augmenté du taux de l'intérêt.

RENTES SUR L'ÉTAT.

Proportion des rentes sur l'Etat. — Cours : taux : : capital : rente.

Rente d'un capital de 600 fr. quand le 5 ou le 4,50 est à 102, page 15 du Calcul usuel.

Capital d'une rente de 600 fr. dans les mêmes conditions.

A quel taux réel place-t-on son argent à ce cours du 5 ?

A quel taux réel place-t-on son argent, quand le 3 est à 72 ?

PLACEMENT AU DENIER.

Placement au denier. — 1 sou pour 20, 24 ou 25 sous, capital 20 fois, 24 fois, 25 fois le revenu.

Formule sans proportion. — Division des deux nombres quand rente ou denier cherché ; multiplication quand capital cherché.

Proportion du placement au denier. — Denier : temps : : capital : rente.

Rente annuelle de 600 fr. placés au denier 25.

Capital d'une rente de 600 fr.

-8,000 fr. ont été placés pendant 5 ans au denier 20, quelle rente doit-on recevoir?

Capital à placer au denier 24 pour recevoir 32 fr. en 2 ans.

On s'est fait une rente de 320 fr. avec 8,000, à quel denier a-t-on placé?

On a placé 8,000 fr. au denier 25, en combien de temps recevra-t-on 320 fr.

PLACEMENTS A PLUS D'UN AN.

Proportion du placement à plus d'un an. — 100 : taux :: capital : intérêt d'un an.

Si ce sont les ans cherchés, intérêt d'un an : 1 an :: différence des deux nombres : x.

Quel capital faudrait-il placer à 5 pour 100, pour avoir dans 3 ans 3,000 francs de rente? — 100 : 5 :: x : 1000, ou sans proportion prendre l'intérêt d'un an et revenir au capital par le calcul usuel.

A quel taux faudrait-il placer 20,000 pour avoir 1,000 francs de rente?

Dans combien d'années le capital 480,000 francs, augmenté des intérêts simples à 5 pour 100, vaudra-t-il 560,000 francs? — Proportion des ans cherchés, ou mon moyen simple de la page 99.

Un capital de 480,000 francs, augmenté de ses intérêts simples pendant 40 mois, vaut 560,000 francs; on demande à quel taux ce capital a été placé. — Intérêt d'un an trouvé par l'intérêt d'un mois puis : 100 : x :: 480,000 : 24,000 intérêt d'un an; et voir mon moyen simple et rapide de la page 101.

Moyens simples et rapides des placements à plus d'un an. — Pages 99, 101 et 15 du Calcul usuel.

TRAVAIL PROPORTIONNEL, MARCHANDISES PROPORTIONNELLES ET ÉCHANGES.

Formule sans proportion. — Dividende, unités cherchées, mot à côté de combien de, et multiplication du quotient par le troisième nombre.

Formule du travail proportionnel, marchandises et échanges. — Les deux termes de même nature dans la question pour antécédent et conséquent, et x à la place correspondante du plus grand, quand quantité plus grande cherchée, à la place correspondante du plus petit, quand quantité plus petite cherchée.

20 mètres coûtent 100 francs, combien de francs coûteront 30 mètres?

100|20
5   prix d'un seul mètre.
30
150

$20^m : 30^m :: 100 : x$ plus grand que cent, comme le conséquent 30 est plus grand que son antécédent 20.

Avec les antécédents et conséquents de même nature, la difficulté des règles de trois inverses disparaît.

La douzaine de pommes coûte 15 centimes, combien de pommes aura-t-on pour 20 francs?

Sur un coupon ayant 7 mètres $\frac{2}{3}$ on a ôté 3 mètres $\frac{3}{4}$ et l'on a vendu le reste 80 francs, combien de francs valait le tout? — 80 francs $: \frac{47}{12}^m \times \frac{23}{3}$ ou $\frac{47}{12} : \frac{23}{3} :: 80$ fr. $: x$.

20 ouvriers ont fait 300 mètres, combien d'ouvriers pour faire 450 mètres?

20 ouvriers ont fait 300 mètres, combien de mètres feront 30 ouvriers?

20 ouvriers ont mis 40 jours, combien de jours mettront 30 ouvriers?

En 2 heures $\frac{3}{4}$ on a fait 8 mètres $\frac{5}{6}$, combien de temps faudra-t-il pour 10 mètres? — $\frac{11}{4} : \frac{53}{6} \times 10$ ou $\frac{53}{6} : 10^m :: \frac{11}{4} : x$.

En 2 heures $\frac{1}{2}$ on a fait les $\frac{2}{9}$ d'un ouvrage, combien de temps pour faire tout l'ouvrage? — $\frac{5}{2} : \frac{2}{9} \times 1$ ou $\frac{2}{9} : 1 :: \frac{5}{2} : x$.

20 ouvriers ont fait 300 mètres en 5 jours, combien de mètres 15 ouvriers feront-ils en 12 jours? — Réduire à 3 termes en multipliant les ouvriers par les jours, puis $300^m : 100 \times 180 = 450^m$ ou proportion.

8 ouvriers travaillant 5 h. par jour mettent 10 j. à faire 320 mètres, combien d'heures et de jours mettront 10 ouvriers travaillant 8 heures pour faire 500 mètres? — Réduire à trois termes: premier, multiplication des ouvriers, jours et heures = 400 heures; deuxième terme, 10×8 ou $80 \times 320 = 25,600$; troisième terme, 500 mètres:

400 heures $: 25,600 \times 500$ ou $400 : 80 \times x :: 320 : 500$, ce qui revient à $\frac{400 \times 500}{80 \times 320}$ ou 7 jours 81 centièmes de jour, ou des 1,440 minutes d'un jour ou 19 minutes.

Si 48 ouvriers font en 3 jours 90 mètres, combien d'ouvriers faudra-t-il pour faire en 12 jours 300 mètres? — Premier, ouvriers $\times$ heures; deuxième, les deux autres nombres multipliés l'un par l'autre; troisième, le dernier nombre. Dividende: unités cherchées, $54 : 1080 \times 300$ ou proportion.

On a fait transporter 200 kilogrammes à 600 lieues pour 450 fr., combien de kilogrammes ferait-on transporter à 900 lieues pour 200 francs?

$$200 \times 600 \text{ ou } 12000 \stackrel{\bullet}{\bullet} 450 \stackrel{\bullet\bullet}{\bullet\bullet} x \ 900 \ \ 200$$

$$\text{ou } 12000 \stackrel{\bullet}{\bullet} 405000 \times 200$$

$$1^{er} \stackrel{\bullet}{\bullet} 2^{me} \times 3^{me}.$$

1er, multiplication du premier et du deuxième nombres;

} termes : 2me, multiplication du troisième et du quatrième;

3me, cinquième nombre.

On veut échanger du drap à 50 francs le mètre contre du casimir 75 francs, combien de mètres de casimir devra-t-on recevoir en change de 600 mètres de drap? — 50 fr. $\stackrel{\bullet}{\bullet}$ 75 fr. $\stackrel{\bullet\bullet}{\bullet\bullet}$ x $\stackrel{\bullet}{\bullet}$ 600^m, u 600 mètres coûteront 600 fois 50 francs ou 30,000|75 autant de

$$\overline{400}$$

)is 75 sera contenu dans 30,000 fr.

Combien faut-il de mètres de toile à $\frac{3}{4}$ pour doubler 25 mètres de rap à $\frac{5}{6}$? — $\frac{20}{24} \stackrel{\bullet}{\bullet} \frac{18}{24} \stackrel{\bullet\bullet}{\bullet\bullet} x \stackrel{\bullet}{\bullet} 25$.

lÈGLE DE SOCIÉTÉ ET DE RÉPARTITION PROPORTIONNELLE.

Formule sans proportion. — Somme à partager divisée par la)mme des mises ou des nombres proportionnels, et multiplication u quotient par chaque mise ou chaque nombre proportionnel.

Proportion de la règle de société et de répartition proportionnelle.—)mme des mises ou des nombres proportionnels $\stackrel{\bullet}{\bullet}$ chaque mise ou haque nombre $\stackrel{\bullet\bullet}{\bullet\bullet}$ nombre à partager $\stackrel{\bullet}{\bullet}$ x.

'artager 1,890 francs en 3 parties proportionnelles à 2, 3, 4. —

890 $\stackrel{\bullet}{\bullet}$ 9 et quotient $\times$ 2, 3, 4 ou proportion 9 $\stackrel{\bullet}{\bullet}$ 3 $\stackrel{\bullet\bullet}{\bullet\bullet}$ 1890 $\stackrel{\bullet}{\bullet}$ x.

Trois associés ont mis : le premier 7,000 francs; le deuxième ,000, *le troisième* 5,000; *ils ont gagné* 80,000 *francs, quelle sera* ι *part de chacun?* — 80,000 $\stackrel{\bullet}{\bullet}$ 16,000 et quotient $\times$ mise de cha-ιn; ou proportion 16,000 $\stackrel{\bullet}{\bullet}$ mise de chacun $\stackrel{\bullet\bullet}{\bullet\bullet}$ 80,000 $\stackrel{\bullet}{\bullet}$ x.

Trois associés ont mis les mêmes sommes : le premier pendant ,ans, le deuxième pendant 3, le troisième pendant 4, et ils ont erdu 6,000 francs. — Multiplication de chaque mise par les ans, et) qui reste nombre à partager.

Partage au marc le franc. — Formule sans proportion, car si avec 6,000 francs on a gagné 80,000, fr. on gagnera la 16 millième. artie avec un franc, et chaque associé aura autant de fois le quo-ent qu'il a mis de francs dans l'association.

Partager 24 en quatre parties proportionnelles aux fractions) $\frac{3}{4}$, $\frac{4}{8}$, $\frac{5}{6}$. — Mêmes solutions.

Partager 156 en trois parts, de manière que la première soit à la euxième $\stackrel{\bullet\bullet}{\bullet\bullet}$ 5 $\stackrel{\bullet}{\bullet}$ 4, et que la première soit à la troisième $\stackrel{\bullet\bullet}{\bullet\bullet}$ 7 $\stackrel{\bullet}{\bullet}$ 3.

— Réduire à trois nombres proportionnels en multipliant les deux termes du premier rapport par l'antécédent 7 du second et les deux termes du second rapport par l'antécédent 5 du premier. 35, 28, 15.

Répartir un impôt de 800 francs entre 3 villages, dont le premier renferme 240, le second 510 et le troisième 450 habitants. — Solution ordinaire.

Une commune qui payait 4,000 francs de contributions est augmentée de 1,000 francs, quelle sera l'augmentation d'une personne qui payait 700 francs? — Division de l'augmentation communale par la contribution communale et multiplication par la contribution personnelle au marc le franc ou proportion. Contribution communale $\div$ contribution personnelle $\div\div$ augmentation communale $\div$ x augmentation personnelle.

Trois ouvriers ont gagné 124 francs : le premier a travaillé 10 jours et 8 heures par jour; le deuxième 9 jours et 12 heures; le troisième 6 jours et 10 heures, quelle sera la part proportionnelle de chacun? — Tout en heures et somme des heures.

Une personne doit 24 francs payables 4 francs dans 2 mois, 8 francs dans 5 mois et 12 francs dans 8 mois; elle veut ne faire qu'un seul paiement; en quel temps doit-elle le faire pour qu'il y ait compensation? — Trois multiplications des francs par les mois et division de la somme des nombres nouveaux par 24; donc en 6 mois.

RÈGLE TESTAMENTAIRE.

Testament non conditionnel. — Procédé naturel.

Héritage de 2,000 francs entre 3 enfants : le premier a la $\frac{1}{2}$, le deuxième le $\frac{4}{10}$, le troisième les $\frac{1}{10}$.

Une personne a hérité des $\frac{7}{8}$ d'une fortune; elle laisse les $\frac{3}{4}$ à son fils.

Le fils aura donc les $\frac{3}{4}$ des $\frac{7}{8}$ ou les $\frac{21}{32}$ de la fortune.

Testament conditionnel. — Formule sans proportion. Chercher combien cela fait de parts, diviser l'argent par la somme des parts et comparer le nombre des parts de chacun au quotient représentant une part.

Proportion du testament conditionnel. — Somme des parts $\div$ une part $\div\div$ somme à partager $\div$ x.

Un homme laisse à sa veuve 6,000 francs, à la condition que si elle devient mère d'un fils il aura les $\frac{3}{4}$, si d'une fille celle-ci la $\frac{1}{2}$; la femme devient mère d'un fils et d'une fille, que revient-il à chacun des trois? — Mère 1 part, fille 1 part, fils 3 parts : 6,000 $\div$ 5 $=$ 1 part ou 1,200. Proportion : 5 $\div$ 1 $\div\div$ 6,000 $\div$ x.

Un homme laisse à sa veuve 8,000 francs. Si un fils, la $\frac{1}{2}$; si une fille, $\frac{1}{3}$; elle devient mère d'un fils et de deux filles ; que revient-il à chaque personne ? — Première fille 1 part, deuxième 1 part, fils 3, mère 3.

RÈGLE DES ASSIÉGÉS.

Formule sans proportion. — Multiplication des deux nombres formant le rapport connu, et division du produit par le troisième nombre, page 112.

Proportion de la règle des assiégés. — La même que celle du travail proportionnel.

Dans une ville assiégée, il y a des vivres pour 8 mois à 1,500 hommes, et ils ne peuvent avoir du secours que dans 11 mois ; combien doit-on retenir d'hommes sans que les rations diminuent ?

$$1,500 \times 8 : 11 \quad \text{ou} \quad 8^m : 11^m :: x^h : 1,500^h.$$

Si ces quinze cents hommes sont forcés de demeurer dans la place ayant par jour 2 livres de pain pour ration lorsque ces vivres pouvaient durer 8 mois, combien leur faudra-t-il donner de pain pour que les vivres durent 11 mois ?

$$8 \times 2 : 11 \quad \text{ou} \quad 8^m : 11^m :: x^l : 2^l.$$

Si dans une ville assiégée il y a des vivres pour 1,500 hommes et pour 8 mois, et si l'on renforce la garnison de 400 hommes, combien ces mêmes vivres dureront-ils de temps sans que la ration soit diminuée ? — 1,500 $\times$ 8 : 1,900 hommes, c'est-à-dire 1,500 augmenté de 400.

Un capitaine, en donnant 0,80 centimes par jour à chacun de ses soldats, a de l'argent pour 23 jours, mais n'espérant d'autre argent que dans 46 jours, à combien doit-il réduire la solde de chaque militaire ? — 23 $\times$ 0,80 : 46.

RÈGLE DES ALLIAGES ET MÉLANGES.

Alliage se dit des métaux, mélange des autres choses.

SIMPLE MOYENNE D'UN MÉLANGE. *Formule sans proportion.* — Division de la somme des prix par la somme des quantités, page 118.

Proportion de la simple moyenne d'un mélange. — Somme des objets : un objet :: somme des prix : x.

On a mêlé 15 boisseaux de froment à 1 franc 10 centimes le boisseau avec 25 boisseaux de seigle à 0,80 centimes et 12 boisseaux à 0,65, à combien revient le boisseau ? — $\frac{44,30 \mid 52}{0,85}$

Un marchand a quatre sortes de vins : 125 litres à 1 franc 50 centimes, 340 à 2 francs 40, 120 à 3 francs, 750 à 2 francs 25; combien doit-il vendre le litre du mélange pour gagner 25 centimes par litre ? — Moyenne augmentée de 25 centimes.

MÉLANGE DE DEUX CHOSES. *Formule sans proportion.* — Multiplier les deux nombres du rapport connu, diviser par le trosième et prendre la différence.

Proportion du mélange de deux choses. — Un prix : l'autre prix :: un nombre d'objets : x. Puis différence.

On a 100 bouteilles de vin à 2 francs la bouteille, on demande combien il faut y mêler de bouteilles d'eau pour que la bouteille du mélange revienne à 0,75 centimes? — $100 \times 2 = 200 : 0,75 = 266 - 200 = 66$ bouteilles d'eau ou $0,75 : 2 :: 100 : x = 266 - 200$ ou 66.

MÉLANGE DE PLUSIEURS CHOSES. *Formule sans proportion.* — Diviser le nombre voulu par la somme des différents titres ou prix, et multiplier le quotient par chaque titre ou prix.

Proportion du mélange de plusieurs choses. — Somme des quantités : chaque quantité :: nombre voulu : x nombre cherché.

Avec du vin à 40, 50, 70 et 80 centimes le litre on veut faire un mélange qu'on puisse donner à 65 centimes le litre, combien en faudra-t-il mettre de chaque prix ? — $65 : 240 = 0,27$ multiplié par chaque quantité ou $240 : 40 :: 65 : x$.

Un orfévre veut faire un ouvrage qui doit peser 35 marcs d'argent au prix de 25 francs le marc; mais comme il n'a pas d'argent à ce titre, il allie de l'argent à 21 francs, à 23, à 29 et à 30; combien doit-il prendre de chaque titre pour faire les 35 marcs ? — 35 marcs à 25 francs $= 35 \times 25$ ou 875 francs, nombre voulu et solution précédente.

QUANTITÉS PROPORTIONNELLES DANS UNE FRACTION D'ALLIAGE. *Formule sans proportion.* — Multiplier le numérateur par chaque nombre proportionnel et le dénominateur par le total de l'alliage.

Proportion des quantités proportionnelles dans une fraction d'alliage. — Total d'alliage : fraction d'alliage :: chaque poids connu : x, chaque poids cherché.

On fond ensemble 7 kilogrammes de cuivre et 3 kilogrammes d'étain; combien de poids en cuivre et en étain dans $\frac{5}{6}$ de kilogramme d'alliage? $\frac{5}{6} \times \frac{7}{10}$ puis $\frac{5}{6} \times \frac{3}{10}$ ou 10 kilog. $: \frac{5}{6} :: 7$ puis $3 : x$.

Petits papiers des proportions: chaque question théorique du livre et chaque problème Type de cette arithmétique des examens. Chacun des problèmes de cette arithmétique donne la solution de ses analogues.

CARRÉS, CUBES, PROGRESSIONS ET LOGARITHMES.

Théorie facilitée et problèmes de mon livre avec petits papiers de récapitulation.

USAGES DE LA RÈGLE A CALCUL DES LOGARITHMES.

Règle à calcul de Lenoir. — Règle fixe avec rainure où glisse une réglette mobile à l'aide d'un bouton.

Usage de la règle à calcul pour la multiplication. — Amener l'index de la réglette sous l'un des 2 facteurs, lu sur l'échelle supérieure de la règle ; le produit se trouve sur cette même échelle, au-dessus de l'autre facteur lu sur la réglette.

Usage pour la division : — Amener le diviseur lu sur la réglette, sous le dividende lu sur l'échelle supérieure ; le quotient se trouve au-dessus de l'index de la réglette.

•

FRACTIONS GÉNÉRATRICES ET ERREURS RELATIVES.

Fraction génératrice d'une décimale périodique simple. — Pour numérateur la période et pour dénominateur un nombre formé d'autant de 9 qu'il y a de chiffres dans la période.

[Période simple : $0, 254\ 254\ 254 = \frac{254}{999}$.

Fraction génératrice d'une décimale périodique mixte. — Pour numérateur la partie non périodique et la partie périodique moins la partie non périodique ; pour dénominateur autant de 9 que de chiffres dans la période et suivis d'autant de zéros que de chiffres dans la partie non périodique.

$$0,27\ 254\ 254 = \frac{27254 - 27}{99900}.$$

Produit et quotient à une unité près d'un ordre décimal donné. — Multiplication et division abrégée en se contentant de calculer un certain nombre de chiffres décimaux.

Multiplication décimale abrégée. A chaque multiplication partielle avancer d'un rang dans le multiplicateur et reculer d'un rang dans le multiplicande et barrer chaque fois le chiffre supprimé dans le dernier facteur.

Division décimale abrégée. — Pour obtenir les n, premiers chiffres significatifs du quotient de deux nombres entiers ou décimaux, séparez $n \times 2$ chiffres significatifs sur la gauche du diviseur donné et barrez les autres ; calculez à l'ordinaire le premier chiffre significatif du quotient correspondant à ce diviseur modifié ; barrez un chiffre sur la droite de celui-ci. Divisez par le diviseur modifié de nouveau, le reste provenant de la première division : vous aurez le deuxième chiffre du quotient. Barrez un chiffre sur la droite du dernier diviseur ; divisez par le nouveau diviseur altéré, le reste provenant de la deuxième division.

Erreur relative. — Rapport entre l'erreur absolue et la grandeur mesurée ou calculée.

Pour calculer un nombre à moins de $\frac{1}{100}$ de sa valeur, et que cette valeur soit comprise entre 0,001 et 0,0001 d'unité, il suffira d'effectuer le calcul, de manière à ne pas négliger $\frac{1}{1\,000\,000}$ d'unité.

Si les deux facteurs d'un produit ont été calculés par défaut, l'erreur relative du produit sera moindre que la somme des erreurs relatives de ces deux facteurs. — Si un dividende et un diviseur ont été calculés par défaut, l'erreur relative du quotient est plus grande que la différence des erreurs relatives du dividende et du diviseur.

Ce chapitre est celui de l'inutile, et au dire des candidats ce logogriphe mathématique n'aurait été introduit dans les programmes que pour faire pendant aux problèmes logogriphes fréquemment en usage et qui, exclus de la vie usuelle, ont réussi à obtenir une place où jouer leurs mauvais tours.

●

CALCUL MENTAL.

Les 50 exercices-types. — Les rattacher aussi au Calcul usuel, et les refaire sans cesse en changeant les chiffres. Les mettre sur les petits papiers et les tirer.

1 On a dépensé 1 fr. 50 de viande, 0,25 de légumes, et 0,75 de pain ; combien en tout ?

2. Il faut 9 heures à un voyageur pour se rendre à sa destination ; il part à 8 heures du matin, à quelle heure arrivera-t-il ?

3 Une montre qui marque 9 heures 10 minutes, retarde de 20 minutes, quelle heure est-il ?

4 Paul a 8 ans, son père en a 37 ; quel sera l'âge de Paul quand le père aura 44 ans ?

5 On a dépensé 1 franc 75 sur 3 trois francs, combien doit-il rester ?

6 On a 22 amandes ; on en donne 3, et on en mange 9, combien en reste-t-il ?

7 A 76 francs le mètre, combien 10, 100, 1,000 mètres ?

8 A 7 francs 50 le mètre, combien 10, 100, 1,000 mètres ?

9 A 78 francs 10 mètres, 100 mètres, 1,000 mètres, combien un seul ?

10 Une grosse vaut 12 douzaines, combien de plumes dans une grosse ?

11 Une rame de papier contient 20 mains ; une main 25 feuilles ; combien de feuilles dans une rame, et combien 10 rames font-elles de feuilles ?

12 A 7 francs 50 le mètre, combien 9 mètres ?

13 Un mètre de ruban coûte 5 sous, combien coûteront 3 rouleaux de ruban de 5 mètres chacun ?

14 Partager 750 francs entre 10, 100, 1,000 personnes ?

15 Nous sommes 3 à partager 4 objets, quelle est la part de chacun ?

16 Combien faut-il donner de pièces de 20 centimes en échange de 5 francs ?

17 Une personne qui possédait 420 francs, en prend les 3/4, combien lui reste-t-il ?

18 On mêle un litre de vin à 8 sous avec un litre à 12, combien faudra-t-il vendre le litre de mélange pour gagner 5 sous par litre ?

19 On mêle du vin à 6 sous avec du vin à 14, combien vaudra le mélange ?

20 8 mètres coûtent 44 francs, combien le mètre ?

21 Une lampe consomme pour 2 sous 1/2 d'huile par heure, combien en consommera-t-elle de 6 heures à minuit ?

22 Sur une pièce de toile de 10 aunes, on a pris 2 aunes 1/2 et 1 aune 1/4, que reste-t-il ?

23 Combien y a-t-il de 1/4 d'heure dans 3 heures 1/2 ?

24 J'ai pris les 5/6 d'une pièce de 12 aunes, combien ai-je pris ?

25 Quels sont les 2/3 de 3/4 ?

26 Une fontaine donne 11 litres en 8 minutes, une autre 7 litres en 5, laquelle est la plus abondante ?

27 55 sous en centimes et francs ?

28 163 centimes en francs, sous et liards ?

29 2 toises en pieds, pouces, lignes et mètres ?

30 A 10 francs le centimètre, combien le pied ?

31 50 lieues en kilomètres, myriamètres et en milles d'Angleterre ?

32 63 kilomètres en lieues et fractions de lieue ?

33 20 mètres en aunes ?

34 A 24 francs l'aune, combien le mètre ?

35 50 hectares en arpents, puis en ares et mètres carrés ?

36 A 5 francs le mètre carré, combien l'are, l'hectare et l'arpent ?

37 A 6 francs le stère, combien la voie et la corde ?

38 A 6 francs la solive, combien le mètre cube ?

39 A 0,50 le litre, combien la feuillette de Joigny, la pièce de Mâcon et celle de Bordeaux ?

40 5 litres en centimètres cubes ?

41 Poids d'un hectolitre et d'un mètre cube d'eau ?

42 A 1 franc 50 le boisseau décalitre, combien le litre ?

43 A 30 sous la livre, combien l'once, le gros, le kilogramme et l'hectogramme ?

44 A 2 francs le gramme, combien la livre, le marc, l'once, le gros et le kilogramme ?

45 A 3 francs le gramme, combien 7 kilo 8 grammes ?

46 Intérêt de 400 francs à 6 0/0 pour un an et pour 3 mois ?

47 Intérêt de la même somme pour 8 jours ?

48 Rente de 600 francs placés au denier 20 ?

49 Capital d'une rente de 600 francs au denier 20 ?

50 Escompte d'un billet de 600 francs à 3 1/2, et que doit-on recevoir ?

Toisé et géométrie utile, pratique et compréhensible pour tout le monde, voir mon livre depuis la page 156.

Poissy. — Typographie Arbieu.

ARITHMÉTIQUE.

NUMÉRATION.

Qu'est-ce que l'arithmétique, et sa différence avec le calcul? (Arithmétique, théorie raisonnée; calcul, pratique, procédés pour faire les opérations qu'indique l'arithmétique). Grandeur ou quantité (tout ce qui est susceptible d'augmentation ou de diminution). Unité (quantité prise pour servir de terme de comparaison entre des quantités de même espèce). Différence d'un chiffre et d'un nombre (nombre, réunion de plusieurs unités). Nombre entier (ne renferme que des unités complètes). Fractionnaire (entier joint à une fraction). Décimal (entier joint à des parties décimales). Complexe (dont les subdivisions ne sont pas régulières et uniformes). Concret, *voir* mon Arithmétique, page 10. Abstrait, pair, impair, 10. Qu'est-ce que la numération? (Art de former, d'énoncer et de représenter les nombres). Différence de la numération parlée (art d'énumérer les nombres avec une quantité limitée de mots) d'avec la numération écrite (art de représenter tous les nombres à l'aide des dix chiffres). Explication de la numération, pages 5, 6, 7. Comment écrit-on un nombre? 8. Comment lit-on un nombre? 9. Numération des décimales, 11, 12. Les trois manières d'énoncer un nombre décimal (1º les entiers séparément et les décimales séparément; 2º ensemble les entiers et les décimales ; 3º les entiers, puis chaque chiffre décimal séparément). Comment écrit-on un nombre décimal où manquent les entiers? 12. Comment réduit-on les fractions décimales à la même espèce, et prouver qu'on peut ajouter ou supprimer des zéros à la droite d'un nombre décimal sans en changer la valeur? 1/4 et 8 millièmes sont-ils des nombres, et quelle est l'unité dans le nombre 3/4? A quelle rangée se trouvent les centaines de mille, les millionièmes?

ADDITION.

Qu'est-ce que l'addition, les deux noms du résultat, et quand fait-on une addition? 18. Comment fait-on une addition? 19. Signe de l'addition (une croix droite), et celui de l'équation (deux traits d'union l'un sur l'autre). Pourquoi commence-t-on l'addition par la droite? Règle de l'addition des décimales, 22. Par quel moyen facilite-t-on une longue addition? 24. Preuve de l'addition par l'addition, 22.

SOUSTRACTION.

Qu'est-ce que la soustraction, les trois noms du résultat? (Reste, excès ou différence), et expliquez ces trois mots. Quand fait-on une soustraction? 27. Le signe de la soustraction (un trait d'union qui signifie moins). Règle et les deux manières de faire une soustraction, 28, 29. Soustraction des décimales. Que faut-il faire quand le nombre supérieur n'a pas de décimales, et la valeur de ce nombre se trouve-t-elle changée? 31. Preuve de la soustraction, 32. Preuve de l'addition par la soustraction.

MULTIPLICATION.

Qu'est-ce que la multiplication, et quand faut-il en faire? p. 34. Noms des deux facteurs, du résultat, 44, et signe de la multiplication (une croix oblique, un × romain). Faire une table de Pythagore (les neuf chiffres horizontalement et verticalement;

pour avoir la seconde colonne, doubler la première ; pour les autres, ajouter la première d'en haut à la dernière qu'on a obtenue). Règle de la multiplication et nature des unités du produit, 44. Comment multiplie-t-on un nombre entier par 10, 100, 1000 ? p. 50. Quelle règle suit-on quand le multiplicateur renferme des zéros, et quand les deux facteurs ont des zéros à droite ? 45, 49. Qu'appelle-t-on multiple d'un nombre ? (produit de ce nombre par un nombre entier). Comment appelle-t-on le produit d'un nombre par 2, 3, 4 et 5 ? (Double, triple, quadruple, quintuple). Qu'appelle-t-on multiplications successives ? Comment les fait-on, et peut-on changer l'ordre des facteurs ? Multiplication des décimales, 55. Qu'est-ce que multiplier 8 par 75 centièmes ? Multiplication des décimales par 10, 100, 1000, p. 65. Preuve de la multiplication par la multiplication et par 9, p. 52.

DIVISION.

Qu'est-ce que la division ? Quand faut-il en faire ? Noms des deux facteurs et du résultat, 59. Nature du quotient et signe de la division (deux points l'un sur l'autre ou fraction). Comment peut-on trouver le produit d'une multiplication par des additions successives, et le quotient d'une division par des soustractions successives ? Comment fait-on une division par un chiffre ? 60. Comment divise-t-on par 10, 100, 1000 ? p. 55. Règle de la division, et comment reconnaît-on que le quotient est trop grand ou trop petit ? 76, 77. Peut-on déterminer d'avance le nombre des chiffres du quotient, et que fait-on du reste ? Sa réduction en fractions ou en décimales, 62. Comment reconnaît-on qu'un nombre est divisible par 2 (pair), par 5 (0 ou 5), et de quelle propriété jouissent les nombres 3 et 9 ? p. 36. Comment simplifie-t-on l'opération quand le dividende et le diviseur sont terminés par des zéros? 84. Division des décimales, 81. Comment fait-on la division quand le dividende est plus petit que le diviseur? 84. Les deux preuves de la division, 80. Preuve de la multiplication par la division.

NOUVELLES MESURES.

Qu'est-ce que mesurer? et qu'est-ce que mesurer une ligne, une surface, un solide? p. 157, 158, 163. Qu'est-ce que peser un corps et apprécier un objet? Que signifie le mot capacité? Qu'est-ce que le méridien et distance du pôle à l'équateur en degrés, en myriamètres, en kilomètres et en mètres. Nouveau système, et époques de son établissement (1791, 1795, 1803 et 1840), p. 236. Pourquoi l'appelle-t-on système métrique et système légal? L'unité fondamentale. Comment établie, 235; et montrer que les cinq autres dérivent du mètre. Les six noms des mesures principales, les quatre des multiples, et les trois des sous-multiples, 235. Rapport des fractions 1/2, 1/3, 1/4, 1/5, 2/3, 3/4, avec les décimales, 235. Le franc, son poids et son titre, ses multiples non décimaux, ses sous-multiples décimaux et non décimaux, 235. Conversions des sous en centimes, des centimes en sous et en francs, 235. Qu'est-ce que le titre? celui des monnaies? 235. Billon : deux parties d'argent, huit de cuivre; et celui des pièces d'orfévrerie (or, 0,95 et 0,93; argent, 0,95, et pour ainsi dire pas de 2ᵉ titre dans la fabrication des colifichets); quelle somme d'argent monnayé pèse le kilogramme? Quel est le poids d'une somme de 57 fr. 50 c., avec trois kilogrammes d'argent pur? Quelle somme peut-on fabriquer en argent monnayé? Différence de valeur de l'argent, de l'or et du cuivre, à poids égal (or, quinze fois et demie plus que l'argent, six cent vingt fois plus que le cuivre. Argent, quarante fois plus que le cuivre). Qu'est-ce que le carat? (24ᵉ partie d'une pièce d'or pur. Deux parties de cuivre, or à 22 carats. Poids aussi du diamant, perles et pierres précieuses, 4 grains). Conversion du mètre et de ses sous-multiples en anciennes mesures, 236. Conversion de la toise, du pied, du pouce et de la ligne en nouvelles mesures. Qu'est-ce qu'un carré et un cube? 157, 162. Pourquoi le mètre carré vaut-il 100 décimètres carrés et non 10? p. 238. Conversion d'une toise et d'un pied carrés, d'une toise et d'un pied cubes en nouvelles mesures, de 30,000 centimètres cubes en mètres cubes. Conversion d'un mètre carré et d'un mètre cube en pieds, 236. Les deux nouvelles mesures de chemin et leur valeur, 236. La lieue et ses fractions en nouvelles mesures, 236. Conversion des lieues en kilomètres et des kilomètres en lieues. Combien de myriamètres et de kilomètres dans la circonférence du globe. Le mètre par rapport à l'aune, 237. L'aune et ses fractions en mètres et centimètres, 237. A tant le mètre, combien l'aune, et à tant l'aune, combien le mètre? 237. La mesure de superficie pour les champs et la chaîne de l'arpenteur, 237. Le multiple et le sous-multiple de l'are et valeur, 237. Pourquoi n'y a-t-il ni décare ni déciare? (pas de nombre qui, multiplié par lui-même, donne 1000, ni 10). Conversion des arpents et des perches en hectares et en ares et *vice versâ*, 237. Conversion des myriamètres carrés en kilomètres, hectares, ares et mètres carrés, 238. (Lisez multipliant au lieu de divisant). Que serait un myriare? Mesures de solidité, unité, son multiple et sous-multiple, 238. Conversion des cordes et des voies en stères, et des solives en décistères et *vice versâ*, 238. Combien un stère rempli d'eau pèserait-il? Mesures de capacité et l'unité, 238. Substances sèches, les deux nouvelles mesures, valeur et réduction en anciennes, 238, 239. Les trois anciennes mesures ; valeur et réduction en nouvelles, 238, 239. Substances liquides : les trois anciennes et réduction, 239. Les trois multiples et les trois sous-multiples du litre, et conversion du litre en bouteille, 239. Sept mètres six décimètres d'un mètre cube, combien cela fait-il de litres? Donnez en décimètres cubes les 7/9 de huit mètres cubes. Comment écrit-on les décimètres cubes, et pourquoi? Qu'est-ce qu'un cylindre, un cercle, un rayon et un diamètre? Comment mesure-t-on un cylindre et un cercle? 161, 163. Les litres du commerce ont-ils la forme cubique ou la forme cylindrique? Les mesures pour les solides sont-elles comme celles pour les liquides, en étain et d'une hauteur double du diamètre? Faites comprendre qu'un litre cylindrique contient autant qu'un décimètre cube. Mesures de poids, et qu'est-ce que le gramme? 239. Pourquoi a-t-on pris de l'eau distillée pesée dans le vide et à quatre degrés? (Pureté, sans pression de l'air et molécules aussi rapprochées que possible). Que pèse un litre d'eau pure, et pourquoi? (Un kilogramme pèse mille grammes, ou mille centimètres cubes, ou un décimètre cube, valeur du litre). Conversion des kilogrammes, hectogrammes et décigrammes en anciennes mesures. De la livre et de ses fractions en nouvelles mesures. De l'once, du gros, du grain, du tonneau et du quintal en nouvelles mesures, 239. Combien un certain nombre de grammes et de kilogrammes valent-ils à tant la livre? 240. *Voir* aussi pour les nouvelles mesures les pages 214 à 217. Qu'est-ce qu'un trapèze, un triangle, un polygone, un ovale, un prisme, une pyramide, un cône, un cône tronqué, une sphère, et comment mesure-t-on tous ces corps? de 159 à 165.

FRACTIONS.

Définition, les deux termes et explication, 178.

— 7 —

Expression fractionnaire et extraction des entiers,
179. Réduire un nombre fractionnaire en expression
fractionnaire, 180. Pourquoi 5/8 est-il plus grand
que 6/13? Prouver qu'on ne change pas la valeur
d'une fraction en multipliant ou divisant ses deux
termes par un même nombre, et conséquence, 180,
181. Réduction de deux fractions au même dénominateur et prouver qu'on n'en change pas la valeur,
182. Réduction de plusieurs fractions au même dénominateur, 183. Recherche du plus grand commun
diviseur (on divise le plus grand nombre de la fraction par le plus petit, puis le plus petit par le reste,
puis les restes les uns par les autres jusqu'à ce qu'on
trouve 0). Conversion des fractions décimales en
fractions ordinaires et des fractions ordinaires en
fractions décimales, 196. Valeur de 2/3 en décimales
à moins d'un millième près. Addition des fractions,
les trois cas, 185, 186. Soustraction des fractions, les
cinq cas et opérations, 187 à 192. Une fontaine donne
11 litres en 8 minutes, une autre 7 litres en 5 minutes ; quelle est la plus abondante? Multiplication
des fractions, les deux cas principaux, 193. Qu'est-
ce que multiplier le nombre 4 par 7/8 ; et pourquoi
le produit est-il plus petit que le multiplicande? 2
moyens de diviser une fraction par une fraction, 194;
et prouvez qu'on doit obtenir le même résultat. Division d'un entier par une fraction ; et division d'un
nombre fractionnaire par une fraction, 195. Les 4/7
d'un nombre égalent 2, quel est ce nombre? Quel
est le nombre dont les 2/3 et les 4/5 réunis font 88?
Partager 3 francs en deux parties dont l'une soit les
2/3 de l'autre. Partager 1680 francs en 3 parties
telles que la première, soit les 4/5 de la seconde, et la
seconde le 1/3 de la troisième. Partager 3/4 en deux
parties qui soient entre elles comme 5 et 7. Qu'est-
ce que diviser 3 par 7/8 et 7/8 par 3 ; et prouver que
dans la première division, ainsi que dans la division
d'une fraction par une fraction, le quotient doit être

plus grand que le dividende. Il est les 2/3 des 3/4 des 5/6 de 24 heures, quelle heure est-il ? — Problème de la fontaine. — La première en une minute $\frac{11}{4}$, la seconde, $\frac{7}{4}$, et réduire au même dénominateur. Problème des 4/7. Valeur d'un seul 7ᵉ = 2 divisé par 4, puis multiplier par 7. Pour le problème suivant, réduisez en une seule fraction par une addition de fractions ; mais si c'étaient des fractions de fractions, comme dans le problème de l'heure, réduisez en une seule par la multiplication de tous les numérateurs entre eux, puis de tous les dénominateurs entre eux. Ce qui équivaut à prendre les $\frac{15}{36}$ de 24 heures ou le 36ᵉ multiplié par 15. Partager 600 francs à 1/2, 1/4 et 1/6. Réduire au même dénominateur. Diviser 600 par la somme des numérateurs, part du troisième, et multiplier la part du troisième par chacun des deux autres numérateurs.

ANCIENNES MESURES. — NOMBRES COMPLEXES.

Anciennes mesures, 198, 199, 200, et leurs inconvénients, 200. Nombres complexes, 198. Addition des nombres complexes, 201. Soustraction, 203. Multiplication, 204. Division, 210.

PROPORTIONS.

Explication des mots rapport, proportion arithmétique et géométrique, antécédents, conséquents, extrêmes, moyens, et manière de poser, 128, 129, 130. Prouver que dans toute proportion arithmétique la somme des extrêmes est égale à celle des moyens, que dans toute proportion géométrique le produit des extrêmes est égal à celui des moyens, et conséquence, 131. Explication des mots règle de trois et règle d'or, 132, 133. Qu'est-ce que l'intérêt d'une somme, une commission, escompter un billet et le négocier au pair? 88 à 91. Trouver l'intérêt d'une somme à tant pour cent l'an en établissant une proportion, puis en n'en établissant pas, 88. L'intérêt par jour avec et sans proportion, 93. Qu'est-ce que l'intérêt à 1/2 pour cent? Qu'est-ce que l'intérêt des intérêts? Combien de règles de trois? 135. Qu'est-ce que la rente 5 p. 0/0 et 3 p. 0/0 au pair? (donner 100 fr. pour avoir 5 fr. d'intérêt, 75 pour avoir 3 francs ; il faut pour résoudre les problèmes chercher le capital que représente un franc de rente); ou proportion commençant par ces deux termes : Le cours de la rente est à intérêt, et en mettant pour autre antécédent un capital, et pour extrême un intérêt. Pour revenir d'un intérêt à un capital, on n'a qu'à faire l'inverse des règles établies aux pages 88 et 93; ainsi, pour revenir de l'intérêt par jour, à 6 au capital, multiplier par 1000, puis par 6 et diviser par les jours. Règle des intérêts composés : multiplier la somme autant de fois qu'il y a d'années par une fraction ayant pour numérateur 100, plus le taux de l'intérêt, et pour dénominateur 100. S'il y a des mois, multiplier l'intérêt d'un an par une nouvelle fraction ayant pour numérateur le nombre des mois et pour dénominateur 12, et diviser le produit de tous les numérateurs par le produit de tous les dénominateurs. Dans combien d'années le capital de 480,000 fr. vaudra-t-il 560,000 fr. à 5 p. 0/0? p. 98, 99. Un capital de 480,000 fr. augmenté de ses intérêts simples pendant 40 mois vaut 560,000 fr.; à quel taux ce capital a-t-il été placé? p. 100. Le cinq étant à 108, combien aura-t-on de rentes pour cent mille francs? A quel taux réel place-t-on son argent quand on achète du trois au cours de 70 fr. 50? Que deviendra la somme de 4,000 fr. placée à 4 0/0 au bout de six ans, à intérêts composés? Une somme placée à 5 1/2 a rapporté 5,000 fr. en 4 mois, quelle était cette somme? 7,200 fr. placés à 5 valent 8,770 fr., combien de temps cette somme a-t-elle été placée ? La rente étant à 118 fr. 50, à quel taux placerait-on son argent si l'on achetait de la rente ? En 2 heures 3/4 on a fait 8 mètres 5,6, combien faudra-t-il de temps pour faire 10 mètres ? En 2 heures 1/2 on a fait les 2/9 d'un ouvrage, combien de temps faudra-t-il pour faire tout l'ouvrage ? 2 hommes ont mis 7 jours pour faire un ouvrage, combien 3 ouvriers mettraient-ils de temps ? 3 hommes en 7 jours, travaillant 8 heures 1/4 par jour, ont fait 2,000 mètres : combien 17 ouvriers en 8 jours, et travaillant 2 heures 1/4 par jour ? Sur un ouvrage qui demandait 3 heures 1/2 on a travaillé 2 heures 3/4, combien de temps devra-t-on encore travailler ? voir p. 125, 126, 127, 134, 135. Sur un coupon qui avait 7 mètres 2/3 on a ôté 3 mètres 3/4 et on a vendu le reste 80 fr.; combien valait le tout, et pourrait-on établir une proportion ? D'une pièce d'étoffe on a retiré les 2/3, on a pris les 5/7 du reste, il reste encore 4 mètres ; de combien de mètres se composait-elle ? En 2 heures 1/3 une fontaine a fourni de quoi remplir les 7/8 d'un bassin, combien en remplit-elle par heure ? En 2 heures 1/3 une fontaine donne 7 mètres cubes d'eau, combien en 7 heures ? Deux villes sont à 400 kilomètres de distance, une voiture part de la première et fait 3 kilomètres par heure ; celle qui part de la seconde 7 kilomètres : combien de temps mettront-elles à se rencontrer ? Trois associés ont mis, l'un 3,000 fr., l'autre 2,200, l'autre 4,700; ils ont à partager 24,000 fr. : combien revient-il à chacun d'eux ? p. 104. Dans une affaire, un associé a laissé 200 fr. pendant six ans, un autre 400 pendant trois, un troisième 600 pendant un an ; ils ont perdu 600 fr. : combien revient-il à chacun d'eux dans le partage de ce qui reste ? p. 107. Les trois principales règles testamentaires, 110, 111. Dans une ville assiégée il y a des vivres pour 8 mois à 1,500 hommes, et ils ne peuvent avoir du secours que dans 15 mois : combien doit-on retenir d'hommes pour que les rations ne diminuent pas? p. 113. Si l'on renforce cette garnison de 400 hommes, combien ces mêmes vivres dureront-ils de temps? 114. On veut troquer du drap à 50 fr. le mètre contre du casimir à 75, combien devra-t-on recevoir de casimir en échange de 600 mètres de drap? p. 115. Combien faut-il mêler de bouteilles d'eau à cent bouteilles de vin à un franc pour que la bouteille de mélange revienne à 0,75? p. 119. Un orfévre a de l'argent à quatre titres, à 21 fr., à 23, à 29 et à 30 : combien doit-il prendre de chaque titre pour faire un ouvrage du poids de 35 marcs au titre de 25 fr. le marc? p. 120, 122. Répartir un impôt de 800 fr. entre trois villages dont le premier renferme 240, le second 510, et le troisième 450 habitants.

PROGRESSIONS.

Les deux espèces de progressions. Règle pour avoir la somme de tous les termes d'une progression arithmétique, le produit de tous les termes d'une progression géométrique. Quel est le 18e terme d'une progression arithmétique dont le premier est 4 et la raison 5? Quel est le 8e terme d'une progression géométrique dont le premier terme est 4 et la raison 3? Un escalier a 18 marches; la première a 12 centimètres d'élévation, les autres 15 : quelle est la hauteur totale de l'escalier? Une fortune commencée avec 6 fr. et qui en 10 ans est de 800 fr., dans quelle proportion géométrique a-t-elle augmenté chaque année?

CARRÉS ET CUBES.

Carrés et cubes des neuf premiers nombres, 139.

De quoi se compose le carré d'un nombre, et preuve,
140. Extraction de la racine carrée, 146. De quoi
se compose le cube d'un nombre, et preuve, 150.
Extraction de la racine cubique, 150. Avec 1798
hommes on veut former un bataillon carré, combien
y en aura-t-il de chaque côté ? Combien faut-il payer
pour faire recrépir les quatre murs d'un jardin de
8,400 mètres de superficie, à 1 fr. 75 le mètre, les
murs ayant 2 mètres 30 de hauteur ? Une terrasse
forme un cube de 2,894,743,770,043 pieds cubes,
quelle est sa hauteur ? Une citerne de forme cubique
doit contenir 2,744 mètres cubes d'eau, quelles en
seront les dimensions ?

LOGARITHMES.

Définition, formation de la table, et comment s'en
sert-on ? 219. Quelles opérations les logarithmes
peuvent-ils réellement simplifier et abréger ? 223.

Dans mon cours de mathématiques usuelles il est
quelques définitions, démonstrations et problèmes
que je laissais à chercher pour exercer le raisonnement des élèves ; on m'a prié d'indiquer les réponses
dans le guide, je l'ai fait. Mais on se plaint avec raison qu'alors qu'il est tant de problèmes usuels et
utiles, les examinateurs s'attachent à des niaiseries
qui ne sont difficiles que parce qu'elles sont sans but
et sans application. Puissent ce travail et mon ouvrage vous mettre à même de comprendre la grande
arithmétique de M. Ritt, l'un des examinateurs,
ouvrage d'une abstraction beaucoup trop savante.

Paris. — Typ. LACRAMPE et Cie, 2, rue Damiette

Enseignement Buessard.

Solution

De toutes les difficultés de l'Étude.

—

TOME III.

PARIS. — IMPRIMERIE DE MIGNERET,
RUE DU CHERCHE-MIDI, 58.

Enseignement Buessard.

Solution

DE TOUTES LES DIFFICULTÉS

DE L'ÉTUDE.

Troisième Volume.

ARITHMÉTIQUE

Et Mathématiques Usuelles.

PARIS.

AU BUREAU CENTRAL

de l'Enseignement Buessard.

Rue Feydeau, n° 28.

1837.

ARITHMÉTIQUE.

Comme les Grammaires, les Arithmétiques sont copiées presque page pour
page les unes sur les autres. Qu'on cite
une Arithmétique qui facilite une seule règle. Toutes vous disent : voilà comme on
fait une Addition, une Soustraction, une
Multiplication ou une Division. Mais les difficultés que je rencontre dans l'exécution
de ces règles, comment les surmonter? on
répondra : par l'habitude, ou bien encore
comptez sur vos doigts. L'habitude, compter sur les doigts, n'est-ce pas l'enfance de
l'Enseignement?

La numération était un chapitre entièrement à faire, je l'ai rendu intelligible et
complet; j'ai facilité chaque partie de l'A-

rithmétique. Faut-il convertir en nouvelle monnaie un nombre de sous, quelque elevé qu'il soit ? au lieu de faire apprendre que 2 sous font 10 centimes, 3 sous 15 centimes, 19 sous 95 centimes, etc., je n'ai qu'un moyen qui s'applique à tous les cas. Faut-il additionner de hauts chiffres, comme 7, 8, 9 ? je donne encore le moyen de ne pas se tromper. Une des plus grandes difficultés, c'est la table de Multiplication; on emploie souvent un mois ou deux pour la savoir parfaitement. Mon Élève la sait dans une demi-heure jusqu'à 9 fois 9; dans une heure jusqu'à 20 fois 20. Faut-il trouver combien de fois un diviseur est contenu dans chaque dividende partiel ? je mets à même de le savoir sans qu'on soit obligé de recommencer les opérations.

J'ai surtout voulu que tout pût se faire par les 4 règles, et avec deux moyens invariables vous résolvez tous les problêmes d'Intérêt, d'escompte, de Société, etc. Je donne la théorie des proportions et de tou-

tes les parties de l'Arithmétique ; mon livre
est complet ; mais celui même qui connaît
les proportions ne s'en sert pas, les autres
moyens que je lui donne étant plus uniformes et plus faciles.

Chaque industriel trouvera dans mon livre ce qui n'est dans aucun autre, la solution de tous les problêmes qui intéressent
chaque industrie. J'entre dans quelques détails de géométrie, mais ces détails sont simples, précis, très-peu nombreux, et pourtant
ils embrassent tout ce que la géométrie a
d'utile, et peuvent dispenser d'apprendre
cet immense volume de science inutile que
tout le monde oublie.

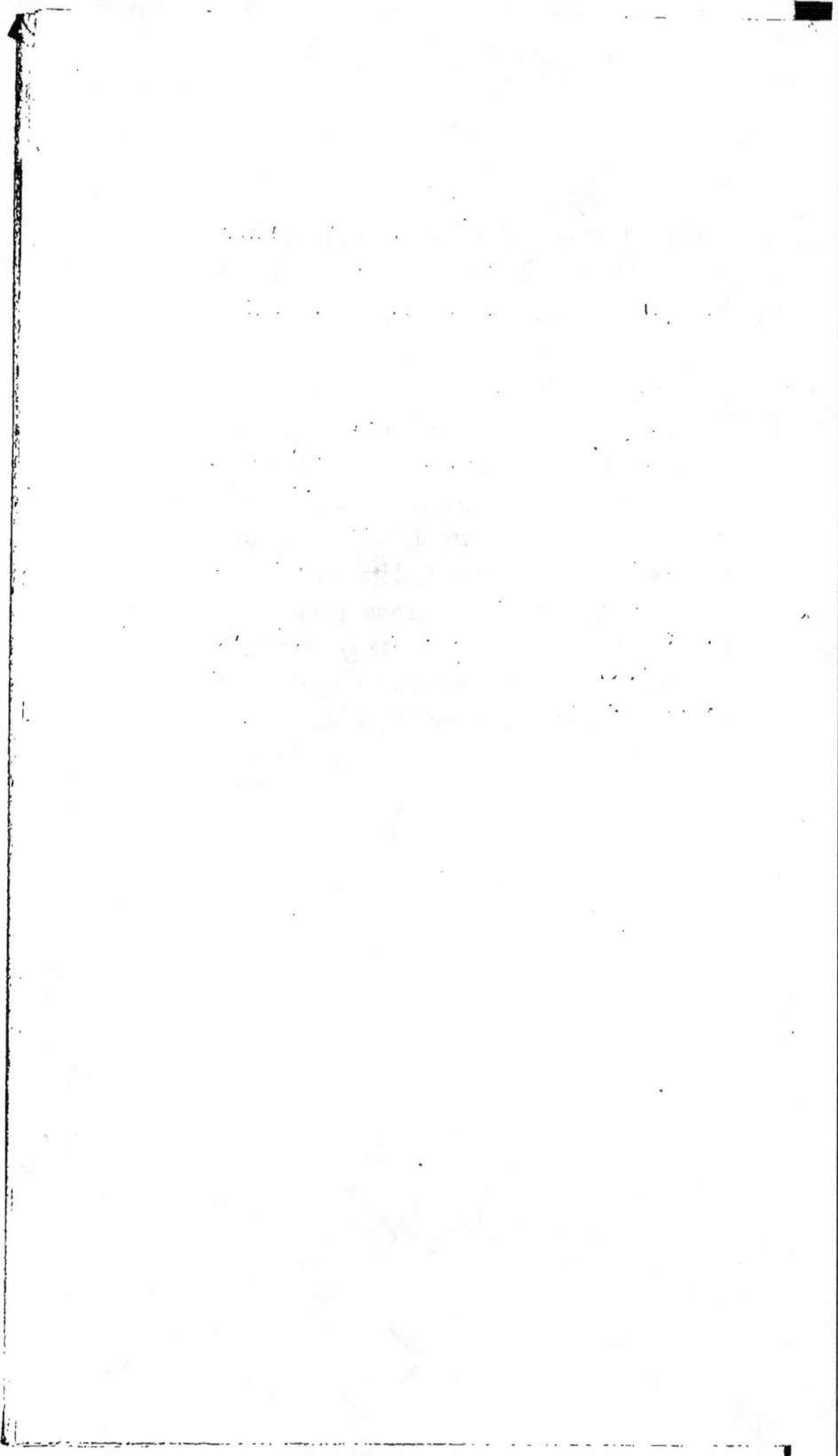

ARITHMÉTIQUE.

NUMÉRATION.

Pour représenter tous les nombres, il a suffi des dix chiffres 0, 1, 2, 3, 4, 5, 6, 7, 8, 9. Il y a tant de manières de grouper ces dix chiffres ! Le nombre des chiffres est de dix, parce que ce nombre répond à celui des doigts et que d'abord on a compté sur les doigts comme font encore bien des gens.

On est convenu que le 0 seul ou à la gauche d'un autre chiffre n'aurait aucune valeur, mais placé à la droite d'un nombre il le rend l'expression d'une quantité dix fois plus forte, c'est-à-dire 10. A la droite du 2, un nombre dix fois plus fort que 2, c'est-à-dire 20 ; il en est de même de 30, 40, 50, 60, 70, 80, 90. On se rappellera donc que dans un nombre formé de deux chiffres, 1

se nomme dix, 2 vingt, 3 trente, 4 quarante, 5 cinquante, 6 soixante, 7 soixante-
dix, 8 quatre-vingts, 9 quatre-vingt-dix, et
pour obtenir les nombres intermédiaires on
a épuisé toute la série des neuf chiffres sur
chacun d'eux, et l'on a eu deux 11, un 1
et un 2, un 1 et un 3, puis 14, 15, 16, 17,
18, 19. On a appelé la réunion de deux 11,
onze; celle de l'1 et du 2, douze; celle de
l'1 et du 3. treize; celle de l'1 et du 4,
quatorze; celle de l'1 et du 5, quinze; celle
de l'1 et du 6, seize; puis à partir de l'1 et
du 7 on est entré dans la règle générale qui
est de donner à l'1 le nom dix et au second
chiffre le nom qu'il a seul; on a dit : dix-
sept, dix-huit, dix-neuf, vingt, vingt-un,
vingt-deux, vingt-trois et ainsi des autres.
Il n'y a d'attention à avoir que pour les
composés de 70 et de 90. L'usage veut
qu'on dise non soixante-dix-un mais soixante
et onze, soixante-douze en suivant les dénominations exceptionnelles déjà indiquées.

Si l'on ajoute un o au nombre 10, on le
rendra dix fois plus fort; il représentera
cent. Pour écrire cent, il faut donc trois
chiffres et le premier à gauche se nom-

mera toujours cent , 200 , 300, deux cent ,
trois cent. Pour écrire cent un, il ne faudrait pas ajouter un 1 au nombre 100, car
alors il y aurait quatre chiffres et il n'en
faut que trois pour écrire 100 ; le chiffre 1
doit donc remplacer un des o et ce ne peut
être que le dernier; car si on le mettait à
la place du premier o, le nombre représen-
terait 110; il faut donc écrire ainsi cent
un : 101. De même, si vous ajoutez un o à
100, vous représenterez une quantité dix
fois plus forte que l'on appelle mille. Pour
écrire 1000 il faut donc quatre chiffres, et
pour obtenir mille dix, lequel des trois o
devra-t-on remplacer? ce ne sera pas le
premier; on aurait 1100 mille cent ; ce ne
sera pas le dernier, on aurait mille un 1001.
Ce ne peut donc être que le second, et effectivement vous avez tout à la fois le nombre de quatre chiffres indispensable pour
écrire mille, un o qui indique que cent ne
doit pas être nommé, puis le nombre 10.

Tout ceci, comme vous le voyez, est plus
qu'une pure convention; c'est une chose
forcée et vous prouver la nécessité de cette
théorie, c'est vous l'apprendre au-delà de

mille, il y a dix mille, cent mille, puis un million qui est dix fois cent mille, c'est-à-dire un o ajouté au nombre 100,000 ou 1,000,000, et l'on compte toujours par dix, par cent. On dit : dix millions, cent millions, comme on avait dit : dix mille et cent mille. Il en est de même des billions, trillions, quatrillions, quintillions, sextilions.

Vous savez maintenant écrire le nombre le plus long et le plus difficile.

Écrivez :

10 billions, 234 millions, 704 mille, 110 francs.

Vous écrivez comme si l'on vous dictait seulement 10 ou 234 ; peu importe que ce soit des millions ou des mille.

Vous remarquerez que dans chaque colonne il y a trois chiffres, et cela se conçoit puisque j'ai dit toujours cent et qu'il faut trois chiffres pour écrire 100. La première colonne à gauche est seule exempte de cette obligation, et en la dictant j'ai dit : dix. J'ai exprimé une quantité représentée par deux chiffres seulement. La seule difficulté qu'éprouve l'élève, c'est lorsqu'on n'arti-

cule pas le mot cent dans les colonnes qui
suivent la plus à gauche. N'oubliez jamais
qu'il faut indispensablement trois chiffres
dans chacune des autres colonnes, et que
quand on ne nomme ni centaines, ni dixaines, leur absence doit être indiquée, leur
place marquée par des o.

5 quatrillions, 984 trillions, 014 billions,
003 millions, 204 mille, 007 francs.

Puisque chaque colonne doit avoir trois
chiffres, pour lire un nombre il faut donc
le séparer par tranches de trois chiffres en
allant de droite à gauche. La première colonne à droite est celle des unités, celle des
objets dont il s'agit, par exemple, des francs;
la deuxième colonne est celle des mille; la
troisième, celle des millions; la quatrième,
celle des billions; la cinquième, celle des
trillions. Rappelez-vous seulement deux
choses : d'abord c'est que le nom de la colonne porte toujours sur le dernier chiffre
à droite, et que le premier à gauche, quand
il n'est pas un o, doit toujours être appelé
cent.

III.

Lisez les nombres qui suivent :

13040104110010118
3670060040684

Si vous nommez un nombre sans ajouter le nom d'aucun objet, si par exemple vous dites tout simplement : vingt ; le nombre 20 est alors un *nombre abstrait.* Si au contraire vous le nommez en spécifiant un objet ; si vous dites : 20 francs, 20 hommes, c'est alors un nombre concret, et pour vous rappeler cette distinction, souvenez-vous que la syllabe con dérive du latin (*cum, avec*); ainsi, des deux mots *abstrait et concret,* ce dernier est celui qui exprime l'union du nombre avec l'objet.

Un nombre peut être aussi pair ou impair. Il est pair quand il peut se diviser en deux parties égales sans reste : 2, 4. 6, 8, 10. Dans le cas contraire il est impair, et pour ne pas confondre, rappelez-vous encore que la syllabe *in* exprime une négation, indique qu'une chose n'est pas. Ce sera donc le mot : *impair,* que je choisirai pour exprimer que 3, par exemple, ne peut pas être divisé en deux nombres entiers.

Système décimal.

Nous venons de voir comment se formaient et se lisaient les nombres plus forts que l'unité, que 1. Les nombres plus petits se divisent en deux catégories; les fractions comme 1/5, 3/4; et les parties décimales, c'est-à-dire l'unité divisée en parties de dix en dix fois plus petites. Puisque les nombres de dix en dix fois plus forts se marquent en allant de droite à gauche, il était rationnel que les parties plus petites se marquassent en sens inverse, c'est-à-dire à la droite de l'unité qui est plus forte qu'elles; et de plus un signe conventionnel devenait indispensable pour reconnaître les décimales; ce signe est une virgule placée à la droite de l'unité et qui la sépare des parties décimales. Vous ne pourriez pas écrire 1, fr. 25 c. sans cette virgule, car si vous la supprimez vous aurez 125 fr.

Les parties décimales sont faciles à lire; il suffit d'ajouter la terminaison *ime* au nombre cent, au nombre mille et à leurs composés. *centime, mille ime, dix mille ime.*

Les parties dix fois plus petites que 1, se nomment *décimes*. Pour les exprimer, vous n'avez qu'à vous rappeler combien il y a de zéros dans 10; dans 100; dans 1000; dans 10,000, dans 100,000. 0,50 centimes s'écrivent par deux chiffres décimaux parce qu'il y a deux o dans cent. Partant, pour exprimer des millimes, il faudra trois chiffres parce qu'il y a trois o dans 1000. Si je veux écrire 50 millimes il faudra donc un troisième chiffre, et ce chiffre sera un zéro placé à la gauche du nombre afin qu'il n'en change pas la valeur 0,050, car placé à la droite il formerait 0,500 millimes.

Surtout n'oubliez pas que lorsqu'il n'y a pas d'unités, il faut en marquer l'absence par un o et faire suivre ce zéro par la virgule; quand je dis : 25,fr. 50 c. vous mettez de vous-même la virgule, parce que vous sentez qu'il est indispensable d'indiquer par un signe que 25 et 50 soient lus séparément. Mais quand je dis seulement 50 centimes; si je n'emploie pas de virgule, on lira 50 francs; si j'en mettais une sans la faire précéder par un zéro, on pourrait dans un livre, dans une lettre, prendre la virgule pour un simple signe de ponctuation et on lirait encore 5o francs.

Écrivez :

1,75 — 0,5 — 1,07 — 0,075 — 1,0012.

Conversion des sous en centimes.

Pour enseigner à convertir les sous en centimes , on disait à l'élève que 1 sou fait 5 centimes, 2 sous 10, 3 sous 15 et ainsi de suite. C'était long et ennuyeux comme tout travail de mémoire. Moi , je donne un moyen qui est le même pour tous les cas.

Prenez la moitié du nombre de sous, puis ajoutez un o quand le nombre est pair et un 5 quand il est impair.

Combien 8 sous font-ils de centimes ? La moitié de 8 est 4, j'ajoute un o à 4 parce que 8 est un nombre pair et j'ai 40 centimes. 17 sous ? La moitié de 17 est 8; j'ajoute un 5 parce que le nombre de sous 17 est impair et j'ai 85 centimes.

On peut étendre à l'infini cette conversion des anciennes monnaies en nouvelles par le même moyen. en ayant seulement l'attention de séparer, par une virgule, deux chiffres pour les centimes. 680 sous feront donc 5400 centimes ou 34 francs.

Vous le voyez, par mon système, au lieu de plusieurs efforts de mémoire, ce n'est qu'un seul principe à retenir. Vous savez de suite que 460 sous font 23 francs puisque la moitié de 46 est 23.

ANCIENNE NUMÉRATION.

Chiffres Romains.

On ne s'est pas toujours servi des chiffres arabes et vous trouverez souvent dans les livres les dates exprimées en chiffres romains; il est donc indispensable de connaître l'ancienne numération.

Les chiffres, c'étaient certaines lettres de l'alphabet auxquelles on avait donné une valeur de convention.

Il y en avait sept

I V X L C D M

Qui représentaient les nombres } 1 5 10 50 100 500 1000

Pour former les nombres intermédiaires,

on répétait chaque signe un certain nombre de fois. Ainsi 3 s'exprimait par III. 20 par deux XX; trois cent par trois CCC. Pour 12, par exemple, on disait : c'est X plus II, et on écrivait XII. La numération romaine est facile à lire; elle n'offre qu'une difficulté, c'est dans les nombres qui précèdent immédiatement les quatre lettres V, X, L, C, et cette difficulté, il faut bien peu de raisonnement pour la surmonter.

Ces quatre nombre sont :

IV IX XL XC.
4   9   40   90.

Eh bien! en voici tout le mécanisme. Ce ne sont qu'autant d'abréviations. Au lieu de dire quatre ce sont quatre IIII; on a dit quatre c'est cinq moins un; neuf c'est dix moins un; quatre-vingt-dix c'est cent moins dix. Il aurait fallu quatre lettres pour exprimer XXXX; il n'en a plus fallu que deux, et comme on le voit, pour comprendre un nombre où l'une des lettres V, X, L, C se trouve précédée d'une autre lettre; il faut retrancher de la valeur du V, de X, de L, de C celle de la lettre qui précède.

Mais rappelez-vous que plus loin que cent
ce système de numération n'existe plus et
qu'on écrit dix mille par un M précédé d'un
X. 100, 000 par un M précédé d'un C et
qu'on peut écrire ainsi 900 IXC.

Si vous trouviez un trait horizontal au-
dessus d'une des sept lettres, cela signifie-
rait mille fois sa valeur. Ainsi un C avec un
trait horizontal au-dessus de lui n'exprime
plus cent, mais cent mille. Cette numération est fort ancienne et je ne me rappelle
pas l'avoir vue employée.

Il suffira de mettre sous vos yeux quelques nombres exprimés tout-à-la-fois en
chiffres arabes et en chiffres romains pour
vous faire comprendre le motif d'adoption
des premiers.

1 2 3 4 5 6 7 8 9 10 28
I II III IV V VI VII VIII IX X XXVIII
437.
CCCCXXXVII.

Vous voyez comme il faut un bien plus
grand nombre de chiffres par un système
que par l'autre pour exprimer la même
quantité ; ainsi vous devez comprendre qu'il

doit être bien plus facile d'opérer avec les chiffres arabes.

Quelle est la valeur d'un zéro à la gauche d'un nombre?

A la droite?

Quel nombre produit l'union d'un 1 et d'un 2?

Celle d'un 1 et d'un 5?

Celle d'un 7 et d'un 3?

Celle d'un 8 et d'un 6?

Celle d'un 9 et d'un 4?

Combien faut-il de chiffres pour écrire cent?

Pour écrire mille?

Comment écrit-on cent deux?

Pourrait-on mettre le 2 ailleurs?

Comment écrit-on mille trente?

Pourrait-on mettre le 3 ailleurs?

Sur quel chiffre de chaque colonne faut-il faire tomber le nom de cette même colonne?

Comment écrit-on un nombre?

Comment lit-on un nombre?

Qu'est-ce qu'un nombre concret?

Un nombre abstrait?

Un nombre pair?

Un nombre impair ?

Dans quel sens se marquent les décimales ?

Quel est le signe qui les fait reconnaître ?

Faites sentir l'utilité de ce signe ?

Pour écrire les décimales que faut-il faire ?

Comment marque-t-on l'absence des unités.

Comment faut-il faire pour convertir les sous en centimes ?

Donnez une idée de la numération en chiffres romains.

ADDITION.

Si vous comptez de l'argent à plusieurs individus, vous ajoutez ce que vous avez donné aux uns avec ce que vous avez donné aux autres pour savoir ce que vous avez donné à tous. C'est ce qu'on appelle faire une addition et vous devez pressentir qu'on ne peut additionner que des quantités de même espèce ; ainsi une pomme, un chapeau et une pierre ne forment aucun total.

Pour faire une addition, il faut donc avoir soin en plaçant les nombres les uns au-dessous des autres, que les quantités de même espèce se correspondent, que les mille soient sous les mille, les cent sous les cent. Autrefois on écrivait les plus forts nombres les premiers et les plus petits au-dessous, mais cela ne facilitait en rien le travail préparatoire.

Il y a un moyen fort simple de réussir pour celui qui n'est pas sûr de bien placer les chiffres, c'est de copier les nombres en les écrivant chiffre par chiffre en allant de droite à gauche au lieu d'aller de gauche à droite.

S'il faut additionner

30235 — 112 — 2010 — 90789
On écrit d'abord 30235
Puis   112 en commençant par le 2
Puis   2010 en commençant par le o
Enfin   90789 en commençant par le 9

         123146

On est bien sûr de ne pas se tromper puisque chaque chiffre vient prendre forcément la place qu'il doit occuper. Et l'on dit en allant de haut en bas et en commençant par la droite :

5 et 2 font 7 et o ou rien font toujours 7 et 6 font 16.

Écrivez 16 ailleurs que sous le trait ; ne portez jamais sous chaque colonne qu'un chiffre, celui de droite, partant le 6. L'autre, portez-le au-dessus de la colonne suivante et additionnez-le avec les autres chiffres de cette colonne. Quand vous serez sûrs de vous-mêmes, vous retiendrez le chiffre par la pensée.

Comme il faut, en arithmétique, être d'autant plus certain des résultats qu'on obtient que les preuves des opérations ne sont pas toujours des preuves, voici un moyen d'additionner les trois chiffres les plus élevés, les plus difficiles 9, 8, 7.

Prenez le chiffre au-dessous de celui que vous additionnez avec 9, et mettez 1 devant ; vous pouvez aisément faire ce travail par la pensée. 9 et 9 font 18, parce que le chiffre au-dessous de 9 est 8 auquel vous ajoutez à gauche un 1, ce qui donne 18. 9 et 8 font 17, parce que le chiffre au-dessous de 8 est 7 devant lequel je place un 1. Si vous aviez un nombre déjà de deux chiffres à additionner avec 9 vous suivriez le même principe ; mais vous augmenteriez d'une unité le chiffre de gauche. 19 et 8 font 27, parce que le chiffre au-dessous de 8 est 7, et que 1 ajouté à 1 fait 2. 9 et 24 font 33.

Pour être sûrs de votre addition avec 8, au lieu de prendre un chiffre au-dessous prenez-en deux ; avec 7, prenez-en trois, en suivant le même principe pour le chiffre de gauche. 8 et 6 font 14, parce que 4 est de deux chiffres au-dessous de 6. 7 et 5 font 12, parce que 2 est de trois chiffres au-dessous de 5.

Je reviens à l'addition que j'ai posée, et je dis : 1 que j'ai porté au-dessus de la colonne ou retenu par la pensée et 3 font 4 et 1, 5 et 1, 6 et 8 font 14. Je pose le chiffre de droite 4 et retiens ou reporte le chiffre de droite 1, 1 et 2, 3 et 1, 4 ; je passe le o puisqu'il n'a aucune valeur ; et 7 font 11. je pose 1 et reporte ou retiens 1 ; 1 et 2 font 3. Il n'y a qu'un chiffre, je le pose. 3 et 9 font 12, je pose le 2 ; et comme il n'y a plus de colonne sur laquelle on puisse reporter l'1 , je l'avance; j'écris le nombre tout entier sous le trait.

J'ai dit que la preuve de l'addition n'en était pas une. Elle se fait par la soustraction , ce qui veut déjà dire quelle ne peut pas être faite par ceux qui ne savent pas la soustraction, et cette règle ne vient qu'après l'addition. Pour faire cette espèce de preuve , on additionne de nouveau mais en commençant par la colonne de gauche; ce qu'on trouve dans chaque colonne se déduit du total, et si à la dernière il vient un o , l'addition est probablement bonne; je dis probablement, car elle peut être mauvaise malgré la preuve. Aussi chacun se contente-t-il de recommencer une addition en allant de droite à gauche mais de bas en haut. Quant à moi j'ai créé un moyen certain de connaître le total des additions partielles.

Addition des décimales.

L'addition des décimales se fait comme celle des nombres entiers; il n'y a qu'une attention à avoir , c'est de mettre toutes les virgules les unes au-dessous des autres.

et à la somme d'en placer une qui leur corresponde.

Additionnez 1 fr. 25 c. —26, 08—14,026
—0,90.

$$
\begin{array}{r}
1, 25 \\
26, 08 \\
14, 026 \\
0, 90 \\
\hline
42, 256.
\end{array}
$$

Pour bien poser les additions décimales,
il faut dabord, comme je viens de le dire,
mettre les virgules exactement les unes au-
dessous des autres, puis écrire les chiffres
décimaux en allant de gauche à droite. La
virgule n'empêche pas de faire une retenue
sur le chiffre décimal le plus près de la virgule et de la reporter par la pensée ou avec
la plume à la première colonne des nombres
entiers.

Longues additions.

On a parfois à faire de longues additions, et pour quelques personnes il n'est commode d'additionner que jusqu'à 100, pour d'autres jusqu'à 50, pour d'autres jusqu'à 25. c'est à chacun de savoir jusqu'où il peut compter rapidement et facilement et de poser de loin en loin sur le papier des jalons, de petits signes qui sont autant de points d'arrêt. Ainsi toutes les fois que dans une longue colonne de chiffres vous compterez par exemple 50, vous ferez un petit signe, vous tirerez un trait sous le chiffre où vous aurez atteint 50 et vous recommencerez à additionner jusqu'à ce que vous atteignez encore 50, si au lieu de 50 tout juste vous aviez dans l'une de ces additions partielles, par exemple 56, vous tireriez également votre trait indicateur de 50, et vous tiendriez compte du 6, en commençant par lui l'addition suivante ; à la fin de la colonne on a le chiffre général en comptant le nombre des signes.

9
8
7
6

7
9
8
———
7
6
8   Dites : 9 et 8, 17 et 7, 24 et 6, 30 et
7   7, 37 et 9, 46 et 8, 54. Tirez un trait
9   sous le 8 et dites : 4 de plus que 50
7   et 7 font 11 et 6, 17 et 8, 25 et 7, 32
9   et 9, 41 et 7, 48 et 9, 57. Tirez un
———
8   trait sous le 9 et retenez le 7 pour
6   l'addition suivante. Parvenus au
7   bas de la colonne, vous compterez
8   trois signes qui vous indiquent une
9   retenue de 150.
7
———
6
8
———
166
   Quand on prend ses points d'arrêt plus
bas que 100, il est bon de faire un signe

particulier, une croix, par exemple, à chaque cent, afin que la récapitulation soit plus rapide.

Quel est le but de l'addition ?

Dans quel ordre faut-il placer les chiffres des nombres entiers les uns au-dessous des autres pour que chacun d'eux soit à sa vraie place ?

Par quelle colonne commence-t-on l'addition ?

Comment parvient-on à être sûr de l'addition d'un chiffre avec 9 ?

Avec 8 ?

Avec 7 ?

Quand le total d'une colonne dépasse 9, c'est-à-dire a deux chiffres, lequel faut-il poser ?

Que doit-on faire de l'autre ?

Quelles sont les principales attentions à avoir dans l'addition des décimales ?

Par quel moyen facilite-t-on une longue addition ?

Quand le total d'une addition partielle dépasse 50 ou 100, que faut-il faire du surplus ?

Comment obtient-on le total général ?

SOUSTRACTION.

Tout ce que je viens d'écrire sur la numération et sur l'addition est entièrement neuf; tous les moyens à l'aide desquels je facilite chaque partie aride de l'étude ne se trouvent dans aucun ouvrage. Dans la soustraction j'ai trouvé le bien pressenti, mais pas adopté; je m'efforcerai de faire comprendre qu'on laisse le mieux de côté, pour suivre une route difficile.

Si je paie une partie d'une somme que je dois, et si je veux savoir combien il me reste à payer pour m'acquitter entièrement, je fais une soustraction, je soustrais l'à-compte que j'ai donné de la somme entière que je devais et le reste exprime ce que je redois. Vous comprenez qu'on ne peut encore opérer que sur des quantités de même espèce et qu'on ne peut soustraire qu'un nombre plus petit d'un plus grand, une chose de deux et non deux d'une, une branche d'un arbre et non un arbre d'une branche.

On écrit d'abord le nombre le plus fort,

soit   384100020459
         61864378798
        ———————————
        322235641661

Après avoir écrit le nombre le plus fort
on écrit celui qu'on veut en soustraire, en
ayant soin que les unités de même espèce
se correspondent; l'élève peu exercé co-
piera donc les chiffres en allant de droite à
gauche.

Et l'on dit : 8 ôté de 9 ou simplement 8
de 9 il reste 1; j'écris ce reste au-dessous
de la colonne correspondante; au-dessous
de la première. 9 ôté de 5 ou 9 de 5 cela
ne se peut. Quand cette impossibilité se
présente, il faut toujours augmenter de 10
le chiffre supérieur et dire : 10 et 5, 15. 9
de 15 il reste 6. Et toutes les fois que vous
aurez augmenté de 10 un chiffre du nombre supérieur, vous devrez augmenter d'1
le chiffre suivant du nombre inférieur; 8 de
14, 6. Puis, au lieu de dire 8 de 0 vous direz 9
de 0, cela ne se peut; 10 et 0 font 10 puisque le 0 n'a aucune valeur par lui-même.
9 de 10 il reste 1. Vous pouvez achever l'o-

pération à l'aide de ce principe uniforme.
8 de 12, 4. 4 de 10, 6. 5 de 10, 5. 7 de 10,
3. 9 de 11, 2. 2 de 4 il reste 2. On n'a pas
ajouté 10 au 4 , on n'augmentera donc pas
d'1 le 6, et l'on dira 6 de 8 il reste 2.
Comme il n'y a plus de chiffres au nombre
inférieur, on se contentera d'abaisser le
chiffre du nombre supérieur.

Ce n'est pas ainsi qu'on fait ordinairement la soustraction; au lieu de cette règle
uniforme et facile, on en a adopté, je ne
sais trop pourquoi, une autre qui est très-
difficile. Dans le système suivi il y a des zéros qui valent 10, d'autres 9, des chiffres
fort éloignés qui ont perdu de leur valeur
et il faut s'en souvenir après trois ou quatre
soustractions partielles.

On ferait ainsi la soustraction proposée :
8 de 9, 1. 9 de 5 cela ne se peut; j'emprunte sur le 4 une centaine qui vaut dix
dixaines ; 10 et 5, 15. 9 de 15, 6. 7 de 3,
car le 4 ne vaut plus que 3, cela ne se peut;
j'emprunte sur le 2 une dixaine de mille
qui vaut dix mille et 3 cents font..... j'al-
lais dire dix mille trois cents, mais dans la
soustraction, dix mille et trois cents ne font

que 13 ; ceci est déjà un peu difficile à comprendre. Ce n'est pas tout, après avoir dit
7 de 13, 6, il faut savoir que le o qui suit
ne vaut plus que 9, et dire 8 de 9 il reste 1,
et jamais un o n'est entré dans la formation
du nombre 9. Maintenant il faut se rappeler
que le 2 ne vaut plus qu'1 et dire : 7 de 1 cela
ne se peut ; j'emprunte sur le 1 une centaine de millions qui vaut je ne sais trop
quoi et 1 font 11. 7 de 11, 4. Tous les zéros qui suivent ne valent que 9. 3 de 9, 6.
4 de 9, 5. 6 de 9, 3. Il faut se rappeler
qu'on a pris une centaine de millions sur
l'1 qui suit ; il n'en reste donc plus. L'1 se
trouve remplacé par un o et celui-ci ne vaudra pas 9, mais 10. 8 de 10, 2. 1 de 3, 2.
6 de 8, 2, et enfin j'abaisse le 3.

Il est impossible de ne pas trouver ce
mode d'opérer beaucoup plus difficile et
moins sûr que le premier. Sans doute on
peut prouver à l'élève que les o sont ra-
tionnellement remplacés par des 9, et que
le chiffre qui les touche à gauche perd une
unité. Il suffit de lui mettre sous les yeux
cette petite soustraction :

$$2000$$

$$1$$

$$\overline{}$$

$$1999$$

Mais enfin tous les o ne doivent pas être remplacés par des 9, et il y a de plus encore la difficulté de l'emprunt sur un chiffre éloigné.

Je crois donc qu'il faut préférer le premier moyen comme uniforme, et je le crois d'autant plus que j'ai de suite fait faire des soustractions par ce moyen à des industriels qui n'avaient pu y parvenir par la règle qu'on enseigne aujourd'hui.

Soustraction des décimales.

La soustraction des décimales se fait comme celle des nombres entiers, en ayant encore l'attention de placer les deux virgules l'une au-dessous de l'autre, et de plus d'ajouter des o à la droite du nombre supérieur s'il n'avait pas autant de chiffres décimaux que l'inférieur.

Si l'on veut retrancher 1 f. 25 c. de 5 f. 5 décimes.

$$3, 5o$$
$$1, 25$$
$$\overline{2, 25}$$

Il faut ajouter un o au 5 pour avoir deux chiffres décimaux, parce qu'il y en a deux dans 25, et l'on aura 5o centimes, qui sont la même chose que 5 décimes. La valeur primitive du nombre n'est donc pas changée ; et si vous n'ajoutiez pas ce o, de quoi retrancheriez-vous le 5 ?

Preuve.

La preuve de la soustraction se conçoit aisément. Elle se fait par l'addition. En ajoutant les deux plus petits nombres on doit retrouver le plus grand. Les deux plus petits nombres dans une soustraction, ce sont le nombre inférieur et le reste. Si de 3 je retire 1 il restera 2.

$$3$$
$$\underline{1} \qquad 2 \text{ et } 1 \text{ font } 3.$$
$$2$$

En quoi consiste la soustraction ?

Comment faut-il poser les deux nombres ?

Comment se nomme le résultat d'une soustraction ?

Quand le chiffre inférieur est plus fort que le supérieur qui lui correspond, que faut-il faire ?

Quelles sont les deux attentions à avoir dans la soustraction des décimales ?

Prouvez que les o que vous ajoutez aux décimales du nombre supérieur n'en changent pas la valeur ?

Comment se fait la preuve de la soustraction ?

Est-il nécessaire d'écrire au-dessous du reste le résultat de l'addition des deux plus petits nombres ?

MULTIPLICATION.

Quand il faut répéter la même quantité, un très-grand nombre de fois, il serait trop long de l'additionner avec elle-même. Si pour savoir combien fait 4 répété 2200 fois il fallait écrire 2200 chiffres 4 les uns au-dessous des autres et les additionner, on aimerait mieux ignorer le produit de cette opération que de le chercher.

La multiplication a pour but d'abréger ou plutôt d'éviter l'addition, et pour savoir combien fait 9 répété 9 fois, on peut apprendre par cœur que 9 fois 9 font 81.

Dans l'arithmétique, la difficulté la plus longue et la plus fastidieuse à surmonter, c'est la table de multiplication. Les 81 multiplications qui composent la table de Pythagore sont un tel épouvantail pour la mémoire, que les cinq sixièmes des industriels eux-mêmes ne savent pas faire une multiplication, quelque utile que leur soit cette opération ; tous avouent qu'ils n'ont pas eu la patience d'apprendre la table. Pendant très-long-temps on n'est jamais sûr du produit des deux chiffres qu'on multiplie par la pensée ; il est presque impossible de ne pas se tromper dans le courant d'une multiplication ; et il faut la recommencer tout entière pour savoir où l'on s'est trompé.

Je considère donc comme une de mes inspirations les plus heureuses et les plus utiles le moyen à l'aide duquel j'enseigne la table de Pythagore aux mémoires les plus paresseuses, et de plus pour ceux qui veulent calculer par la mémoire jusqu'à 20 fois 20 sans avoir à retenir une infinité de multiplications, j'ai créé un seul moyen qui les met à même de faire toutes ces opérations autrement que sur le papier.

TABLE BUESSARD.

Conversion des sous en centimes.

Prenez la moitié du nombre des sous et ajoutez un o quand ce nombre est pair et un 5 quand il est impair.

MULTIPLICATIONS
Jusqu'à 9 fois 9.

Par 5. C'est le même moyen que pour
convertir les sous en centimes. 5 fois
8. La moitié de 8 est 4; j'ajoute un o
à 4 parce que 8 est un nombre pair
et j'ai 4o.

On peut multiplier par ce moyen
les nombres les plus élevés 5 fois 484.
La moitié de 484 est 242 plus un o
ou 2420.

Par 9. Il y a toujours deux chiffres au
produit, et la somme de ces deux
chiffres doit toujours faire 9. Pour
trouver le premier des deux, prenez
le chiffre immédiatement au-dessous
de celui que vous multipliez par 9.
Puis complétez 9, c'est-à-dire prenez
pour second chiffre celui qui est nécessaire pour aller du premier à 9.
9 fois 8. Le chiffre au-dessous de 8
est 7, pour aller de 7 à 9, 2; donc
9 fois 8 font 72. 9 fois 7 font 63 parce
que 6 est le chiffre au-dessous de 7 et
que pour aller de 6 à 9 il faut 3.

Comme vous le voyez, c'est un
seul principe à retenir au lieu de
plusieurs multiplications à apprendre
par cœur, et la sûreté de ce système
est tout aussi incontestable que sa
rapidité; car lorsque vous dites de
mémoire 9 fois 8, rien ne prouve
que cela fait 72 plutôt que 73, mais
vous êtes bien sûr que le chiffre au-
dessous de 8 est 7 et que pour aller
à 9 il faut 2. Ainsi les multiplications
les plus difficiles deviennent les plus
faciles par mon système.

Par 6.   Quand le nombre qu'on multiplie
par 6 est pair, le dernier chiffre est
ce nombre lui-même et le premier,
c'est-à-dire celui de gauche, est la
moitié du dernier. 6 fois 8 font 48
parce que j'ai d'abord 8, puis pour
premier chiffre 4 qui est la moitié de
8. Retenez que 6 fois 3 font 18.

Par 2.   Celui qui sait additionner sait multiplier par 2. Additionnez le multiplicande avec lui-même, et dans l'addition j'ai donné un moyen qui facilite
ce genre d'opération.

Par 3. 4 fois 3 et 7 fois 3 font 3, c'est-à-
4×3 dire que les deux chiffres du produit
7×3 additionnés font 3. Or on ne peut
écrire 3 par deux chiffres qu'avec
un 1 et un 2, soit 12, soit 21. Il est
facile de distinguer que l'1 comme
premier chiffre répond à 4 fois 3, le
2 comme premier chiffre à 7 fois 3
puisque 7 est plus fort que 4. Ainsi
4 fois 3, 12. 7 fois 3, 21.

3×8 La somme des deux chiffres de ces
6×7 deux produits fait 6 exprimée par
un 4 et un 2, et il est encore facile de
distinguer par le moyen précédent
que c'est 6 fois 7 qui font 42 et 3 fois
8 qui font 24.

Par 4. Vous n'avez à apprendre par cœur
que ces trois multiplications. 4 fois 4,
16. 4 fois 7, 28. 4 fois 8, 32.

7 fois 7 Ces trois produits sont ceux qu'on
7 fois 8 est toujours porté à confondre; je
8 fois 8 vais effacer cet inconvénient. Retenez que 7 fois 8 font 56, et pour cela
remarquez qu'il y a là deux suites de
nombres absolument semblables. 7,
8. 5, 6. Comme les deux autres nombres sont des multiplications d'un

chiffre par lui-même, vous savez de
suite le chiffre qu'il faut ajouter à 56
ou en retrancher, et si vous voulez
encore un moyen de vous reconnaître, les premiers chiffres des trois
produits se suivent comme les nombres eux-mêmes, 4, 5, 6 et vous
connaissez 5; vous avez donc 49.
56, 64.

Vous savez maintenant toute la
table de multiplication jusqu'à 9 fois
9, c'est-à-dire 81 multiplications, et
il faut tout au plus une demi-heure
pour l'apprendre.

MULTIPLICATIONS

Jusqu'à 20 *fois* 20.

Par 10. C'est la multiplication la plus
facile. Il suffit d'ajouter un o au nombre qu'on multiplie par 10. 10 fois 14
font 140, 10 fois 385 font 3850,

Par 11. Jusqu'à 9, il suffit de répéter 2 fois
le chiffre qu'on multiplie par 11.
11 fois 8 font 88.

Jusqu'à 20, il y a trois chiffres au
produit. Le premier et le dernier

sont toujours les mêmes que les deux qui composent le nombre qu'on multiplie par 11 ; il n'y a donc à trouver que le chiffre du milieu. C'est toujours le chiffre au-dessus du dernier. Quand je dis 11 fois 16 j'écris ce nombre en laissant un blanc entre ces deux chiffres 1 6; j'intercalle dans ce vide le chiffre au-dessus de 6 et j'ai 176. 11 fois 18 font 198. Seulement dans 11 fois 19 vous aurez un 2 pour premier chiffre au lieu d'un 1, parce que le chiffre au-dessus de 9 étant 10, on ne peut poser que le o et ajouter l'1 de 10 à l'1 de 19, ce qui donne pour 11 fois 19, 209.

Par 15.   Comme par 5 prenez la moitié du multiplicande ; mais ajoutez-la au multiplicande lui-même. Le dernier chiffre sera encore un o ou un 5, selon que le multiplicande sera pair ou impair. 15 fois 18. La moitié de 18 est 9. 9 et 18 font 27 plus un o, parce que 18 est un nombre pair, ce qui donne 270.

Deux chiffres par deux chiffres.

Pour donner à étudier le moins grand nombre possible de moyens, je vais en indiquer un applicable à toutes les opérations de deux chiffres par deux chiffres jusqu'à 20 fois 20. Ces multiplications offraient une difficulté dont ne triomphaient que les mémoires privilégiées et qui devenait insurmontable pour celui qui voulait établir par la pensée deux produits et les additionner ensuite. Il en résulte une confusion dans laquelle l'attention se perd. Voici le moyen de faire ces opérations par la pensée.

Multipliez les chiffres autres que les deux 1, puis additionnez-les. 1 sera le premier chiffre à moins qu'il y ait à tenir compte d'une retenue sur l'addition. Pour trouver 13 fois 12, dites : 2 fois 3 font 6; 2 et 3 font 5, donc 156. 17 fois 18. 7 fois 8 56. 7 et 8, 15 et 5, 20. Donc 17 fois 18 font 306.

Ce moyen rend donc possibles par la pensée des multiplications qu'on ne pouvait faire que sur le papier; il est facile en ce qu'on n'opère que sur les deux mêmes chiffres; il est prompt, parce qu'au lieu de trois colonnes horizontales on n'en a qu'une. Et rappelez-vous aussi que quand vous multipliez un nombre pair ou par un nombre pair, le dernier chiffre du produit doit être pair. Il n'y a que quand vous multipliez un nombre impair par un nombre impair que le dernier chiffre est impair.

Comment convertit-on les sous en centimes?

Combien 480 sous font-ils de francs?

Comment multiplie-t-on tous les nombres par 5?

Quel est le moyen pour multiplier les 9 premiers chiffres par 9?

Les nombres pairs par 6?

Qu'est-ce que la multiplication par 2?

Par quel moyen déjà donné pouvez-vous savoir que 2 fois 8 ou 8 et 8 font 16?

Quelles sont les deux multiplications dont le produit fait 3 et comment reconnaît-on l'ordre des deux chiffres du produit?

Quelles sont les deux multiplications dont le produit fait 6?

Quelles sont les trois multiplications dont on confond les produits, et quel est le moyen d'éviter cette confusion?

Comment multiplie-t-on tous les nombres par 10?

Par 15?

Jusqu'à 20 par 11?

Comment multiplie-t-on deux chiffres par deux chiffres par la pensée jusqu'à 20 fois 20?

Quand le dernier chiffre d'un produit est-pair?

Quand est-il impair?

Dans une multiplication, le nombre qu'on multiplie par un autre, le nombre supérieur se nomme *multiplicande ;* celui par lequel on multiplie ou le nombre inférieur s'appelle *multiplicateur ;* le résultat de l'opération a le nom de *produit.* Il y a autant de produits partiels qu'il y a de chiffres au multiplicateur, et le résultat de l'opération est la somme de tous les produits partiels additionnés.

Je suppose qu'une seule chose coûte 60590 francs, on veut savoir combien coûteront 927056048 de ces choses.

$$
\begin{array}{r}
927056048 \\
60590 \\
\hline
83435044320 \\
4635280240 \\
55623362880 \\
\hline
56170325948320 \\
\end{array}
$$

Écrivez le nombre le plus fort au-dessus du plus petit afin d'avoir moins de multiplications partielles à faire. Tirez un trait sous le multiplicateur. Pour ne pas vous tromper dans la pose du premier chiffre de chaque produit partiel, comprenez bien la valeur de chaque chiffre du multiplicateur et ses rapports avec les autres chiffres ; ainsi, dans le multiplicateur 60590, les unités sont représentées par le o, c'est-à-dire qu'il n'y a pas d'unités. Les dixaines par le 9 , les centaines par le 5, les mille par le o, les dixaines de mille par le 6. Quand vous multipliez par le chiffre des unités , vous obtenez au produit partiel des unités ; quand vous multipliez par le chiffre des dixaines, il faut que le dernier chiffre de droite de votre produit partiel indique des dixaines , on ne peut donc pas le placer dans la colonne des unités, il faut l'avancer d'une place vers la gauche , le mettre dans la colonne des dixaines.

Commencez l'opération que nous venons de poser, la pratique fait de suite comprendre ce que la théorie n'explique que très-imparfaitement.

Les unités sont représentées par o, il n'y a donc pas d'unités , il n'y a donc pas de multiplications à faire par les unités ; mais il faut l'indiquer en posant un o à la place des unités.

Le 9 est le chiffre des dixaines, le dernier chiffre de droite du produit par les dixaines devra donc exprimer des dixaines, et pour cela se trouver à la gauche du chiffre des unités. En le mettant à la gauche du o, il sera donc à sa place.

Dites : 9 fois 8 font 72 ; je pose 2 et retiens 7. 9 fois 4, 36 et 7 que j'ai retenus, 43 ; je pose 3 et retiens 4. 9 fois o ou 9 fois rien font rien ; mais j'ai 4 en réserve ; je pose donc seulement le 4. Si je n'avais pas eu de retenue j'aurais posé un zéro, car rien doit toujours s'exprimer et s'exprime par un o. 9 fois 6, 54 ; après un o au multiplicande je n'ai jamais de retenue, ainsi je pose 4 et retiens 5. 9 fois 5, 45 et 5, 50 ; je pose le o et retiens le 5. 9 fois o, c'est o et 5 de retenue font 5. 9 fois 7 63 ; je pose 3 et retiens 6. 9 fois 2, 18 et 6, 24 ; je pose 4 et retiens 2. 9 fois 9, 81 et 2 font 83 ; je pose 3, et comme je n'ai plus de chiffres à multiplier j'avance le 8.

Le chiffre 5 du multiplicateur exprime des centaines ; le dernier chiffre de droite du produit par les centaines devra donc exprimer des centaines et pour cela se

trouver dans la colonne des centaines.
Quelle est cette colonne ? vous le savez,
toujours la troisième, puisque 100 s'écrit
par trois chiffres. Après avoir dit 5 fois 8,
40, la place du 0 sera donc sous le 3 du
produit partiel supérieur, puisque dans ce
produit, c'est le 3 qui est dans la colonne
des centaines. Ainsi donc, 5 fois 8, 40;
je pose 0 et retiens 4. 5 fois 4, 20 et 4,
24; je pose 4 et retiens 2. 5 fois 0, 0 et 2
font 2; je pose 2 et ne retiens rien. 5 fois
6, 30; je pose 0 et retiens 3. 5 fois 5, 25
et 3, 28; je pose 8 et retiens 2. 5 fois 0, 0
et 2 font 2; je pose 2 et ne retiens rien. 5
fois 7, 35; je pose 5 et retiens 3. 5 fois 2,
10 et 3, 13; je pose 3 et retiens 1. 5 fois
9, 45 et 1, 46; je pose 6 et j'avance 4.

Dans le multiplicateur, je trouve à la
place des mille un zéro. Il n'y a donc pas
à multiplier par mille. Mais il ne faut pas
oublier d'indiquer qu'il n'y a pas de mille,
il faut mettre un 0 à la colonne des mille.
Quels sont dans les deux produits supé-
rieurs les chiffres qui se trouvent dans la
colonne de mille? ce sont les deux 4 placés
l'un au-dessous de l'autre. Il faut donc met-

tre dans la même colonne, au-dessous d'eux, le o qui indique qu'il n'y a pas de multiplication par mille.

Le 6 représente des dixaines de mille. La place des dixaines de mille est la cinquième en allant de droite à gauche, en partant de la quantité la plus petite, des unités. Il faut donc que le dernier chiffre de droite de ce produit partiel se trouve dans la colonne des dixaines de mille, dans la cinquième après avoir dit : 6 fois 8, 48; la place du 8 sera donc à la gauche du dernier o, de celui qui a indiqué qu'il n'y avait pas de mille. Or, le chiffre des dixaines de mille venant immédiatement dans l'ordre des chiffres après celui des mille, puisque le o exprime les mille, e 8 des dixaines de mille devra se placer à la gauche du o.

6 fois 8, 48; je pose 8 et retiens 4; 6 fois 4, 24 et 4, 28; je pose 8 et retiens 2. 6 fois o, c'est o et 2 font 2; je pose 2 et ne retiens rien. 6 fois 6, 36; je pose 6 et retiens 3. 6 fois 5, 3o et 3, 33; je pose 3 et retiens 3; 6 fois c, o et 3 font 3 que je pose sans avoir rien à retenir. 6 fois 7, 42; je pose 2 et retiens 4. 6 fois 2, 12 et 4,

16; je pose 6 et retiens 1. 6 fois 9, 54 et 1, 55; je pose 5 et avance 5.

J'additionne tous les produits partiels et j'obtiens le produit total, le résultat de l'opération.

Vous comprenez que si dans les cinq chiffres du multiplicateur ne s'étaient pas trouvés deux 0, il y aurait eu cinq produits partiels au lieu de trois.

$$\begin{array}{r} 200 \\ 200 \\ \hline 40000 \end{array}$$

Quand il se trouve des zéros à la droite du multiplicande et du multiplicateur, on peut provisoirement en retrancher un nombre égal dans chacun des facteurs, pour avoir moins de multiplications et de produits partiels; mais il faut ajouter au produit tous les 0 qu'on a retranchés au multiplicande et au multiplicateur. Multiplier 200 par 200, se réduit à multiplier 2 par 2 et à ajouter quatre 0 au produit, autant qu'il y en a dans les deux facteurs.

Puisque on peut retrancher les 0 qui sont à la droite du multiplicande, sauf à les ajouter ensuite au produit. Une multiplication comme celle-ci, par exemple :

900	9	9	9
8	10	100	1000
7200	90	900	9000

8 fois 900, se réduit à dire 9 fois 8, 72 et à ajouter deux o. Le papier est donc inutile pour ce genre de multiplication, il l'est donc encore plus pour celles par 10, 100, 1000, puisqu'il suffit d'ajouter au nombre même autant de zéros qu'il y en a dans 10, dans 100 et dans 1000. 10 fois 9 font 90 ; 100 fois 9 font 900 ; 1000 fois 9 font 9000.

48	95	125
25	95	125
1200	9025	15625

Ainsi quand les deux facteurs ou l'un d'eux se termine par des o, les multiplications se simplifient singulièrement; bien qu'il y ait plusieurs chiffres au multiplicande et au multiplicateur, on n'a souvent qu'une seule multiplication à faire. La lenteur de la multiplication est dans les produits partiels.

Par des nombres en 5, les multiplications peuvent encore être rapides ; je vous
ai donné le moyen de multiplier tous les
nombres par 5 et par 15. Pour multiplier
tous les nombres par 25, prenez-en le
quart et ajoutez deux o. 48 fois 25 font
1200 parce que le quart de 48 est 12.

Vous pouvez même multiplier l'un par
l'autre deux mêmes nombres en 5, seraient-
ils chacun de trois chiffres, sans chercher
trois produits partiels et les additionner.
Multipliez les deux 5 l'un par l'autre et
écrivez 25. Puis multipliez les nombres qui
restent l'un par l'autre et ajoutez la valeur
de l'un d'eux à ce produit ; placez ce résultat à la gauche de 25 et vous aurez le produit total sur une seule ligne. Dans 125 fois
125 dites : 5 fois 5 font 25 ; écrivez 25. 12
fois 12 font 144 et 12 font 156 que vous
placez à la gauche de 25 et vous aurez
15,625.

Quand un objet coûte 1 franc, autant
d'objets autant de francs. Partant, quand un
objet coûte 0,50 centimes, pour savoir combien coûteront plusieurs de ces objets, par
exemple 84, il suffit de prendre la moitié

du nombre des objets ; on saura donc tout
de suite que 84 objets à 10 sous coûtent
42 francs. Car ces 84 objets à 1 franc coû-
teraient 84 francs; 0,50 centimes étant la
moitié d'un franc, il faut donc prendre la
moitié du prix à un franc, et comme le
prix à 1 franc est le nombre même des objets, pour multiplier par 0,50 centimes ou
10 sous , il faudra prendre la moitié du
nombre des objets.

Preuve de la Multiplication.

Additionnez tous les chiffres du multiplicande en retranchant le nombre 9 à mesure qu'il se présente, et s'il y a un reste
après avoir retranché tous les 9; posez ce
reste à la droite du multiplicande.

Additionnez de même tous les chiffres
du multiplicateur en retranchant tous les
9, et posez le reste au-dessous de celui du
multiplicande.

Multipliez ces deux restes l'un par l'autre ; additionnez les deux chiffres du produit et posez encore le reste à moins qu'il

n'y ait qu'un seul chiffre au produit, et ce chiffre est alors le reste.

Additionnez tous les chiffres du produit total en retranchant tous les 9, et si votre opération est bonne, le reste doit être le même que celui posé précédemment.

$$
\begin{array}{ll}
927056048 & \quad 5 \\
60590 & \quad 2 \\
\hline
56170325948320 & \quad 10 \\
& \quad 1
\end{array}
$$

Soit la multiplication que nous avons faite. Je me contente de poser les deux facteurs et le produit total, puisque dans la preuve par 9, ce sont les trois seuls nombres dont on additionne les chiffres.

Et je dis en commençant par le multiplicande : 9. C'est un 9 je le passe ; 2 et 7 font 9 ; je passe encore. 5 et 6 font 11 ; il y a plus que 9 dans 11, il faut donc que je retranche 9. Il reste 2 et 4 font 6 ; il n'y a pas 9 dans 6, je continue donc ; 6 et 8, 14. 9 de 14, il reste 5 que je pose à la droite du multiplicande.

Passant au multiplicateur, je dis : 6 et 5 font 11, je ne compte pas le 9 qui suit ;

je n'ai donc plus aucun chiffre à additionner. Dans 11 il y a 9 plus 2, je pose ce reste 2 sous le 5. Je multiplie ces deux chiffres l'un par l'autre et j'obtiens 10. L'1 et le o additionnés font 1. Ou autrement en 10 il y a 9 plus 1. Le chiffre 1 est donc le reste définitif, celui qu'on doit aussi obtenir au produit total si l'opération est bien faite.

5 et 6, 11, il reste 2 et 1, 3 et 7, 10, il reste 1 et 3, 4 et 2, 6 et 5, 11, il reste 2, je passe le 9. 2 et 4, 6 et 8, 14, il reste 5 et 3, 8 et 2, 10, il reste 1, le même reste que le premier obtenu. Donc l'opération est bonne.

Si vous voulez être convaincus que c'est là une preuve de la bonté d'une multiplication, prenez une multiplication que vous connaissez. Vous êtes sûrs que 9 fois 9 font 81. Eh bien ! établissez cette multiplication et faites-en la preuve.

$$
\begin{array}{cc}
9 & - & 0 \\
9 & - & 0 \\
\hline
81 & & 0
\end{array}
$$

Au multiplicande 9 de 9 il reste o. Au multiplicateur 9 de 9 il reste o. o par o donne au produit o. 8 et 1 font 9. 9 de 9 encore o. Vous voyez donc que ce moyen, du reste connu depuis long-temps, fournit la preuve de la justesse d'une opération.

Multiplication des décimales.

6o8,54	5
9,6o	6
365 124o	3o
5476 86	
5841,984o	3

La multiplication des décimales se fait exactement comme celle des nombres entiers. Après avoir posé les deux nombres l'un sous l'autre et virgule sous virgule, vous opérez comme s'il n'y avait pas de virgule, vous n'en mettez pas dans les produits partiels. Mais au produit total vous séparez autant de chiffres en allant de droite à gauche qu'il y a de décimales dans les deux facteurs. Au produit total vous

mettez une virgule et ne l'oubliez jamais ,
car vous savez que les décimales sont des
parties plus petites que l'unité , que les
centimes sont plus petits que les francs , et
que si vous oubliiez la virgule dans 2 francs
5o centimes vous auriez 25o francs , un
nombre cent fois plus fort que celui que
vous voulez exprimer.

Dans la multiplication que vous venez de
faire , en retranchant en quelque sorte la
virgule au multiplicande et au multiplicateur vous avez rendu chacun de ces nombres cent fois plus grand qu'il ne l'est effectivement. 1oo fois 1oo font 1oooo. Vous
avez eu un produit dix mille fois plus fort
qu'il ne doit l'être ; il faut donc le rendre
dix mille fois plus petit qu'il ne l'est sans
virgule , en séparant par une virgule autant
de chiffres décimaux qu'il y a de zéros dans
1oooo.

La multiplication offrait une immense
difficulté , la table. Je crois l'avoir réduite
à bien peu de chose. Elle en présentait une
autre ; la pose du premier chiffre de chaque
produit partiel. Dans toutes les autres
arithmétiques , cette difficulté n'est qu'in-

diquée et c'est la principale après la table.
Je suis le premier à avoir rendu l'erreur
impossible par le développement que j'ai
donné à cette partie de l'étude; là encore
j'ai conduit l'élève par la main en ne lui
permettant point de faire un pas sans l'avoir
mis à même de ne pas trébucher.

Les questions que j'établis à la fin de
chaque chapitre ont plusieurs avantages faciles à apprécier. Elles sont un guide pour
le maître qui ne passe alors sur rien d'es-
sentiel. Elles résument nettement la théorie
de chaque chapitre, souvent alongée par les
développemens nécessaires à l'intelligence
d'un principe; et, de plus, elles forcent
l'attention de l'élève de se fixer sur les
points principaux de l'étude, sans la laisser
se perdre dans le vague de ces longues et
fastidieuses règles que l'on apprend par
cœur, que l'on sait par cœur, sans pouvoir
les appliquer.

Quel est le but de la multiplication?

Quel est celui des deux nombres qu'il
faut placer au-dessus de l'autre?

Comment se nomme ce nombre?

L'autre nombre?

III.   3.

Le résultat de l'opération ?

Quand vous multipliez par les dixaines du multiplicateur, dans quelle colonne doit être posé le premier chiffre de droite de ce produit partiel, est-ce dans la 1re, dans la 2e, dans la 3e colonne ?

Pourquoi est-ce dans la 2e ?

Quand vous rencontrez un zéro au multiplicateur que faut-il faire ?

Où se place le premier chiffre de droite du produit partiel qui suit la multiplication par un o ?

Combien de produits partiels y a-t-il dans une multiplication où le multiplicateur a cinq chiffres dont deux o ?

Comment la multiplication se trouve-t-elle abrégée lorsqu'il y a des zéros au multiplicande et au multiplicateur ?

Comment rend-on un nombre 10, 100 ou 1000 fois plus fort ?

Comment fait-on la preuve de la multiplication ?

Dans la multiplication des décimales, où se posent les virgules des deux facteurs ?

Met-on des virgules dans les produits partiels ?

En faut-il une au produit total ?
Pourquoi ?

DIVISION.

La division est l'inverse de la multiplication. Celle-ci obtient des quantités plus
grandes, l'autre cherche des quantités plus
petites ; l'une multiplie, l'autre divise. Dans
l'opération que nous venons de faire, connaissant la valeur d'un seul objet on cherche celle de plusieurs ; dans l'opération que
nous allons apprendre, connaissant la valeur de plusieurs objets on cherche au
contraire celle d'un seul.

Diviser, c'est chercher combien de fois
un nombre en contient un autre. De là,
cette conséquence que le nombre qu'on
divise ou le *dividende* doit toujours être
plus grand que celui par lequel on divise
ou le *diviseur*. Le résultat de l'opération se
nomme *quotient*.

La division est une opération fort longue.
N'en établissez jamais que lorsque vous y
êtes forcé ; n'en établissez jamais quand le

diviseur n'a qu'un seul chiffre ou plusieurs chiffres dont un seulement ne soit pas un zéro, par exemple 2000.

Pour diviser par 2, prenez la moitié du dividende, par 3, le tiers; par 4, le quart; par 5, le cinquième, etc. Il n'y a qu'une difficulté dans ce genre d'opération, et je vous donnerai le moyen de la surmonter.

Soit le nombre 3450678908430 à diviser par 6.

$$43 \quad 1\ 3\ 2$$
$$3450678908430$$
$$575113151405$$

Dites : le sixième de 3 n'est pas; je pourrais poser un o sous le 3, mais vous savez que le o n'a de valeur qu'à la droite d'un nombre, mais qu'il n'en a pas à la gauche. Ce zéro serait donc complètement inutile et sans expression. Je dis donc tout de suite: le 6ᵉ de 34 est de 5 pour 3o. Je pose le 5 sous le 4 et pas sous le 3 puisque c'est la place du o que nous avons omis. Voici la difficulté. Quand l'élève a dit je retiens 4, il pense bien qu'il faut tenir compte de ce 4, l'ajouter au chiffre qui suit, mais toujours il additionne et dit: 4 et 5 font 9; il a peine à s'imaginer que cela fasse 45. Voici un moyen bien

simple qui m'a toujours réussi. Je fais écrire
chaque reste au-dessus du chiffre sur lequel
on vient d'opérer et je dis à l'élève : regardez quel nombre produit l'union de ce chiffre avec celui qui suit. Par exemple un 4
écrit devant un 5 produit le nombre 45. Les
élèves des autres se trompent pendant plusieurs jours, le mien sait de suite à quoi il
doit s'en tenir. Dites donc le sixième de 45
est 7 pour 42. Je pose 7 et retiens le 3 que
je porte au-dessus du 5. Le 3 mis à la gauche d'un o fait 30. Le sixième de 30 est 5,
tout juste, par conséquent je pose le 5 et
n'ai point de chiffre à retenir, à reporter. Le
sixième de 6 est 1. Le sixième de 7 est 1
pour 6, je pose 1 et reporte 1. le sixième de
18 est 3; le sixième de 9 est 1 pour 6 et reporte le 3 qui, avec le o fait 30; le 6ᵉ de 8
est 1 et reporte 2. Le 6ᵉ de 24 est 6. le 6ᵉ
de 3 n'est pas, il faut l'indiquer par un o,
car quand je dis que le 6ᵉ de 3 n'est pas, je
veux dire que la colonne des dixaines ne
peut pas être divisée par 6; le résultat de
la division des dixaines par 6 est o; il faut
donc que j'écrive ce résultat comme tous
les autres, il faut que je mette un o à la

colonne des dixaines. Mais ce 3, je dois
pourtant en tenir compte, je le considérerai
comme un reste et l'unissant au chiffre qui
suit, je dis le 6ᵉ de 30 est 5.

Pour faire la preuve de ces divisions,
multipliez le nombre de dessous par le diviseur, ici par 6 et vous devez reproduire le
nombre supérieur qui est le dividende; le
nombre inférieur est le quotient, le résultat
de l'opération.

$$27,00$$
$$4,50$$

Si le dernier chiffre à droite n'était pas
exactement divisible par le diviseur; si par
exemple vous voulez prendre le 6ᵉ de 27,
vous direz d'abord le 6ᵉ de 27 est 4 pour 24;
il reste 3. Je suppose que ce soit trois francs.
Ces trois francs ont une valeur dont il faut
prendre le 6ᵉ. Dans ce cas mettez une virgule après le dernier chiffre de droite du
dividende et ajoutez deux o qui représen-
teront des décimales, et par conséquent
ne changeront pas la valeur du nombre.
27 fr. et 27 fr.,oo sont le même nombre.
Comme on ne peut pas prendre en francs

le 6ᵉ de 3 francs; il faudrait au moins pour cela 6 francs, le résultat de cette division sera donc une partie plus petite que le franc, des centimes. Vous ajoutez deux zéros à 27 pour avoir des centimes, parce que dans 100 il y a deux zéros, et vous dites après avoir mis une virgule après le 4 que vous avez précédemment obtenu, le 6ᵉ de 30 est 5, le 6ᵉ de 0 n'est pas. Si vous ne mettiez pas la virgule vous auriez pour le 6ᵉ de 27 francs 450 francs au lieu de 4 fr. 50 c.

Cherchez dans les autres arithmétiques toutes ces explications minutieuses, vous ne les trouverez pas, et pourtant ce sont elles qui facilitent l'étude. Bien que mon système soit celui des yeux, personne ne raisonne plus que je ne le fais avec mon élève.

Vous savez que pour multiplier par 10, 100, 1000, ou pour rendre un nombre 10, 100, 1000 fois plus fort, il suffit d'ajouter à la droite du nombre autant de zéros qu'il y en a dans 10, 100 ou 1000. Pour diviser une quantité par ces nombres, pour la rendre 10, 100, 1000 fois plus petite, on ne peut se servir des o, puisque, placés à la droite d'un nombre ils le rendent plus fort, placés à la gauche ils n'ont aucune valeur ; il a donc fallu un autre signe ; c'est la virgule. Mais il est indispensable encore de se souvenir du nombre de zéros qu'il y a dans 10, 100, 1000 ; car lui encore sera le guide pour savoir combien de chiffres il faut séparer par une virgule. Ce moyen si simple, auquel personne n'avait songé, retire un grand embarras à l'élève. Ainsi quand on lui dit de diviser 2840 par 1000 ou de rendre 2840 mille fois plus petit, il ne sait pas où placer la virgule, il hésite, il peut se tromper. Mais il opère avec assurance quand je lui dis : Séparez en allant de droite à gauche autant de chiffres qu'il y a de zéros dans 1000. Il y a trois zéros, je compte donc trois chiffres en allant de droite à gauche, et je place la virgule entre le 2 et le 8. 2,840. Vous savez que les chiffres qui suivent une virgule sont des chiffres décimaux.

Quand il se trouve déjà une virgule dans le nombre, pour le rendre ou plus grand ou plus petit, il suffit de se servir de la vir-

gule, de la faire aller de gauche à droite
pour rendre le nombre 10, 100, 1000 fois
plus fort, de droite à gauche pour rendre
le nombre 10, 100, 1000 fois plus petit.

Rendez 458,736

10 fois plus fort : 4587,36

10 fois plus petit 45,8736

Multipliez-le par 100, 45873,6

Divisez-le par 100 4,58736

1000 fois plus grand 458736

1000 fois plus faible 0,458736

10000 fois plus faible 0,0458736

10000 fois plus fort 4587360.

Pour rendre ce nombre mille fois plus
faible ou pour le diviser par 1000, j'avance
donc d'après la règle la virgule d'autant de
places vers la gauche qu'il y a de zéros
dans 1000, c'est-à-dire de trois. La virgule
se trouve donc devant le 4 et il n'y a plus
de chiffres. Dans ce cas rappelez-vous la
théorie de la numération des décimales;
n'oubliez pas que lorsqu'il n'y a pas d'unités, il faut l'indiquer par un o. On marque
toujours par un o la place des quantités
qui n'existent pas; ainsi rendez 458,736
10000 fois plus faible, il y a quatre zéros

dans 10000, je dois donc avancer la virgule
de quatre places vers la gauche. Mais après
l'avoir avancée de trois je n'ai eu que la division par mille. Il n'y a pas de chiffres qui
puisse exprimer la division par 10000; il
faut donc que je l'indique par un o. Alors
j'ai mes quatre chiffres décimaux égaux au
nombre quatre des 6 de 10000. De plus, je
dois indiquer que ce sont, non des nombres
entiers mais des décimales; une virgule est
donc indispensable et suivant le conseil que
je viens de vous donner, vous n'oublierez
pas d'indiquer par un autre zéro l'absence
des nombres entiers.

Si au contraire je veux rendre le nombre
10000 fois plus fort ou le multiplier par
10000, je le multiplie d'abord par 1000 en
prenant les trois chiffres de droite; le voilà
1000 fois plus fort; mais il le fallait 10000
fois: il est donc 10 fois plus faible que je
ne le voulais; pour le rendre 10 fois plus
fort, ajoutez un o puisque vous ne pouvez
plus rien faire avec la virgule.

Les exercices que je viens de donner ne
se trouvent dans aucune autre arithmétique; et pourtant ils reposent sur une grande

difficulté et sur une étude de la plus haute importance. Les arithmétiques comme tous les livres classiques ont été faits par des savants qui n'ont que peu professé. Ils n'ont pas apprécié les difficultés parce qu'ils n'ont pas été forcés d'entrer avec l'élève dans les minuties de l'étude. Ils ont établi dans leurs livres les principes généraux de la science, et ils ont abandonné au maître le soin de vaincre les difficultés. Comme la plupart des professeurs sont médiocres, il arrive que les élèves le sont aussi. Moi, j'ai fait tout le travail du maître, de manière que ce qu'il ne trouverait pas dans son intelligence il le trouve dans mon ouvrage, et l'élève a moins à souffrir de la médiocrité de celui qui essaie de l'instruire.

Pour diviser par un nombre d'un seul chiffre réel suivi de plusieurs zéros, c'est la division par un seul chiffre, plus la division par 10, 100, 1000. Ainsi pour diviser 48368 par 2000, divisez d'abord par 2 en prenant la moitié et vous aurez 24184, puis divisez par 1000; séparez autant de chiffres décimaux qu'il y a de o dans le nombre par lequel vous voulez diviser; il y en a trois dans 2000, vous aurez donc 48368 divisé par 2000, qui donne au quotient 24,184. Pour diviser 7820 par 50 vous prenez le 5e de 7820 qui est de 1564, puis prenant le 10° ou divisant par 10, vous aurez 156,4.

Quel est le but de la division et comment se nomment les trois nombres principaux de l'opération?

Pour diviser par un nombre d'un seul chiffre, comment faut-il faire?

Quel est le moyen pour ne pas se tromper quand il y a un reste dans ces divisions partielles.

Quand un des chiffres du dividende est plus petit que le diviseur, que faut-il faire?

Quand après avoir épuisé tous les chiffres du dividende il y a un reste, que faut-il faire?

Comment divise-t-on par 10, 100, 1000?

Quand le nombre a déjà une virgule comment le rend-on ou plus fort ou plus faible?

Quand on a épuisé tous les chiffres du dividende, que faut-il faire de la virgule dans les deux cas?

Comment divise-t-on par 500?

Dans les divisions par plusieurs chiffres il se présente une difficulté qui rebute et dégoûte les trois quarts des personnes qui ont voulu apprendre la division, c'est de savoir distinguer combien de fois chaque dividende partiel est contenu dans le diviseur ; trouver le chiffre juste est l'étude la plus pénible, le travail le plus ennuyeux dont j'aie entendu les élèves se plaindre ; en effet on ne peut que se demander combien de fois les premiers chiffres d'un dividende partiel sont contenus dans le premier du diviseur, et le chiffre qui répond à cette question est faux 9 fois sur 10. Vous faites une multiplication dont vous posez le produit, une soustraction dont vous posez le reste, puis vous vous apercevez que le chiffre du quotient est trop fort, il faut effacer le produit et le reste, recommencer à chercher un autre chiffre ; c'est un sale brouillamini qui se répète 8 ou 10 fois dans une division d'une longueur ordinaire. Tous ceux qui ignorent la division m'ont avoué que c'était cette difficulté qui les avait découragés et portés à y renoncer.

J'ai donc cherché un moyen qui évitât

ce dégoût à l'élève, qui le mît à même de distinguer de suite si le chiffre qu'il va mettre au quotient est juste ou faux. Ce n'est point un moyen infaillible, mais c'est une chance de ne pas se tromper 99 fois sur 100, et une chance comme celle-là est je crois, une découverte bien précieuse au sein d'une difficulté aussi pénible et aussi fastidieuse.

Vous vous demandez combien de fois le premier chiffre ou les deux premiers sont contenus dans le premier chiffre du diviseur.

Le chiffre qui s'offre naturellement pour quotient est trop fort quand le petit reste est plus faible que lui, à moins que ce reste ne soit 6 ou un chiffre au-dessus de 6, ou bien encore le chiffre lui-même.

Je formule ce principe dans des termes aussi brefs que possible; mais ce n'est que par l'application que je dois vous le faire comprendre.

En 685 combien de fois 78 ?

Vous dites en 68 combien de fois 7? Le chiffre qui s'offre naturellement pour quotient c'est 9 pour 63. De 63 à 68 il y a le reste 5, plus petit que 9 ; donc 9 est trop fort ; il faut mettre un 8 au quotient.

Celui qui n'a pas une grande habitude des nombres peut écrire ces deux chiffres l'un à côté de l'autre et il voit de suite si le chiffre du reste est plus faible que celui qu'il voulait mettre au quotient ; ou bien si ce reste est 6 ou un chiffre au-dessus de 6, ou s'il est égal au chiffre du quotient. 9 - 5.

En 364 combien de fois 59 ?

En 36 combien de fois 4 ? 9 fois pour 36. 9 · 0. 0 est plus petit que 9 ; j'essaie 8, 8 fois 4, 32 pour aller à 36 il reste 4. 8 - 4. ce n'est pas encore 8, puisque 4 est plus petit que 8. C'est donc 7, car 7 fois 4, 28 pour aller à 36 il faut 8. 7 - 8.

Avec mon moyen l'élève ne barbouille rien, et dans cette petite division seulement il aurait posé quatre opérations, deux multiplications et deux soustractions qu'il aurait fallu effacer.

$$
\begin{array}{l}
4'5678801274351 71923 \,\lfloor 68 \\
\quad 487 \qquad\qquad\qquad \lfloor 6,717470775659957 \\
\quad\;\, 118 \\
\quad\;\;\, 5o8 \\
\qquad 3 2 o \\
\qquad\; 481 \\
\qquad\quad\, 527 \\
\qquad\quad\;\, 514 \\
\qquad\qquad 383 \\
\qquad\qquad 435 \\
\qquad\qquad\quad 271 \\
\qquad\qquad\quad 677 \\
\qquad\qquad\quad\;\, 551 \\
\qquad\qquad\qquad 392 \\
\qquad\qquad\qquad 523 \\
\qquad\qquad\qquad\; 47
\end{array}
$$

J'écris au-dessous de cette division le résultat du moyen que j'ai créé, on verra que
sans lui on aurait été forcé de recommencer presque toutes les divisions partielles.

En 45 combien de fois 6?

7—5 le reste plus faible, donc il n'y va
que 6 fois.

En 48 combien de fois 6?

7—6 c'est un 6. Le chiffre 7 peut être le
vrai quotient.

En 11 combien de fois 6 ?

1—5, 1 vrai quotient, parce que un est plus petit que le reste.

En 5o combien de fois 6 ?

8—2 pas. 7—8.

En 32 combien de fois 6 ?

5—2 pas. 4—8.

En 48 combien de fois 6 ?

8—o pas. 7—6

En 5 combien de fois 6 ?

Il n'y va pas. Je pose un o au quotient.

En 52 combien de fois 6 ?

8—4 pas. 7—10.

En 51 combien de fois 6 ?

8—3 pas. 7—11.

En 38 combien de fois 6 ?

6—2 pas. 5—6.

En 43 combien de fois 6 ?

7—1 pas. 6—7.

En 27 combien de fois 6 ?

4—3 pas. 3—5.

En 67 combien de fois 6 ?

9—13, oui.

En 65 combien de fois 6 ?

9—11 oui.

En 39 combien de fois 6 ?

III.   4

6—3 pas. 5—9.

En 52 combien de fois 6 ?

8—4 pas. 7—10.

J'ai pris cette division au hasard, et l'on voit que le moyen que j'ai créé ne m'a pas trompé. Cependant je le répète, il n'est point infaillible ; je l'ai éprouvé sur 50 divisions de la longueur de celle qui précède, ce qui représente 800 divisions partielles, et il s'est trouvé en défaut 4 ou 5 fois dont deux pour le 6. Le 6 s'est présenté deux fois dans des cas comme celui-ci : 8—6, et il fallait suivre la règle générale, qui est de diminuer le chiffre que l'on va mettre au quotient lorsqu'il se trouve plus grand que le reste. Je mets, avant tout, de la conscience dans mon travail. Je n'annonce rien de plus que je ne puis tenir ; je cherche non à fasciner mais à convaincre ; et quand je dis que j'ai trouvé la solution d'une difficulté, je le prouve par l'application même du moyen que j'ai créé ; j'entre dans tous les développements qui peuvent former une conviction. Je mets chacun à même d'éprouver mes inspirations. Ce qui, dans mes enseignements confond les incrédules, c'est qu'ils reposent, non sur de vaines utopies, mais sur des faits positifs, palpables, qu'il est impossible de ne pas avouer.

Mon moyen est inutile quand le diviseur est formé d'un seul chiffre suivi de zéros; mais alors il n'y a aucune difficulté. Diviser par 300, c'est diviser par 3. En un mot, si mon moyen met une fois le désordre dans votre règle, il l'empêche 99 fois.

Cette difficulté vaincue, la division n'est plus une opération impossible pour le plus grand nombre, et je vais en donner les règles générales sur une division par trois chiffres.

Le maître qui aura affaire à un élève un peu intelligent ne fera pas poser le produit de chaque multiplication sous chaque dividende partiel; mais il faut absolument recourir à cette lenteur quand l'esprit opère avec difficulté.

```
7840789ı030 | 953
   2167      | 82274806
   2618
    7129
    4581
    7690
    6630
     912
```

Je pose le diviseur à la droite du dividende
et je les sépare par un trait vertical. Je tire
au-dessous du diviseur un autre trait mais
horizontal, et c'est sous ce trait que s'écrit
le quotient.

Je prends à la gauche du dividende autant de chiffres qu'il en faut pour contenir
le diviseur. Dans cette division, je prends
quatre chiffres puisque 7 est plus petit
que 9. Il me serait impossible de deviner
combien de fois 7840 contient 953, et pour
y parvenir par un moyen que je connais, je
ne prends que le premier chiffre du diviseur; et j'examine son rapport avec le
premier ou les deux premiers du dividende
partiel. En 78 combien de fois 9? C'est 8
pour 72, mais comme il peut y avoir de
fortes retenues sur les autres multiplications, ces retenues peuvent dépasser la
différence de 72 à 78, c'est-à-dire 6. Je me
sers donc du moyen que j'ai indiqué; je
vois par la pensée ou en l'écrivant que j'ai
8 - 6; le reste étant un 6, il est probable que
8 est le vrai chiffre du quotient; en effet,
je dis : 8 fois 3, 24, qui ôté du 0 dernier chiffre du dividende partiel ne se peut; il faut

que je forme avec ce o le nombre le plus près
de 24 et plus fort que 24 terminé par un o;
c'est 3o. 24 de 3o il reste 6 que je pose sous
le o, et je retiens 3 parce qu'il y a 3 dixaines
dans 3o, et que, n'ayant opéré que sur le o,
je n'ai opéré que sur le chiffre des unités.
8 fois 5, 40 et 3, font 43; de 4, cela ne se
peut; il faut donc faire pour le 4 ce qu'on
a fait pour le o; atteindre le nombre le
plus près et au-dessus de 43 qui finisse par
un 4; c'est évidemment 44, 43 de 44, il
reste 1 et je retiens encore le premier chiffre de 44. 8 fois 9, 72 et 4 de retenue font
76 de 78 il reste 2.

Le grand reste 216 prouve que cette
division partielle est bonne, parce qu'il est
plus faible que le diviseur 953; s'il était
plus fort il faudrait augmenter d'une unité
le chiffre que vous auriez mis au quotient;
mais avec le moyen que j'ai trouvé, vous
n'êtes guère exposé à mettre un chiffre
trop faible.

A côté du reste 216 j'abaisse un chiffre
du dividende et j'ai cet autre dividende
partiel 2167. En 21 combien de fois 9? 2
est le quotient naturel, est-il le vrai? Oui,

car vous avez : 2-3, c'est-à-dire un reste plus grand que le chiffre du quotient. 2 fois 3, 6 de 7 il reste 1. 2 fois 5, 10 de 16 il reste 6 et retiens 1. 2 fois 9, 18 et 1, 19 de 21 il reste 2.

A côté du reste 261 j'abaisse le 8 du dividende. En 26 combien de fois 9? 2 fois, oui car 2-8 c'est-à-dire que pour aller de 2 fois 9 ou 18 à 26 il faut 8, le reste 8 étant plus grand que le chiffre 2 du quotient c'est bien 2 le vrai chiffre du quotient. 2 fois 3, 6 de 8, il reste 2. 2 fois 5, 10 de 11 il reste 1; 2 fois 9, 18 et 1, 19 de 26 il reste 7.

A côté du reste 712 j'abaisse le 9. Si vous craignez de passer des chiffres pointez-les à mesure que vous les prenez pour les abaisser à côté de chaque reste; en 71 combien de fois 9? 7 fois pour 63. 7-8 oui c'est 7. 7 fois 3, 21 de 29 il reste 8 et retiens 2; 7 fois 5, 35 et 2, 37 de 42 il reste 5 et retiens 4; 7 fois 9, 63 et 4; 67 de 71, il reste 4.

J'abaisse 1. En 45 combien de fois 9? 5 fois juste; j'aurais donc 5-0. Le chiffre du quotient n'est donc pas 5. Essayons 4. 4-9, parce que 4 fois 9, 36 et que pour aller

à 45 il y a le reste 9; c'est donc 4, puisque
le reste est plus grand que le chiffre du
quotient. 4 fois 3, 12 de 21 il reste 9 et
retiens 2. 4 fois 5, 20 et 2 font 22 de 28 il
reste 6 et retiens 2. 4 fois 9, 36 et 2, 38;
de 45 il reste 7.

J'abaisse le o. En 76 combien de fois 9?
8 fois. Ici mon moyen me trompe, car on
a 8 - 4; ce ne devrait donc être que 7. Vous
voyez que je prends au hasard mes divisions. 8 fois 3, 24; de 30 il reste 6 et retiens 3. 8 fois 5, 40 et 3 font 43; de 49 il
reste 6 et retiens 4. 8 fois 9, 72 et 4, 76; de
76 il ne reste rien; il est même inutile de
poser le zéro.

J'abaisse le 3, je n'ai que trois chiffres
dans mon dividende partiel; je ne puis donc
pas en prendre deux pour les comparer à
un chiffre du diviseur, car il n'en resterait
plus deux pour les deux autres du diviseur.

En 6 combien de fois 9? cela ne se peut.
Dans la division, comme dans toutes les
autres opérations, l'impossibilité se marque
par un o; mettez ce o au quotient à la
suite du 8 et supposez que vous ayez fait
une division; abaissez le chiffre suivant du

dividende à la suite du même nombre 683, afin de le rendre assez fort pour contenir le diviseur.

En 66 combien de fois 9? 7 fois pour 63 mais cela fait 7·3, donc le chiffre vrai du quotient n'est pas 7, mais 6.

6 fois 3, 18 de 20, il reste 2 et retiens 2. 6 fois 5, 30 et 2 font 32 de 33 il reste 1 et retiens 3. 6 fois 9, 54 et 3 font 57; de 66 il reste 9.

Preuve de la Division.

Elle se fait comme celle de la multiplication; on additionne tous les chiffres du dividende en retranchant 9 à mesure qu'il se présente, et l'on écrit le reste à la gauche du dividende. On fait la même opération sur les chiffres du diviseur et sur ceux du quotient, on multiplie les deux restes l'un par l'autre et le résultat doit être celui qu'on a trouvé au dividende.

S'il y a un reste à la fin de la division, il faut en additionner également les chiffres en retranchant 9, et joindre ce résultat à celui obtenu par la multiplication des deux restes du diviseur et du quotient.

Dans la division que vous venez de faire, vous obtenez au dividende 2 pour reste de l'addition débarrassée des 9.

Au diviseur vous obtenez 8.

Au quotient 1, au reste 3, ce qui fait 11.

$$
\begin{array}{r}
8 \\
1 \\
\hline
8 \\
3 \\
\hline
11
\end{array}
$$

9 de 11 il reste 2. Vous avez aussi obtenu 2 au dividende ; l'opération est donc bonne.

Division des décimales.

Nous l'envisagerons sous deux points de vue.

1° Ou il n'y a de décimales ni au dividende ni au diviseur et l'on en veut avoir au quotient.

2° Ou il y a des décimales au dividende ou au diviseur, ou dans les deux facteurs.

```
284     | 38
   180  | ‾‾‾‾‾
   280  | 7,47
    14
```

Vous désirez partager 284 f. entre 38 personnes ; si vous vous borniez à diviser 284
par 38 sans tenir compte du reste, vous ne
donneriez à chaque personne que 7 francs.
Vous leur feriez donc tort à chacune de
47 centimes ; il reste 18 francs à partager
entre ces 38 personnes ; vous ne pouvez
pas leur en faire tort. Il faut donc leur partager ces 18 francs ; pour cela ajoutez un o
au reste et une virgule au quotient, car au
quotient vous ne pouvez certainement plus
obtenir des francs. 18 francs entre 38 personnes... il faudrait 38 fr. pour que chaque
personne eût un franc ; vous ne pouvez
donc obtenir que des centimes, et vous le
savez, le signe indicateur des centimes, c'est
la virgule. Les centimes s'exprimant par
deux chiffres, vous ne cherchez au quotient
que deux chiffres décimaux.

$$
\begin{array}{c|l}
82670 & 6900 \\
13670 & 11 \\
6770 &
\end{array}
$$

Quand il y a des chiffres décimaux au dividende et au diviseur, ou seulement à un des facteurs; il faut toujours égaliser le nombre des chiffres décimaux, et pour cela ajouter des o à celui des deux facteurs qui a le moins de chiffres décimaux. Si vous avez 826 fr. 70 c. à partager entre 69 personnes, comme il y a deux chiffres décimaux au dividende il faut mettre deux zéros à 69 puisque ce diviseur n'a pas de chiffres décimaux, et il n'est pas nécessaire de mettre une virgule au quotient, car en supprimant la virgule vous avez rendu le dividende cent fois plus fort; mais en mettant deux zéros au diviseur vous l'avez rendu aussi cent fois plus fort; il y a donc le même rapport entre les deux nombres.

$$
\begin{array}{c|c}
800 & 400 \\
600 & 2
\end{array}
$$

Quand il se trouve des zéros à la droite du dividende et à celle du diviseur, vous pouvez en supprimer un nombre égal de part et d'autre sans rien changer à la valeur du quotient; en effet, diviser 800 par 400 ou 8 par 4, produit le même résultat 2.

$$
\begin{array}{r|l}
480 & 75 \\
550 & \overline{0,37} \\
25 &
\end{array}
$$

Si vous aviez 28 francs à partager entre 75 personnes, comme 28 divisé entre 75 personnes ne peut pas donner à chacune des francs, n'oubliez pas de mettre au quotient pour premier chiffre un o suivi d'une virgule. Vous savez déjà qu'il faut pour obtenir des décimales au quotient considérer le dividende comme un reste et ajouter un o.

Comment dispose-t-on les nombres d'une division ?

Combien de chiffres faut-il prendre à la gauche du dividende ?

Comment sait-on si le chiffre qu'on va mettre au quotient n'est pas trop fort ?

Comment faut-il faire quand le chiffre

d'un dividende partiel est plus faible que le produit de la multiplication d'un des chiffres du diviseur par le quotient ?

Peut-on mettre 10 au quotient ?

Quand après avoir abaissé le chiffre du dividende, ce dividende partiel ne contient pas le diviseur, que faut-il faire ?

Quand vous voulez obtenir des décimales au quotient, que faut-il faire ?

Comment fait-on la division des décimales ?

Quand il y a des zéros à la droite des deux facteurs, que peut-on faire ?

Comment feriez-vous pour partager 28 fr. entre 75 personnes ?

Comment fait-on la preuve de la division ?

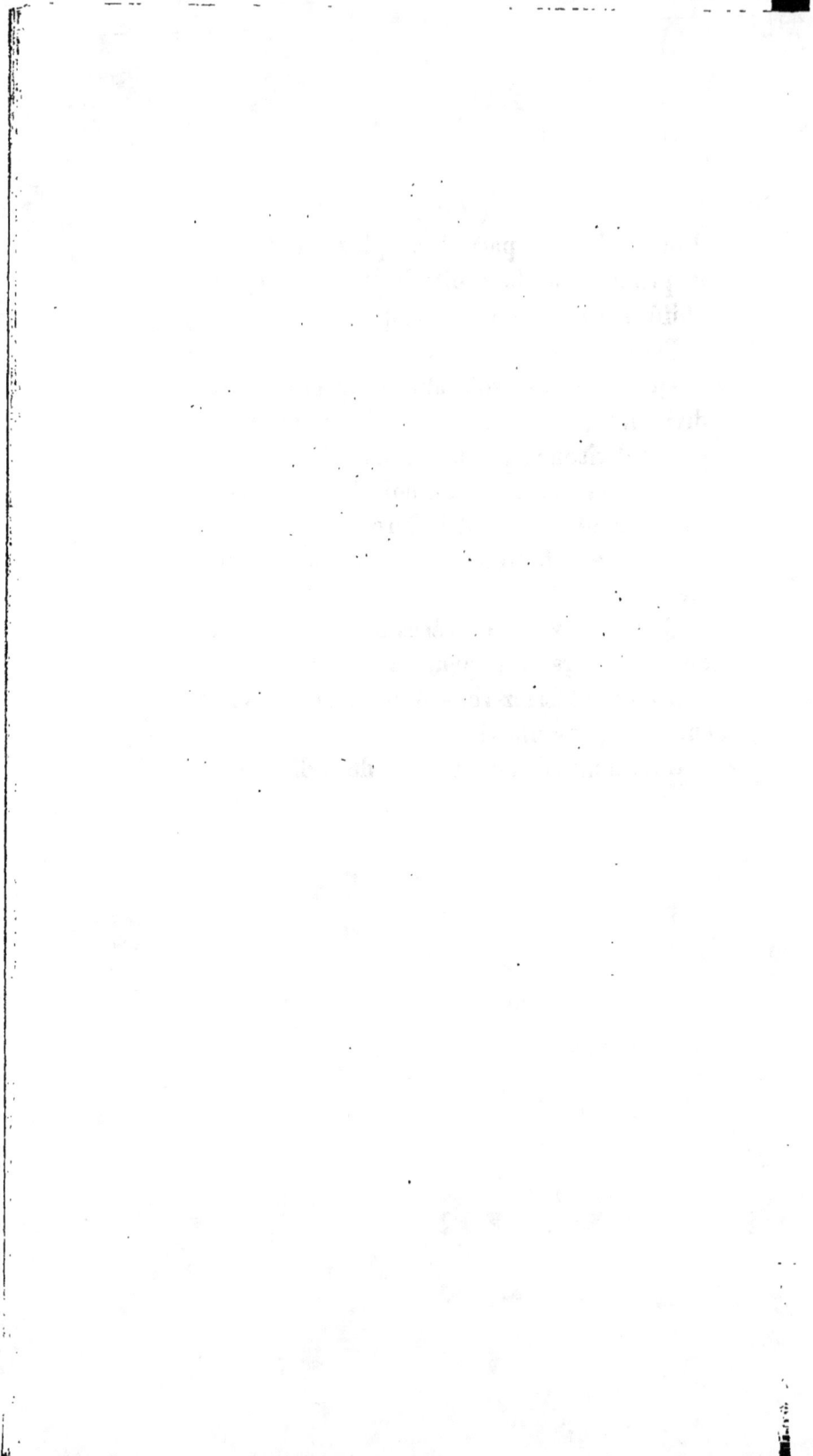

~~~~~~

APPLICATIONS

DE

L'ARITHMÉTIQUE.

———

CALCUL DES INTÉRÊTS, ESCOMPTES, COMMISSIONS.

Ce qui manque à tous les calculs d'intérêt c'est l'uniformité. On a un moyen pour l'intérêt à 5, un autre pour l'intérêt à 6, un autre pour l'intérêt à 7 et ainsi du reste. C'est une étude confuse et pénible, et plus tard celui qui n'est pas forcé d'opérer continuellement sur tous ces différents intérêts confond les différents moyens, et ne peut faire ses calculs qu'avec un tableau indicateur.

L'intérêt se compte ou par année ou par jour. De là, deux moyens, mais ils seront uniformes.

L'intérêt par an.

Pour trouver l'intérêt d'une somme à tant pour cent l'an, prenez l'intérêt à 1 en divisant par 100, c'est-à-dire en séparant deux chiffres par une virgule, ce qui est une opération toute faite puisque les chiffres du nombre ne changent pas. Puis vous n'avez qu'à multiplier le nombre par le taux de l'intérêt, en ayant soin de ne pas oublier la virgule au produit.

Voulez-vous connaître l'intérêt de 2400 f. à 7 pour cent l'an? Mais d'abord je dois vous demander si vous comprenez ce que vous allez faire, si vous savez bien dans quel but vous cherchez ce résultat? L'intérêt d'une somme à tant pour cent l'an, à 5 pour cent par exemple, et remarquez la manière dont j'exprime cette formule : je sépare les deux zéros de 100 par un trait oblique; 5 pour cent par an veut dire que si vous avez prêté 100 francs à une per-

sonne, elle devra, au bout de l'année, vous
rendre 105 francs; autant de 100 francs
vous aurez prêtés, autant de 5 francs vous
aurez à recevoir au bout de l'année. Vous
aurez exposé votre argent; il est juste qu'il
y ait une compensation, et que cet argent
vous rapporte intérêt. Si vous prêtez 300 fr.
à 6 pour cent, vous aurez à percevoir un
intérêt de 3 fois 6 francs, de 3 fois l'intérêt de 100 francs. L'intérêt, c'est une convention entre celui qui prête et celui qui
emprunte.

Escompter un billet, c'est donner de
l'argent pour ce billet. Et comme l'argent
vaut toujours mieux que du papier, pour
établir une compensation dans l'échange
que vous faites, vous prenez un escompte
sur ce billet; l'intérêt de la somme, au lieu
de l'ajouter, ce qui serait à l'avantage de
celui que vous obligez, vous le retranchez au
contraire, et si, par exemple vous escomp-
tez un billet de 100 francs à 6 pour cent au
lieu de donner 106 francs à celui dont vous
prenez le billet, ce qui serait absurde ;
vous retenez ces 6 francs pour vous en compensation des chances que va courir votre

argent. Vous ne donnez que 94 francs pour une valeur de 100 francs ; mais ce billet peut ne pas être payé à l'échéance.

Ou bien vous avez fourni pour 100 fr. de marchandises payables dans un an , ou vous avez prêté 100 fr. payables dans un an , et au bout de trois mois seulement votre obligé vient vous offrir de s'acquitter envers vous. C'est un avantage qu'il vous offre que cette rentrée inattendue ; vous devez lui en tenir compte , et alors il vous dit : au lieu de vous payer vos marchandises dans un an , je vais vous payer tout de suite les 100 fr. que je vous dois , mais accordez-moi une remise ; cet escompte est ordinairement de 3 pour cent ; il vous remet 97 francs , et vous trouvez encore votre intérêt dans cette rentrée prématurée de fonds auxquels vous pouvez donner d'autres mouvements avantageux.

Ou bien encore vous n'êtes qu'un intermédiaire entre une personne qui a besoin soit d'argent soit de marchandises, et une autre personne qui peut , par votre intermédiaire, tirer parti de son argent ou de ses marchandises ; vous obligez donc deux per-

sonnes en les mettant en contact ; elles
doivent vous tenir compte des démarches
que vous avez faites, des heures de votre
vie que vous avez dépensées pour elles ;
elles vous doivent, elles vous accordent une
commission, ordinairement 2 pour cent,
c'est-à-dire que si vous procurez 2000 fr.
à une personne, elle vous donne 40 francs
pour vos soins, et de plus 100 fr. à la personne qui prête si l'intérêt est à 5 pour cent ;
mais il y a cette différence entre l'intérêt
et la commission, c'est que la commission
est une somme une fois donnée, qui ne se
répète pas ; tandis qu'autant d'années vous
garderez les 2000 francs, autant de 100 fr.
vous serez obligé de donner au propriétaire
des 2000 francs.

Tous ces détails ne se trouvent dans
aucune arithmétique et je les crois de la
plus haute importance, car celui qui n'a
aucune idée des affaires ne comprend nul-
lement toutes ces expressions commer-
ciales.

Soit donc à trouver l'intérêt de 2400 fr.
à 7 pour cent l'an.

L'intérêt à 1 fr. est 24 francs ou 24,00 fr.

dont on a séparé les deux o par une virgule. Multipliant 24 par 7 qui est le taux de
l'intérêt convenu, j'ai 168 fr. pour l'interêt
de 2400 fr à 7 pour cent l'an.

Donnez-moi une idée de l'intérêt, de
l'escompte, de la commission; faites-moi
voir par des exemples que vous m'avez compris.

Comment trouve-t-on l'intérêt d'une
somme à tant pour cent l'an?

Quel est l'intérêt de 3000 francs à 4 pour
cent? celui de 200 francs à 5? celui de 4444
à 6?

Quel est l'escompte de 24000 fr. à 3 pour
cent? celui de 7288 à 8 pour cent?

Quelle est la commission sur 8000 francs
à 2 pour cent.

Quand vous entendez le mot demi 1/2,
cela veut dire que c'est la moitié de l'intérêt
à 1; ainsi l'intérêt de 2400 fr. à 1 pour cent
étant 24 fr. l'intérêt à demi pour cent sera
12 francs; l'intérêt à 1 et demi sera l'intérêt à 1 ou 24 plus la moitié de ce même
intérêt ou 12, ce sera donc 36.

Qu'est-ce que l'intérêt à demi pour cent.

Comment prend-on l'intérêt à 2 et demi?

L'intérêt par jour.

Dans le commerce tous les mois sont censés de 3o jours; l'année n'a donc que 36o jours; l'intérêt calculé par an est donc une perte de 5 jours, et cette perte est sensible lorsque la somme prêtée est considérable, aussi les commerçants font-ils leurs affaires par jour et non par année. Cependant quand on vous demandera l'intérêt d'une somme à tant pour cent pendant tant de mois et tant de jours, vous supposerez tous les mois de trente jours.

L'intérêt commercial est 6 pour cent. ce sera donc lui qui sera la base de tous nos calculs.

Voici la règle :

1; Réduisez-le tout en jours ;

2; Multipliez la somme par les jours;

3; Séparez par une virgule au produit trois chiffres et cinq quand il y a des centimes au multiplicande.

4; Prenez le sixième du produit en ayant soin d'abaisser une virgule qui corresponde à celle du produit,

On demande l'intérêt de 4968 f. à 6 pour cent pour 3 mois 16 jours.

3 mois font 90 jours plus 16 font 106 jours.

Je multiplie les francs 4968
Par les jours   106

        29808
        49680

       526,608
        87,76

Je sépare trois chiffres au produit, puis je prends le 6ᵉ et je dis : Le 6ᵉ de 52 est 8 pour 48; le 6ᵉ de 46 est 7 pour 42 ; je rencontre la virgule du produit et j'en abaisse aussitôt une après le 7. Le 6ᵉ de 46 est encore 7 pour 42 ; le 6ᵉ de 40 est 6. Il est inutile de continuer l'opération après qu'on a obtenu deux chiffres décimaux puisque ces deux chiffres représentent des centimes et qu'il n'est pas de monnaie au-dessous des centimes.

On demande l'intérêt de 2810,25 pour 19 jours.

$$2810,25$$
$$19$$
$$\overline{2529225}$$
$$281025$$
$$\overline{53,39475}$$
$$8,89$$

Dans ce compte d'intérêt , vous séparez
cinq chiffres par la virgule, au lieu de trois,
parce qu'il y a des centimes au multiplicande
car vous savez qu'il faut toujours tenir
compte au produit des décimales qui se
trouvent dans les deux facteurs. Ainsi il fallait forcément une virgule au produit et.
deux chiffres décimaux ; deux et trois qu'indique la règle d'intérêt, cela fait bien cinq
chiffres.

Maintenant, au lieu de vous fatiguer la
mémoire et de vous exposer à être arrêté
dans un compte d'intérêt, parce que vous
aurez oublié que pour l'intérêt à cinq on
divise par tel nombre, pour l'intérêt à 7
par tel autre, pour l'intérêt à 4 par tel autre, prenez toujours l'intérêt à 6, et regardez le rapport du chiffre de l'intérêt avec 6,

Intérêt.

à 1 , le 6e de l'intérêt à 6.

à 1/2 , la moitié de l'intérêt à 1.

à 2 , le tiers de l'intérêt à 6.

à 3 , la moitié de l'intérêt à 6.

à 4 , l'intérêt à 3, plus le tiers de l'intérêt à 3.

à 5 , l'intérêt à 6 moins l'intérêt à 1.

à 7 , l'intérêt à 6 plus l'intérêt à 1.

à 8 , l'intérêt à 6, plus le tiers de cet intérêt.

à 9 , l'intérêt à 6, plus la moitié de cet intérêt.

à 9 1/2, l'intérêt à 9 plus la moitié de l'intérêt à 1.

à 3 1/2 , la moitié de l'intérêt à 6 plus la moitié de l'intérêt à 1.

à 12 , le double de l'intérêt à 6.

Vous voyez que vous pouvez par ce moyen uniforme trouver tous les intérêts en regardant seulement le rapport du chiffre de l'intérêt avec 6.

Vous ferez bien de vérifier l'exactitude de vos multiplications par la preuve par 9.

Comment calcule-t-on l'intérêt à 6 pour cent par jour?

Pourquoi sépare-t-on cinq chiffres au produit, au lieu de trois, quand il y a des centimes?

Qu'est-ce que l'intérêt à 1, à 1/2, à 2, à 3, à 4, à 5, à 7, à 8, à 9 1/2, à 3 1/2 à 12?

L'arithmétique de M. Reynaud est une des meilleures, et je suis juste pour tout le monde. S'il n'a facilité aucune partie de l'étude, du moins il n'en a rendu aucune plus difficile. Bezout est l'auteur le plus simple et le plus clair; comme on ne pouvait que le copier, et pour que le plagiat ne fût pas trop matériel, on a prétendu que ses enseignements étaient trop simples, comme s'il pouvait jamais y avoir trop de simplicité dans l'enseignement; on s'est mis à faire de la science et on a tout gâté; on en est même venu à envelopper l'arithmétique dans la science des ténèbres, dans l'algèbre. M. Reynaud a vu tout ce désordre, il a su être plus sage que ses confrères les savants; il nous a rendu Bezout avec ses raisonnements clairs et précis. Mais M. Reynaud a

complètement échoué dans la solution des problêmes ; il a mis de la clarté dans les démonstrations des principes sans faciliter le moyen de les apprendre, et il n'a pas su enseigner à les appliquer.

M. Reynaud, tout membre du Conseil royal qu'il est, n'a pas voulu des proportions; mais pour s'en passer il s'est fourvoyé dans les fractions, et les unes ne sont souvent pas plus compréhensibles que les autres. D'ailleurs les fractions, c'est une chose de plus à savoir; et je le répète, il faut que celui qui veut tout faire avec les quatre règles y parvienne.

Dans ce problême que M. Reynaud se propose à résoudre ; voici tout son brouillamini scientifique : je copie la page 156.

Trouver dans combien d'années le capital 480,000 f., vaudra 560,000,

La différence entre ces deux nombres étant 80,000 fr., il s'agit de chercher pendant combien de temps les 480,000 fr. doivent être placés pour rapporter 80,000 fr. d'intérêt simple.

L'intérêt de 1 f. en un an étant $\frac{1}{20}$

L'intérêt des 480,000 en un an est $\frac{1}{20} \times$ 480,000 ou 24,000.

On peut donc dire : puisque le capital étant 480,000 fr.

L'intérêt 24,000 correspond à 1 an.

L'intérêt 1 f. correspond à 1 an.
$$\overline{24,000}$$

L'intérêt 80,000 correspond à 1 an.
$$\overline{24,000}$$
X 80,000 ou à 10 ans ou à 3 ans 4 mois.
$$\overline{3}$$

En se servant du même moyen on pouvait dire tout simplement :

La différence de 560,000 à 480,000 est 80,000.

L'intérêt de 480,000 pour un an est 24,000.

80,000 fr. divisés par 24,000, donnent 3 ans et 1/3 ou 4 mois.

Ceci est bien net et bien court, et prouve que le plus souvent l'intelligence d'un principe ne dépend que de la manière dont on le pose. M. Reynaud est comme tous les savants, il ne peut s'empêcher de faire de la science, et alors il n'enseigne pas. Enseigner c'est descendre au niveau de l'élève.

Le tort des savants est de croire que ce

qu'ils comprennent tout le monde le comprendra.

Quand on s'est fourvoyé dans une mauvaise route, non-seulement on ne peut pas
en sortir, mais les complications arrivent
et l'on se perd. M. Reynaud fait suivre le
problême que je viens de citer de cet autre
dont la solution est tout-à-fait incompré-
hensible, je ne dis pas pour l'enfant, mais
même pour des personnes exercées au calcul.
Avant de critiquer la solution de M. Reynaud je l'ai soumise à plus de vingt personnes, et aucune ne l'a comprise. Les critiques qu'on lit dans mes ouvrages, sont
moins les miennes que l'écho d'une opinion
générale; j'ai toujours tenu à être sûr que
mes critiques ne porteraient pas à faux. Je
mets chacun à même de vérifier l'exactitude de ce que j'avance. Voici le problême
de M. Reynaud.

Un capital de 480,000 fr., augmenté de
ses intérêts simples pendant 40 mois, vaut
560,000 fr. après ce temps; on demande à
quel taux ce capital a été placé?

L'intérêt de 480,000 fr. en 40 mois étant
560,000 — 48,000 ou 80,000.

L'intérêt de 1 f. en 40 mois est $\frac{80000}{48000}$ ou $\frac{1}{6}$

L'intérêt de 1 franc en 1 mois est un

$$\frac{1}{6 \times 40} \text{ ou } \frac{1}{240}$$

L'intérêt de 1 f. en 12 mois est donc 12 fois $\frac{1}{240}$ ou $\frac{1}{20}$

L'intérêt annuel de 100 f. est donc $\frac{1}{20} \times$ 100 ou 5 francs.

L'argent était donc à 5 pour 100 par an.

Quelle multiplicité d'opérations et quelle obscurité surtout pour celui qui ignore les fractions !

Remplacez tout ce désordre scientifique par ce moyen bien simple :

80,000 fr. d'intérêt pendant 40 mois représentent 2000 fr. par mois et 24,000 fr. par an.

On cherche l'intérêt de 100 fr.; eh bien, qu'est 100 fr. par rapport à 48000 fr. ? un nombre 4800 fois plus faible. L'intérêt de 100 fr. pour un an sera l'intérêt de 480,000 pour un an ou 24,000 divisé par 4800.

$$\begin{array}{r|l} 24000 & 4800 \\ \hline 0000 & 5 \end{array}$$

Il vient au quotient 5 pour l'intérêt de
100 fr.

Je me suis engagé à enseigner les applications de l'arithmétique avec les 4 règles seulement, et aussi à tout simplifier, à tout rendre plus facile. On me rendra, j'espère, justice. Je mets les solutions des autres en regard des miennes; je ne demande qu'on me juge que par la comparaison. Je ne choisis pas les calculs et les problèmes qui peuvent m'être favorables, j'accepte ceux des autres.

Règle de Compagnie.

Pour les entreprises qui nécessitent des capitaux considérables, on forme des associations. Plusieurs personnes apportent chacune une somme convenue, et selon que l'affaire réussit ou échoue, les associés ont à partager des bénéfices ou à subir des pertes dans la proportion de chaque mise.

Dans toutes les arithmétiques, la règle de compagnie renferme deux erreurs; l'une peu importante, l'autre très-grave. On éta-

blit cette règle sur la proportion suivante :
la somme des mises est au bénéfice ou à la
perte comme chaque mise est à x. Je suppose
que trois associés aient mis ensemble 20,000
fr. , et qu'ils aient perdu 15,000 fr. , évidemment ce ne sont pas ces 15,000 f. qu'il
y a à partager entre eux , mais les 5000 fr.
qui restent. Je ne sais si ceux qui ont posé
cette règle se sont aperçus de leur bévue ,
mais un fait assez remarquable , c'est qu'ils
ne donnent aucune application de la règle
de compagnie à une société en déficit.

Voici le seul genre de problème que pro-
posent les mathématiciens :

Trois associés ont mis : l'un 3000 fr. ,
l'autre 2200 , l'autre 4700 , ensemble 9800
fr. ils ont gagné 24,000 fr. ; on demande
combien il revient à chacun d'eux ?

Ils ont gagné 24,000 f. Cela veut-il dire
qu'ils ont 24,000 fr. en plus des 9800
qu'ils avaient mis ou bien qu'ils ont en tout
24,000 f. ? Ces mots : ils ont gagné, ne sont
pas clairs. Si ces 24,000 f. sont en plus des
9800 , votre règle est fausse , car ce n'est
pas 24,000 fr. qu'ils ont à partager mais
33,800 f. Cependant on comprend que dans

le compte des bénéfices cette erreur des mathématiciens n'est pas aussi grave qu'elle l'est dans le compte des pertes, car les trois associés après avoir partagé 24,000 fr. s'apercevraient qu'il reste encore de l'argent en caisse à partager. Mais cette règle appliquée au compte de pertes est tout-à-fait fausse. Dire : la somme des mises est à la perte comme chaque mise est à x, c'est le principe le plus absurde qu'on puisse donner, car ce qu'on a perdu n'est plus à partager.

Voici la règle que je propose pour les deux cas :

Divisez dans un compte en bénéfice tout ce qu'il y a, dans un compte en perte tout ce qui reste, par la somme des mises en poussant jusqu'aux millimes pour avoir le quotient le plus approximatif, puis multipliez ce quotient par chaque mise partielle.

J'accepte le problème ci-dessus indiqué à l'exception de ces mots peu clairs : ils ont gagné 24,000 fr., je suppose qu'ils ont en caisse 24,000 fr. en tout à partager.

```
  24000 | 9800
   4400 | 2,448
    480
    880
     96


2,448        2,448          2,448
3000         2200           4600
7344,000     4898          14688
             4898           9792
             5387,800      11260,800


             7344
             5385
            11260
            23991
```

On voit que j'ai raison d'engager à pous-
ser la division jusqu'aux millimes puisque
même avec cette prévoyance il se trouve
encore une différence de 9 fr. Si ces trois
associés avec leur mise totale de 9800 fr.
avaient perdu 4900 fr., vous diviseriez 4900
par 9800 ce qui vous donnerait an quotient
0,50, et multipliant ce quotient par chaque mise, vous verriez qu'il ne revient plus
à chacun que la moitié de sa mise, et ce

III.   5.

résultat est juste, car 4900 fr. est la moitié de 9800 fr.

Ma règle de compagnie a deux avantages
sur celles déjà connues. D'abord elle a autant de justesse dans le compte de perte
que dans celui de bénéfice, puis elle est plus
courte. Avec les autres systèmes on a à faire
autant de multiplications et de divisions
qu'il y a de mises partielles. S'il se trouve
dix mises, on a vingt opérations à faire. Par
mon moyen on n'a jamais qu'une seule division à faire; aussi au lieu de vingt opérations on n'en aurait que onze. Comparez
encore et dites si ce résultat n'est pas un
progrès; et de plus remarquez que je ne me
sers pas des proportions.

Des associés peuvent non-seulement ap-
porter dans une opération des mises inéga-
les, mais les laisser pendant un temps plus
ou moins long. Il est juste que celui dont
l'argent a servi, a été exposé le plus longtemps, soit dédommagé de ce risque par un
bénéfice proportionnel plus considérable
que celui de l'associé dont l'argent n'a couru que pendant peu de temps les chances de
l'opération.

Je suppose que dans une entreprise un associé ait laissé 200 fr. pendant six ans, un autre 400 fr. pendant trois ans, un troisième 600 fr. pendant un an. Ils avaient mis 1200 fr., il se trouve 600 fr. à partager à la fin de l'opération; combien revient-il à chacun d'eux ?

La règle est la même. Seulement il faut multiplier chaque mise par le temps et prendre pour total celui des mises multipliées par le temps.

$$
\begin{array}{llll}
200 \text{ fr.} & \text{pour } 6 \text{ ans} & - & 1200 \\
400 \text{ fr.} & \text{pour } 3 \text{ ans} & - & 1200 \\
600 \text{ fr.} & \text{pour } 1 \text{ an} & - & \underline{600} \\
& & & 3000
\end{array}
$$

$$
\begin{array}{l|l}
6000 & 3000 \\
0000 & 2
\end{array}
$$

$$
\begin{array}{cccc}
1200 & 1200 & 600 & 2400 \\
\underline{\quad 2} & \underline{\quad 2} & \underline{\quad 2} & 2400 \\
2400 & 2400 & 1200 & 1200 \\
& & & \underline{\quad} \\
& & & 6000
\end{array}
$$

En effet, celui qui met 200 f. et qui les laisse pendant six ans est dans la même position que celui qui met le double, 400 fr., mais qui ne les expose que pendant la moitié de ce temps, c'est-à-dire trois ans. Voilà pourquoi il revient la même somme à celui qui a mis 200 fr. et à celui qui en a mis 400. C'est là une convention commerciale de toute équité, car les 200 fr. du premier ont été deux fois plus exposés que les 400 fr. du second; il est donc juste qu'il ait deux fois plus d'avantages.

Qu'est-ce que la règle de compagnie?

Comment règle-t-on les comptes d'une compagnie, qu'elle soit en bénéfice ou en perte?

Quand les mises des différents associés ont été laissées pendant un temps inégal, quelle modification faut-il faire subir à la règle?

Règle testamentaire.

La règle testamentaire a pour but de partager les legs faits par un testateur. Ici encore, les mathématiques en voulant poser des problèmes difficiles, ont créé des ab-

surdités. J'ai sous les yeux une vieille arithmétique dans laquelle M. Reynaud a puisé
l'idée de réduire tout ce qu'on peut à l'u-
nité ou en fractions pour se passer des proportions ; du reste, je dois dire que l'auteur
de la vieille arithmétique, tout en indiquant
les deux moyens qu'a trouvés après lui
M. Reynaud, s'en tient aux proportions.
Dans cette arithmétique je lis ce problème :

Un testateur laisse à ses héritiers, qui
sont trois, la somme de 432 livres qu'ils
devront se partager comme suit : le premier en aura la moitié, le second le tiers,
le troisième le quart. Combien reviendra-t-
il à chacun d'eux?

Ce problème est une grande erreur, attendu que 1/2 1/3 et 1/4 ne font pas un entier ou plutôt font plus qu'un entier ; cela
fait un entier 1/12 ; il est donc impossible
de partager un nombre dans cette propor-
tion-là. Aussi l'auteur de l'arithmétique
est-il forcé de supposer un nombre pour
mettre en regard de la somme léguée et
pour établir sa proportion. Mais où prend-il
le droit de supposer un nombre? et d'ailleurs vous voyez qu'il arrive toujours à un
résultat mauvais.

Qu'un testateur dise à trois héritiers : voilà 2000 fr.; toi, tu en prendras la moitié, et chacun des deux autres le quart; cela se comprend , parce que la moitié et deux quarts font une unité. Ou bien : toi, la moitié, toi, un dixième, toi, 4 dixièmes, parce que 1 dixième et 4 dixièmes font 5/10 ou 2/5. Mais encore une fois ne supposez que des cas possibles et raisonnables, et pour résoudre ces problêmes, ramenez tout à 100; comparez à 100 la part qu'on fait à chacun. Si on lègue à l'un un quart , il a 25 p. % à l'autre 4/10 il a 40 p. % et vous connaissez la règle d'intérêt , cette règle si simple lorsque le nombre des jours n'est pas déterminé. Ce moyen est pour les divisions autres que celles par un chiffre , car vous savez que pour celles-là il n'y a qu'à prendre la moitié , le tiers , le quart etc. du nombre. Si un homme laisse 2000 fr. à sa veuve en lui recommandant d'en donner un quart à son fils , il n'y a aucune difficulté.

Voici donc les deux seuls embarras qui puissent se présenter :

Un homme faisant son testament , laisse 6000 fr. à sa veuve qui était enceinte à cette condition : que si elle enfante un fils il aura les trois-quarts de cette somme, et elle le quart ; si elle met au monde une fille, celle-ci aura la moitié et sa mère l'autre moitié. Il arrive que cette femme met au monde un fils et une fille ; combien revient-il à chacun des enfants et à leur mère ?

Avec un peu d'attention, la solution de ces problêmes est très-facile ; le fils doit avoir trois fois plus que sa mère, c'est-à-dire que si le fils a 3, la mère aura 1. La fille devant avoir une part égale à celle de sa mère, aura aussi 1; ainsi 3 parts pour le fils, 1 part pour la mère, 1 part pour la fille, cela fait 5 parts ; donc la part est de 1200 fr. quotient de la division de 6000 par 5.

La fille aura donc 1200
La mère 1200
Le fils 3 fois plus que sa mère . 3600
                                  _____
                                   6000

Compliquons encore ce problême. Un homme laisse 8000 fr. à sa veuve, à la condition que si elle met au monde un fils, il aura la moitié ; si elle enfante une fille,

celle-ci n'aura qu'un tiers. Cette mère en-
gendre trois enfants dont un fils et deux filles ; que revient-il à chaque personne ?

Si le fils a 3, par exemple, la mère aura
aussi 3, c'est-à-dire une part égale à celle
de son fils et chacune des filles aura 1, c'est-à-
dire le tiers de la part de la mère. Ainsi 3
parts pour le fils, 3 pour la mère, 1 pour
chaque fille, total 8 parts. 8000 par 8,
donnent pour chaque part 1000.

1 fille	1000
1 fille	1000
Le fils	3000
La mère	3000
	8000

Règle des assiégés.

La plupart des règles qui ont leur application dans les villes assiégées sont soumi-
ses à des complications très-abstraites. Ces
problêmes étaient du nombre de ceux qui
embarrassent le plus les élèves. Il est toujours difficile de se faire une idée juste de
la proportion qu'on doit établir, lorsque
surtout cette proportion repose sur une règle de trois inverse ou composée.

J'enseigne à résoudre tons ces problêmes
par un seul moyen, et je crois qu'il serait
impossible d'en trouver un plus facile.

*Dans une ville assiégée, il y a des vivres
paur 8 mois à 1500 hommes et ils ne peuvent
avoir du secours que dans 15 mois; l'on veut
néanmoins que les rations ne diminuent point.
Combien doit-on retenir d'hommes dans la
place?*

*Et si ces quinze cents hommes sont forcés
de demeurer dans la place, ayant par jour
2 livres de pain pour ration, lorsque les vivres
pouvaient durer 8 mois; combien leur faudra-t-il donner de pain pour que les vivres
durent 11 mois?*

Pour résoudre les problêmes de ce genre,
multipliez toujours les deux premiers nombres l'un par l'autre, et divisez le produit par le troisième.

```
   1500          8
      8          2
  _____|11   16 |11
   12000 |1090  50 |1,45
    100          60
    10           5
```

Dans le premier problême on a pour résultat 1090 hommes qui doivent rester dans
la place.

Dans le second, 1 livre 45 qui doit former la ration de chaque homme.

*Si dans une ville assiégée il y a des vivres
pour 1500 hommes et pour 8 mois, si l'on
renforce la garnison de 400 hommes, combien ces mêmes vivres dureront-ils de temps,
sans que la ration soit diminuée?*

*Un capitaine dit qu'en donnant 0,80 par
jour à chacun de ses soldats, il a de l'argent
pour 23 jours; mais n'espérant point d'autre
argent que dans 46 jours, à combien faut-il
réduire la solde de chaque militaire afin que
l'argent puisse durer 46 jours?*

C'est encore la même addition; seulement vous remarquerez que dans le premier problême, ce ne sont plus 1500, mais
1900 hommes qui composent la garnison.

$$
\begin{array}{cc}
1500 & 23 \\
8 & 0,80 \\
\hline
12000 & 18,400 \\
6000 & 0\;000 \\
3000 &
\end{array}
$$

1900 → 6,31

18,400) 4600
0 000) 0,40

Dans le premier problême, les vivres du-
reront 6 mois 9 jours sans que la ration
soit diminuée; dans le second il ne faudra
donner à chaque militaire que 0,40 centimes.

Nous reverrons bientôt ces problêmes
dans les proportions; vous comparerez les
deux solutions; il faut que l'adoption de
mes moyens d'enseignement soit le résultat d'une conviction.

Règle des Échanges.

Cette règle a pour but d'échanger des
marchandises contre d'autres dont le prix
est différent.

On veut troquer du drap à 50 fr. le
mètre, contre du casimir à 75, combien
devra-t-on recevoir de casimir en échange
de 600 mètres de drap.

Les 600 mètres valant 600 fois le prix d'un
mètre ou 600 fois 50 ou 30,000 francs, on
recevra autant de mètres de casimir que le
prix 75 du mètre de casimir est contenu
dans 30,000.

$$30000 \underline{) 75}$$
$$0000 \underline{) 400}$$

On recevra 400 mètres de casimir :

On lit dans les arithmétiques, des problèmes dans le genre de celui qui suit :

Un marchand veut échanger du drap contre du basin; les mètres du drap valent autant que 3 mètres de casimir; et 5 mètres de casimir valent autant que 7 mètres de basin ; combien le marchand recevra-t-il de mètres de basin pour 60 mètres de drap ?

Pourriez-vous me dire dans quelles circonstances deux commerçants se sont posé des questions aussi absurdes? que fait là le casimir? que penseriez-vous de deux commerçants qui veulent échanger du drap contre du basin, et qui, au lieu de se dire le drap vaut tant, le basin tant, forment un marché dans le genre de ceux qui ne se trouvent que dans les cerveaux des mathématiciens? les auteurs veulent faire de la science à tout prix. Eh! mon Dieu! doute-t-on qu'ils aient de la science, je voudrais avoir le quart de celle de M. Reynaud? ce

dont on doute, c'est qu'ils sachent enseigner ; ils cherchent moins à être utiles
qu'à être admirés ; semblables aux maîtres
d'écriture qui entassent dans les cahiers de
modèles de magnifiques exemples enjoli-
vés d'ornements superflus, sans s'inquiéter
si l'élève pourra les reproduire, les mathématiciens encombrent leurs livres de problêmes qu'ils devraient abandonner aux
chevaliers d'industrie qui exploitent les mathématiques sur les tréteaux. Il vaudrait
beaucoup mieux enseigner des problêmes
usuels que des tours de force; quant à moi
je n'ai pas voulu sortir du cercle de l'utile ;
du reste j'avoue que je pourrais être im-
puissant à résoudre tous ces problêmes de
tréteaux ; je n'ai pas eu le temps d'essayer,
mais il m'a suffi qu'un problême fût absurde
ou ne pût jamais s'offrir, pour que je crusse
de mon devoir de ne pas forcer l'élève à
perdre du temps pour prendre une idée
fausse. Je n'ai eu qu'une ambition, celle de
rendre faciles les choses utiles. La science
qui manque en France, c'est celle d'enseigner.

Règle des alliages.

Cette règle enseigne à allier, à mélanger des produits de nature et de valeur différentes pour obtenir un produit mixte et une valeur moyenne. C'est l'application d'arithmétique la plus difficile à faire sans le secours des proportions, car ce qu'on cherche dans la règle d'alliage, ce sont toujours des rapports. Cependant j'espère rendre cette règle possible à ceux qui ignorent les proportions.

On a mêlé 15 boisseaux de froment à 1, 10 le boisseau, avec 25 boisseaux de seigle à 0, 80 et 12 boisseaux à 0,65; le mélange étant fait, on demande à combien revient le boisseau?

$$
\begin{array}{rll}
15 \text{ boisseaux} & \text{à } 1,10 = & 16,50 \\
25 & \text{à } 0,80 = & 20 \\
12 & \text{à } 0,65 = & 7,80 \\
\hline
52 & & 44,30
\end{array}
$$

44, 30,0 | 5200

27000 | 0,85 le boisseau.

0000

52 boisseaux coûtant ensemble 44,30,
Le prix d'un seul boisseau sera le quotient
de la division de 44, 30 par 52.

On a 100 *bouteilles de vin à* 1 *fr. la bouteille. On demande combien il faut y mêler
de bouteilles d'eau pour que la bouteille du
mélange revienne à* 0,75 ?

Multipliant 100 par 1 on a 100, qui divisé par 0,75 centimes donne au quotient
134 bouteilles. La différence de 100 à 134
est de 34 ; il faudra donc mettre 34 bouteilles d'eau dans les 100 bouteilles de vin,
pour que ce vin qui coûtait 1 fr. la bouteille ne revienne plus qu'à 0, 75. En effet,
100 multiplié par 1 fr. donne 100 fr. 134
multiplié par 0,75 donne aussi 100 fr.

*Un orfèvre veut faire un ouvrage qui doit
peser* 35 *marcs d'argent au prix de* 25 *fr. le
marc et parce qu'il n'a point d'argent à ce titre là justement, et qu'il en a de plus haut et
de plus bas prix, il est nécessaire qu'il les allie ensemble ; il a de l'argent de quatre titres
différents, le premier à* 21 *fr. , le second à* 23
fr. , le troisième à 29 *et le quatrième à* 30 ; *on
demande combien il doit en prendre de chaque titre pour faire les* 35 *marcs ?*

Voilà la véritable règle d'alliage. Avant de donner la solution que j'ai trouvée, je vais donner celle des autres. On comparera et l'on comprendra facilement que si la plupart des personnes ne savent pas résoudre les problêmes, c'est que leur solution était trop longue et trop compliquée.

Je copie textuellement.

livres.		marcs.	
30		2	Ayant disposé
29	25 fr.	4	les prix les uns
23		5	sous les autres,
21		4	comme il se voit.

Construction.

Il faut prendre la différence 15 de 30 à 25, c'est 5 qu'il faut écrire vis-à-vis de 23, la différence de 29 à 25 est 4 qu'il faut écrire vis-à-vis de 21.

Ensuite en remontant, la différence de 21 à 25 est 4, qu'il faut poser vis-à-vis de 29.

Enfin la différence de 23 à 25 est 2, qu'il faut poser vis-à-vis de 30.

Ayant posé les différences, la somme est 15.

Maintenant, si on veut savoir combien il faudra prendre de chaque sorte d'argent pour composer les 35 marcs, comme si on veut savoir combien il en faut prendre de celui à 3o fr. le marc, il faut raisonner ainsi :

Si pour faire une masse de 15 marcs d'argent, il en faut prendre 2 marcs de celui à 3o fr., combien en faut il prendre pour faire une masse de 35 marcs.

Opération.

Si   15   2   35   R. 4 marcs $\frac{2}{3}$

De même pour savoir combien il en faut prendre de celui à 29 livres,

Si   15   4   35   R. 9 $\frac{1}{3}$

Et continuant de même pour les autres, on trouvera qu'il en faut de celui à 25 livres   11 $\frac{2}{3}$

et de celui à 21   9 $\frac{1}{3}$

Somme   35

Quelle profusion d'opérations et quelle complication ! Cinq soustractions, une addition, quatre proportions à établir, quatre multiplications et quatre divisions à

III.   6

faire! et quelle difficulté dès les premiers
pas! S'il fallait placer le reste de chaque
soustraction vis-à-vis du nombre de francs
sur lequel on a opéré la soustraction, ce serait facile et rationnel; mais quand je retranche 25 de 30 il faut porter le reste 5,
non vis-à-vis de 30, mais à côté de 25, et
cette difficulté est forcée, car les proportions qui suivent reposent sur cette disposition ou plutôt sur ce désordre des restes.

Au lieu de ce brouillamini et de ces dix-
huit opérations, voici la solution que je
propose :

Multipliez les deux nombres proposés
l'un par l'autre, 35 par 25 et divisez le
produit 875 par la somme des différents
titres que vous voulez allier.

$$
\begin{array}{ccc}
 & 875 & \!\mid 103 \\
30 & 510 & \!\mid 8,495 \\
29 & 980 & \\
23 & 530 & \\
21 & 25 & \\
\hline
103 & &
\end{array}
$$

Maintenant vous n'avez plus qu'à multiplier ce quotient 8,495 par chaque titre.

8,495	8,495	8,495	8,495
30	29	23	21
254,850	76455	25485	8495
	16990	16990	16990
	246355	195385	178395

$$254,850$$
$$246,355$$
$$195,385$$
$$178,395$$
$$874,985$$

Les 35 marcs à 25 fr. faisant 875 fr.,
j'obtiens donc le résultat voulu, à 2 centimes près; c'est-à-dire qu'il faudra pour
254,850 d'argent à 30 fr. le titre; 246,555
d'argent à 29; 195,385 d'argent à 23;
178,395 à 21 fr.

N'aurait-il pas mieux valu chercher des
solutions faciles à des problêmes usuels
comme celui-ci, que de se livrer à des
tours de force, et puis de dire à l'occasion

des applications utiles : *Il existe des problé-
mes qui n'admettent pas une solution directe,
une solution sans le secours des proportions.*
Cette phrase est pourtant de M. Reynaud, de
ce savant antagoniste des proportions, mais
qui a eu le tort de les remplacer, quand
toutefois il le peut, par les fractions, par
une chose tout aussi difficile.

Réduction à l'unité.

On peut arriver à la solution des petits
problêmes par la réduction à l'unité. Sur
cent personnes, il n'y en a pas une qui
puisse établir une proportion, une règle de
trois, tandis que la réduction à l'unité est
le moyen naturel, la voie que prend de lui-
même l'ignorant. Comme tous les mathématiciens qui ont cherché à se passer des
proportions, j'aurais adopté dans tous les
cas la réduction à l'unité; mais j'ai voulu
abréger le chemin, et ne donner à l'élève
que des règles très-courtes. Lorsqu'un principe entraîne dans des opérations trop multipliées, on est exposé à en passer quelques-

unes. Mais dans de petites questions comme
celles qui vont suivre, il est seulement utile
de se servir des proportions, il vaut même
mieux chercher l'unité.

*Si 25 objets ont coûté 50 fr., combien coû-
teront 250 de ces mêmes objets.*

Au lieu de dire : 25 : 50 :: 250 : x;
comme il n'est pas indifférent de connaître le prix d'un seul objet, il vaut
mieux dire : 25 objets coûtent 50 fr., un
seul objet vaut 2 fr. ; 250 objets vaudront
donc 2 fois 250 ou 500 fr.

*Si pour 500 fr. on a eu 250 objets, com-
bien en aura-t-on pour 50 fr.*

En divisant 500 par 250, on voit que chaque objet a coûté 2 fr. Par conséquent on
aura pour 50 fr. autant d'objets que 50 contient 2, c'est-à-dire 25.

*4 ouvriers ont fait 20 mètres d'ouvrage,
combien 9 en feront-ils ?*

Si 4 ouvriers ont fait 20 mètres d'ouvrage,
chaque ouvrier a fait 5 mètres. 9 ouvriers
feront donc 45 mètres, 9 fois ce qu'un seul
a pu faire.

100 ouvriers ont employé 60 jours pour

faire un ouvrage, combien 150 ouvriers met-
tront-ils de temps à faire le même ouvrage !

Un ouvrier aurait mis 100 fois plus de
temps que cent ouvriers, c'est-à-dire 6000
jours qui, divisés par 150, donnent au quotient 40 jours.

20 *ouvriers ont fait* 300 *mètres d'ouvrage*
en 5 jours, on demande combien 15 *ouvriers*
feront de mètres en 12 jours ?

On a proposé plusieurs solutions pour ce
problême; la plupart reposent sur les proportions et sont très-compliquées; je ne
pense pas qu'il y ait une solution plus simple que celle-ci.

300 mètres en 5 jours font 60 mètres par
jour et 3 mètres par homme; par conséquent 15 ouvriers feront d'abord dans un
jour 15 fois ce que fait un seul homme, c'est-
à-dire 45 mètres, et dans 12 jours, 12 fois
ce qu'ils font dans un seul, ou 540 mètres.

Si 18 *hommes font en 3 jours* 90 *mètres,*
combien faut il d'hommes pour faire en 12
jours 300 *mètres ?*

Cherchez toujours ce qu'un seul homme
peut faire dans un seul jour.

On a fait par jour le 1/3 de 90 mètres ou
30 qui, divisés entre 18 hommes, donnent
pour l'ouvrage de chacun par jour 1 m. 66.
Un homme ne fera donc dans 2 jours que
12 fois 1, 66 ou 19, m. 92; il y a 300 mètres à faire; il faudra donc autant d'hommes que 300 contient 19, 92, c'est-à-dire 15
hommes.

*Deux ouvriers travaillant 3 heures par jour
ont fait 90 mètres; combien trois ouvriers
travaillant 7 heures par jour feront-ils de mètres en deux jours?*

90 mètres en 3 heures, c'est 30 mètres
par heure et par deux ouvriers, ou 15 mètres par heure et par un seul ouvrier. Si cet
ouvrier travaillait 14 heures en deux jours,
il ferait 14 fois ce qu'il a fait dans une
heure, 210 mètres; mais ils seront trois
ouvriers, ils feront donc trois fois plus d'ouvrage, ou 630 mètres.

La réduction à l'unité est un moyen qui
doit être employé dans des limites très-
restreintes si l'on veut en retirer quelque
avantage.

Tant d'objets coûtent tant, combien

coûteront tant d'autres objets; tant d'objets coûtent tant, combien aura-t-on d'objets pour tant ? tant d'ouvriers ont fait un ouvrage dans un certain nombre de jours, combien plus ou moins d'ouvriers feront-ils du même ouvrage dans plus ou moins de temps ; ou combien faudra-t-il d'ouvriers pour faire plus ou moins de cet ouvrage dans plus ou moins de temps.

Voilà les problêmes usuels qu'il est bon de résoudre avec l'aide de la réduction à l'unité ; ceux qui ont voulu étendre ce moyen se sont perdus dans des opérations interminables, et j'avais à marcher entre cet écueil, les proportions et les fractions de M. Reynaud.

PROPORTIONS.

Le mot proportion s'explique de lui-même ; c'est la réunion de deux rapports égaux ; ce mot indique qu'un chiffre est par rapport à celui qui le suit dans la même proportion que deux autres chiffres sont

entre eux , que 2 est à 4 comme 6 est à 8 ,
parce que de 2 à 4 il y a 2, et que de 6 à 8 il
y a aussi 2 ; ou bien que 2 est à 4 comme
6 est à 12 parce que 2 fois 2 font 4, et 2
fois 6 font 12 ; le rapport est toujours 2 ;
mais dans le premier cas il est arithmétique, dans le second géométrique; dans le
premier cas , 2 est le reste d'une soustraction ; dans le second le quotient d'une division.

$$2 \text{ est à } 4 \text{ comme } 6 \text{ est à } 8$$
$$2. \quad 4 \quad : \quad 6. \quad 8$$

Dans la proportion arithmétique , l'expression *est à* s'exprime par un seul point ,
et le mot *comme* par deux points placés l'un
au-dessus de l'autre.

$$2 \text{ est à } 4 \text{ comme } 6 \text{ est à } 12$$
$$2 : \quad 4 \quad :: \quad 6 : \quad 12$$

Dans la proportion géométrique, *est à*
s'exprime par deux points, et *comme* par
quatre.

Chaque rapport est formé de deux nombres qui se suivent, et une proportion est
composée de quatre nombres formant deux
rapports.

III.   6.

On appelle *antécédent* le premier terme de chaque rapport 2 et 6. Chaque antécédent a un *conséquent*; c'est-à-dire un nombre qui le suit. 4 est le conséquent de 2. 8 et 12 sont les conséquents de 6.

Le premier et le dernier termes se nomment *les deux extrêmes*. Les deux termes du milieu, c'est-à-dire le 2ᵉ et le 3ᵉ se nomment *moyens*.

Rappelez-vous ces dénominations, et surtout n'oubliez pas que les quatre règles sont également partagées entre les deux proportions arithmétique et géométrique; dans la proportion arithmétique, il ne faut jamais parler que d'addition et de soustraction : dans la proportion géométrique de multiplication et de division.

Un rapport arithmétique ne change pas quand on augmente ou diminue les deux termes d'un même nombre.

Un rapport géométrique ne change pas quand on multiplie ou quand on divise les deux termes par un même nombre.

Le rapport arithmétique de 4 à 6 est 2. Si j'ajoute 5 à 4 j'aurai 9; si j'ajoute aussi 5 à 6, j'aurai 11; 9 de 11 il reste encore 2.

Le rapport géométrique de 4 à 8 est 2 ; si je multiplie 6 par 4 j'aurai 24 ; si je multiplie aussi 8 par 6 j'aurai 48 ; et 48 divisé par 24 donne encore pour quotient, pour rapport 2.

On conçoit aisément que le rapport ne pourrait changer, ne pourrait être dérangé qu'autant qu'on modifierait un des termes sans toucher à l'autre ; mais si l'on ajoute autant à l'un qu'à l'autre, ils auront toujours la même valeur relative.

Dans toute proportion arithmétique la somme des extrêmes est égale à celle des moyens.

Dans toute proportion géométrique le produit des extrêmes est égal à celui des moyens.

$$6. \; 8 : 5. \; 7 = 5 : 9 :: 4 : 12$$

6 et 7 font 13, 8 et 5 font 13, 3 fois 12 font 36, 9 fois 4 font aussi 36.

Par conséquent une proportion est fausse ou plutôt il n'y a pas proportion, lorsque la somme des extrêmes n'est pas égale à celle des moyens, lorsque le produit des extrêmes n'est pas égal à celui des moyens.

Dans une proportion arithmétique, le 4ᵉ terme est égal à la somme des moyens moins le premier terme.

$$4.\ 6 : 7.\ 9$$

9 est égal à 6 + 7 ou 13—4. 4 de 13 il reste 9.

Ainsi lorsqu'on connaît 3 termes d'une proportion arithmétique, on peut en déduire le 4ᵉ, on ajoute les deux moyens, on retranche l'extrême connu et l'on a l'extrême inconnu.

Les proportions arithmétiques n'étant d'aucune utilité, désormais nous n'en parlerons plus ; et quand j'articulerai le mot proportion, vous prendrez toujours l'idée de la proportion géométrique, vous ne ferez que des multiplications et des divisions.

Dans toute proportion géométrique, le 4ᵉ terme est égal au produit des moyens divisé par le premier terme.

$$4 : 12 :: 6 : 18$$

18 est égal à 12 fois 6 ou 72 divisé par 4.

Ainsi connaissant trois termes d'une proportion géométrique , il est facile de trouver le 4ᵉ terme. On multiplie les deux moyens et l'on divise par l'extrême connu.

Sur ce principe reposent toutes les applications des proportions ; et l'on appelle les règles d'application, règle de trois, parce qu'on connaît toujours trois termes et parce que l'on ne connaît jamais que 3 termes. Le but de la règle de trois, des proportions, est de trouver le 4ᵉ terme. Les proportions étaient décorées du nom de règle d'or. Beaucoup d'or d'autrefois n'a pas de valeur aujourd'hui.

Je vais mettre sous vos yeux quelques problèmes sans altérer en rien les solutions données par les auteurs.

Quatre ouvriers ont fait 20 mètres d'ouvrage , combien 9 ouvriers en feront-ils ?

Je dis : si 4 ouvriers ont fait 20 mètres d'ouvrage , 9 ouvriers en feront proportionnellement davantage ; par conséquent on aura la proportion suivante :

$$4 : 20 :: 9 : x$$

Multipliant les deux moyens l'un par l'autre, 20 par 9 on a 180, et divisant par l'extrême connu par 4, on a au quotient 45 mètres qui sont l'extrême inconnu, le nombre que l'on cherche ; en effet le rapport de 4 à 20 est 5 ; le rapport de 9 à 45 est aussi 5 ; il y a donc proportion.

Si les proportions étaient toujours aussi faciles, je n'aurais pas cherché d'autre moyen, mais vous allez voir combien il faut d'attention et de réflexion pour établir une proportion.

45 aunes ont coûté 135 fr., combien aura-t-on d'aunes pour 225 fr.?

Ici ce ne sont déjà plus les deux premiers nombres qui doivent être posés les premiers ; il faut tourner la question et dire : si pour 135 fr. on a eu 45 aunes, combien en aura-t-on pour 225 fr.?

$$135 : 45 : : 225 : x = 75.$$

24 hommes ont des vivres pour 12 jours ; mais comme on veut réduire ce nombre à 15, on demande combien de temps les 15 restants doivent subsister de ces mêmes vivres.

Il faut faire ce qu'on appelle une règle de trois inverse, il faut encore bouleverser l'ordre naturel, car 5 hommes devront subsister pendant plus de douze jours ; si l'on mettait $24 : 12 : : 15 : x$ le quatrième terme serait 7 jours, un nombre plus petit que

12, et l'on cherchait un nombre plus grand.

Voilà déjà deux sortes de règles de trois, la directe et l'inverse ; nous allons la voir encore subir deux transformations ; elle pourra encore être double ou en fausse position.

45 toises de maçonnerie ont été faites par 18 hommes en 3 jours, combien 15 hommes pourront-ils faire de toises en 12 jours ?

Il faut d'abord se faire un raisonnement que tout le monde ne peut pas faire ; puis on multiplie les trois derniers nombres 45, 15 et 12 les uns par les autres ; il viendra 8100 pour nombre à diviser ; il faut aussi multiplier les deux premiers l'un par l'autre, 18 par 3, il viendra 54 pour diviseur. Cela fait, il faudra encore diviser 8100 par 54 ; il viendra 150 toises que 15 hommes feront en 12 jours.

Ceci est difficile à apprendre.

La règle de fausse position est ainsi nommée parce que pour découvrir un résultat il faut supposer des nombres, poser des chiffres faux.

Quatre marchands ont à partager entre eux la somme de 500 fr. à la condition que le premier aura pour sa part les 3/4 de tout l'argent, le second la moitié, le troisième le 1/3 et le quatrième le quart; combien chacun aura-t-il ?

Pour résoudre ce problême il faut prendre un nombre à plaisir, le plus petit possible qui ait les parties requises comme 12 dont les 3/4 sont 9, la $\frac{1}{2}$ est 6, le 1/3 est 4 le 1/4 est 3; ces parties ajoutées ensemble font 22 et doivent faire 500; il faut donc faire cette règle de trois : si 22 viennent de 12 d'où viendront 500 ? et l'on aura 272 pour résultat.

Quand on réfléchit que la règle de fausse position peut être double et composée, on doit se demander quelles sortes de problêmes restent dans ces règles, et quand on a reconnu que ce sont des problêmes de tréteaux, ne pas en fatiguer l'intelligence de l'élève. Que peuvent lui importer des problêmes comme celui-ci par exemple : trois hommes s'entretiennent de leur âge; l'un d'eux dit : tel a quatre ans plus que moi; et cet autre a autant d'âge que nous deux et tous trois nous avons 148 ans, quel âge a chacun de nous ?

PROGRESSIONS.

Voici encore une autre inutilité de la science ; cela ne sert à rien, cela n'enseigne à résoudre que des problêmes qui ne se présentent jamais.

Une progression est une suite de proportions, une suite de nombres ayant entr'eux le même rapport. Il y a des progressions arithmétiques et des progressions géométriques suivant que le rapport est le résultat d'une soustraction ou d'une division.

$$2.\ 5.\ 8.\ 11.\ 14.\ 17.\ 20.\ 23$$
$$2 : 4 : 8 : 16 : 32 : 64 : 128$$

En toute progression arithmétique, quand les termes sont en nombre pair, la somme est égale à la somme des inter-moyens également distants des extrêmes.

Ainsi, 2 et 23 faisant 25, 5 et 20, 8 et 17, 11 et 14 feront aussi 25.

Pour avoir la somme de tous les termes d'une progression arithmétique il faut ajouter le premier et le dernier ensemble,

Multipliez la somme par la moitié du nombre des termes, le produit donnera la somme de tous les termes.

Un marchand a vendu 150 aunes d'étoffe à la condition que la première aune sera payée 1 fr., la deuxième 2, la troisième 3 et toujours en augmentant d'1 fr., selon la progression naturelle jusqu'à la dernière aune; combien doit recevoir le marchand?

J'ajoute le premier terme 1 avec 150 et je multiplie 151 par 75 moitié de 150, le produit donne 11,325 pour la valeur des 150 aunes.

Quel marchand vendra jamais du drap à ces conditions-là? qui a jamais fait un marché semblable?

Les règles des progressions géométriques reposent sur le même principe, sauf que là il faut multiplier et diviser. Ainsi hâtons-nous de revenir aux choses utiles.

Je donnerai avec quelque étendue les règles du toisé; elles ne se trouvent dans aucune arithmétique, et ce sont elles qui sont les plus utiles aux industriels et aux propriétaires; cette étude aura deux di-

visions : les principes généraux et les applications, et pour préliminaires les carrés
et les cubes, bien que l'extraction des racines carrée et cubique, soit d'un usage
bien rare.

QUARRÉS ET CUBES.

Si vous multipliez un nombre par lui-
même, vous aurez un quarré ; et si vous
multipliez le quarré encore par le nombre
lui-même, vous aurez un cube.

Racines	1	2	3	4	5	6	7	8	9
Quarrés	1	4	9	16	25	36	49	64	81
Cubes	1	8	27	64	125	216	343	512	729

Les quarrés des 9 premiers nombres ne
présentent aucune difficulté ; vous connaissez toutes ces multiplications. Il n'en est
pas de même des cubes. Il est très-difficile
de ne pas confondre les cubes entre eux,
les racines cubiques entre elles. Je n'ai pas
voulu laisser une seule difficulté sans solution, et j'ai créé un moyen à l'aide duquel

vous pourrez, vous devrez ne pas avoir de confusion dans l'esprit. Regardez les rapports des racines avec leurs cubes.

Excepté dans 8 et dans 27, la racine cubique est toujours indiquée dans le cube soit par le chiffre lui-même comme dans 64, 125, 216, 729; soit par la somme des deux premiers chiffres comme dans 343, 3 et 4 font 7. Soit par la somme de tous les chiffres comme dans 512 dont la somme des chiffres reproduit la racine 8.

Maintenant si je vous demande quelle est la racine cubique de 64, de 125, de 216, de 729, vous répondrez de suite : 4, 5, 6, 9. Celle de 343 ? Vous répondrez 7 parce que 3 et 4 font 7. Celle de 512 ? Vous répondrez : 8, parce que vous remarquez que ce nombre est celui dont la somme des chiffres reproduit la racine 8.

L'extraction des racines quarrée et cubique n'est, à vrai dire, qu'une division, mais une division avec une complication fastidieuse; l'usage en est, Dieu merci, fort restreint ! Les quarrés et les cubes sont deux études incompréhensibles dans toutes les

arithmétiques; je les ai rendues claires et
précises. Je n'accuse jamais sans mettre à
même de juger si j'ai tort. Je choisirai l'auteur le plus facile et le plus clair lorsqu'il
veut bien oublier d'être trop savant, M.
Reynaud; je puis me tromper, aussi vais-je
donner d'abord le moyen par lequel il enseigne l'extraction de la racine quarrée. Le
mien viendra ensuite. Vous accorderez
votre préférence avec connaissance de cause.
Je dois prévenir que M. Reynaud ne donne
pas de règles pour cette opération, ni de
questions qui remplacent les règles; c'est
déjà un grand tort dans une étude aussi
difficile que de ne pas avoir de guide, de
grands principes établis avant de commencer ; car ce qu'on appelle un guide dans
cette étude est précisément ce qui vous
trompe, comme je le montrerai tout à
l'heure.

On dit : le quarré d'un nombre composé
de dixaines et d'unités contient trois parties : le quarré des dixaines, le double des
dixaines multiplié par les unités et le quarré
des unités.

Je vais résumer la preuve qu'on en
onne.

64 racine.
64
───────
16 unités.   Quarré des unités.
24 dixaines.   Produit des 6 dixaines
                par les 4 unités.
24 dixaines.   Produit des 4 unités
                par les 6 dixaines,
                même produit que le
                précédent; ainsi l'on
                a deux fois le produit
                des dixaines par les
                unités.
36 centaines   Quarré des 6 dixaines
                puisque le carré de
                10 est 100.
───────
4096 quarré de 64.

Maintenant soit à extraire la racine quarrée de 4096.

Quarré   40,96 | 64 racine.
         36 | 124 × 4 = 496
         ───────
1er reste 49,6
          49,6
         ───────
2e reste   0

M. Reynaud dit : le quarré de 10 étant
100, le quarré des dixaines de la racine ne
peut se trouver que dans les 40 centaines
de 4096. (on sépare par un point les deux
premiers chiffres à droite de 4096) 40 tombant entre le quarré de 6 et celui de 7, il
en résulte que 40 centaines est compris
entre 6 quarré et 7 quarré centaines. Or, 40
centaines et 7 quarré centaines diffèrent au
moins d'une centaine ; le nombre 4096 composé de 40 centaines plus 96 unités est donc
nécessairement compris entre 6 quarré et
7 quarré centaines, c'est-à-dire entre les
quarrés de 6 dixaines et de 7 dixaines ; la
racine quarrée de 4096 est donc comprise
entre 6 et 7 dixaines ; elle est donc composée de 6 dixaines et d'un certain nombre d'unités moindre que 10. Ceci est déjà
considérablement embrouillé ; je continue :
Pour obtenir ces unités, on retranche de
4096 le quarré de 36 centaines des 6 dixaines de la racine, le reste 496 ne renferme
plus que le double des 6 dixaines de la racine multiplié par les unités et le quarré
des unités. Le double des dixaines multiplié par les unités exprimant des dixaines,

ne peut se trouver que dans les 49 dixaines du
reste 496 (on sépare par un point le premier chiffre à droite du reste); ces 49
dixaines contiennent en outre les dixaines
qui peuvent provenir du quarré des unités ;
divisant donc 49 par 12, les 4 unités du
quotient expriment le chiffre des unités ou
un chiffre trop fort. Le reste 496 est composé du double des 6 dixaines multiplié par
les 4 unités et du quarré des unités.

Il suffit donc d'ajouter le double des
dixaines par les unités avec le quarré des
4 unités et d'ôter cette somme de 496.

On écrit le chiffre 4 des unités à la droite
de 12 double du nombre des dixaines, ce
qui donne 124; mais pourquoi cette nouvelle manière de multiplier 12 par 4? puis
on multiplie 124 par 4. Mais pourquoi ?
Il fallait l'expliquer, le faire comprendre.

M. Reynaud, comme tous les savants,
s'imagine à tort que l'élève s'initiera *ex
abrupto* dans tous les mystères de la
science.

Je n'ai rien changé aux expressions de
M. Reynaud; j'ai copié textuellement; j'ai
voulu que ceux qui n'auront pas la patience

de comparer les autres ouvrages avec le mien, pussent encore pressentir tout ce que j'ai eu à faire. Voilà les seules données fournies par M Reynaud pour extraire la racine quarrée; et pour que vous soyez à même de juger ce qu'elles valent, je mets sous vos yeux une autre extraction telle qu'elle est établie par son auteur.

$$42,\ 12,\ 01 \mid 649 \text{ racine}$$

```
        42, 12, 01 | 649 racine
        36         | 125 124 1289
1er reste 61,2         5   4    9
        49 6       625 496 11601
2e reste 1160,1
        1160,1
3e reste      0
```

Voilà l'opération toute faite; eh bien! je défie qu'on la comprenne, qu'on la fasse en se servant des données qu'on vient de lire précédemment; j'ai essayé avec vingt personnes et aucune d'elles n'a pu y parvenir, même en ayant sous les yeux l'opération toute faite.

III.   7

Quand l'élève n'a pas de guide, n'a pas de règle, il se trouve arrêté à chaque instant, il ne sait ni commencer, ni continuer, ni finir.

J'ai marché en sens inverse des autres; j'ai marqué chaque pas de l'élève; je les ai comptés tous et je lui ai dit l'ordre dans lequel il doit les faire.

Je prends pour exemple celui-même fourni par M. Reynaud, et je vais montrer que, quelque nombreux que soient les pas, on peut toujours les rendre sûrs et faciles.

I. Séparer le nombre en tranches de deux chiffres en allant de droite à gauche; autant de tranches, autant de chiffres à la racine.

II. Extraire la racine quarrée de la première tranche à gauche et l'écrire.

III. Quarrer la racine et soustraire ce quarré de la première tranche.

IV. A côté du reste abaisser la tranche suivante en séparant un chiffre par un point.

V. Diviser ce nombre par le double de la racine, et écrire le quotient à la racine.

VI. Quarrer la racine et soustraire ce quarré, non du reste, mais des deux premières tranches du nombre primitif.

VII. Abaisser encore à côté du reste la troisième tranche, en séparant un chiffre.

VIII. Diviser encore ce nombre par le double de la racine et écrire le quotient à la racine.

IX. Quarrer encore la racine et soustraire le quarré, non du reste mais de tout le nombre s'il n'a que trois tranches.

Vous remarquerez que depuis l'article VII ce n'est plus qu'une répétition indiquée par le mot *encore*; mais c'est avec intention que je me suis répété, car autrement parvenus au paragraphe VI, vous ne sauriez plus comment continuer; vous ne sauriez plus s'il faut, comme dès l'origine de l'opération, extraire une racine quarrée, ou comme après avoir abaissé une tranche, chercher un diviseur.

Appliquez maintenant cette règle au nombre proposé, et vous verrez que vous marcherez sans embarras; mais marchez pas à pas.

I. Séparer le nombre en tranches de

deux chiffres en allant de droite à gau‑
che.

42. 12. 01

Il y aura donc trois chiffres à la racine.

II. Extraire la racine quarrée de la pre‑
mière tranche, de 42 ; c'est 6 pour 36 , je
pose 6 à la racine.

III. Quarrer la racine et soustraire ce
quarré de la première tranche; 36 de 42
il reste 6.

IV. A côté du reste abaisser la tranche
suivante en séparant un chiffre par un point
61. 2.

V. Diviser ce nombre par le double de
la racine, et écrire le quotient à la ra‑
cine.

Le double de la racine 6 est 12 ; en 61
combien de fois 12 ? 4 fois ; j'écris le quo‑
tient 4 à la racine.

VI. Quarrer la racine et soustraire ce
quarré non du reste mais des deux premiè‑
res tranches.

Le quarré de 64 est 4096 qui, ôté des
deux premières tranches 4212 donne pour
reste 116.

VII. Abaisser encore à côté du reste la troisième tranche en séparant un chiffre. L'on aura donc 1160.]

VIII. Diviser encore ce nombre par le double de la racine et écrire le quotient à la racine.

En 1160 combien de fois 128, double de la racine 64 ? 9 fois; j'écris 9 au quotient.

IX. Quarrer encore la racine et soustraire ce quarré non du reste, mais de tout le nombre puisqu'il n'a que trois tranches.

Le quarré de 649 est 421201, qui, ôté du même nombre donne 0. 421201 est donc un quarré parfait.

Celui qui éprouverait de la difficulté à opérer la soustraction sur le nombre primitif peut remplacer les paragraphes VI et IX par le suivant : *multiplier le double de la racine par le quotient en ajoutant un o au produit, additionner ce produit avec le quarré du quotient et soustraire cette somme du reste.*

On voit avec quel scrupule j'ai cherché

des solutions pour les difficultés , même les plus légères.

———

Extraction de la racine cubique.

Le cube d'un nombre composé de dixaines et d'unités contient quatre parties : le cube des dixaines — le produit de trois fois le quarré des dixaines par les unités — le produit de trois fois les dixaines par le quarré des unités et le cube des unités.

Ceci se prouverait ou plutôt se mettrait sous les yeux par le moyen employé pour la racine quarrée.

J'ai compris dans un même chapitre l'extraction des deux racines de la quarrée et de la cubique pour mieux faire apprécier les rapprochements et les différences.

I. Séparer le nombre en tranches de trois chiffres au lieu de deux.

II. Extraire la racine cubique de la première tranche à gauche et l'écrire.

III. Cuber la racine et soustraire ce cube de la première tranche.

IV. A côté du reste abaisser la tranche suivante en séparant deux chiffres par un point.

V. Diviser ce nombre par trois fois le quarré de la racine, et écrire le quotient à la racine.

VI. Cuber la racine, et retrancher ce cube non du reste mais des deux premières tranches du nombre primitif.

VII. Abaisser encore à côté du reste la troisième tranche en séparant deux chiffres.

VIII. Diviser ce nouveau nombre par trois fois le quarré de la racine et écrire le quotient à la racine.

IX. Cuber encore la racine et retrancher ce cube, non du reste mais du nombre primitif tout entier s'il n'avait que trois tranches.

$$
\begin{array}{r|l}
273,359,449 & 649 \\
216 & \\
\hline
573,59 & \\
461\ 44 & \\
\hline
1121\ 5449 & \\
1121\ 5449 & \\
\hline
0 &
\end{array}
$$

$$
\begin{array}{rr}
64 & 36 \\
64 & 3 \\
\hline
256 & \overline{108} \\
384 & \\
\hline
4096 & \\
64 & \\
\hline
16384 & \\
24576 & \\
\hline
262144 &
\end{array}
$$

$$
\begin{array}{r}
64 \\
64 \\
\hline
256 \\
384 \\
\hline
4096 \\
3 \\
\hline
12288
\end{array}
\qquad
\begin{array}{r}
649 \\
649 \\
\hline
5841 \\
2596 \\
3894 \\
\hline
421201 \\
649 \\
\hline
3790809 \\
1684804 \\
2527206 \\
\hline
273359449
\end{array}
$$

Je sépare le nombre en tranches de trois chiffres, et j'ai dans la première tranche 273 dont le cube est 216; le cube le plus près de 273 est 216 dont la racine cubique est 6 ; je pose donc 6 à la racine.

Je retranche 216 de 273, et j'ai 57 à côté duquel j'abaisse la tranche suivante, et je sépare deux chiffres.

Je quarre la racine 6, ce qui me donne 36 que je multiplie par 3 pour avoir trois fois le quarré de la racine ; et j'ai pour produit 108.

III.   7.

Je divise 573 par 108; il y va 4 fois;
j'écris ce 4 à la racine.

Je cube la racine 64, ce qui me donne
262144 que je retranche, non du reste mais
des deux premières tranches du nombre
primitif, de 273. 559; j'obtiens un nouveau reste 11215 à côté duquel j'abaisse la
tranche 449 en séparant encore deux chiffres par un point, et j'ai 112154. 49.

Je quarre la racine 64, ce qui me donne
4096 que je multiplie encore par 3 pour
avoir trois fois le quarré de la racine, et j'ai
pour produit 12288.

Je divise 112154 par 12288; il y va 9 fois;
j'écris 9 à la racine.

Je cube 649 et j'ai 273359449, le nombre primitif, qui retranché de lui-même
donne pour reste 0, ce qui prouve que ce
nombre est un cube parfait.

Pour extraire la racine quarrée d'une
fraction, il faut extraire séparément la racine quarrée du numérateur et celle du dénominateur.

La règle est la même pour la racine cubique.

Pour extraire la racine quarrée d'un nom-

bre décimal, il faut ne faire aucune attention à la virgule pendant le cours de l'opération, mais séparer à la droite de la racine
la moitié autant de chiffres décimaux qu'il
y en avait dans le nombre primitif.

Pour la racine cubique, il faut prendre
le tiers du nombre des décimales qui se
trouvent dans le cube sur lequel on opère.

RÈGLES

DU TOISÉ OU MÉTRAGE.

I.

Principes généraux.

Il me souvient encore des paroles du professeur de hautes mathématiques au collège royal où j'ai fait mes études : tout ce que vous avez appris cette année, nous dit-il, ne vous servira probablement pas, et si dans toute cette science quelque chose doit vous être utile, vous le trouverez dans cette courte série de questions de géométrie et de trigonométrie. Dans un an vous ne saurez plus démontrer une seule proposition. Il nous fit copier une page de problèmes et tous nous pensâmes avec un sentiment pénible à cette année entière dépensée pour apprendre une page, et pour une étude qui ne devait probablement pas nous servir. Dans cette étude encore je crois devoir restreindre le nombre des questions que l'on pourrait établir afin de bien faire saillir l'utile et de ne pas le noyer dans un déluge de science superflue. Au sein du monde industriel où j'ai longtemps vécu j'ai cherché les questions les plus usuelles, celles dont la plupart des hommes peuvent avoir besoin, et ce ne sont pas les plus difficiles.

Un paiement ne se règle souvent que d'après l'estimation de l'ouvrage, et cette estimation est basée sur le mesurage. La première chose à considérer, c'est donc la forme de l'objet mesuré, car chaque forme a une règle de mesure qui lui est propre; un carré ne se mesure pas comme un cercle, une surface comme un solide. Le mot métrage est plus convenable, puisque tout aujourd'hui se mesure au mètre, mais le mot toisé est plus connu. Le carré est la figure dont on se forme le plus aisément l'idée. Le carré a les quatre côtés égaux ou bien les côtés opposés seulement égaux; dans ce dernier cas, c'est un carré long.

Ces quatre lignes qui limitent le carré

sont parfaitement droites, ne s'inclinent ni à gauche ni à droite.

Pour mesurer la surface ou la superficie d'un carré, il faut multiplier la base par la hauteur.

Si c'est un quarré parfait, et que chacun des côtés ait 2 mètres, la superficie du carré sera 2 fois 2 ou 4 mètres carrés.

Si c'est un carré long, et que deux des côtés aient chacun 2 mètres, et chacun des deux autres 9 mètres, la superficie du carré sera 2 fois 9 ou 18 mètres.

Dans un carré, les côtés correspondants sont égaux et parallèles; mais une surface peut bien avoir quatre côtés, sans que ceux-ci se trouvent dans les conditions régulières du carré. Ainsi les quatre côtés peuvent encore être parallèles deux par deux; mais deux d'entr'eux peuvent être inclinés. Une figure dans ce genre-là s'appelle un rhombe.

Pour mesurer la superficie d'un rhombe, il faut abaisser d'un des angles une perpendiculaire par l'un des côtés, peu importe lequel, et multiplier la hauteur de la perpendi-

culaire par la longueur du côté sur lequel elle tombe.

C'est la même règle que pour le carré, sauf que la hauteur est représentée par la perpendiculaire au lieu de l'être par l'un des côtés.

Supposons une surface à quatre côtés encore plus irrégulière; ayant deux côtés parallèles mais inégaux, les deux autres inégaux aussi et de plus sans parallélisme, c'est-à-dire que par exemple l'un est droit et l'autre incliné. Ce sera alors *un trapèze.*

Pour mesurer un trapèze, abaissez une perpendiculaire sur le plus grand côté parallèle ; mesurez cette perpendiculaire et les deux côtés parallèles. Additionnez les deux côtés parallèles ; prenez la moitié de la somme et multipliez cette moitié par la perpendiculaire.

Si l'on avait à mesurer la superficie d'une pièce de terre en forme de trapèze dont le plus grand côté parallèle aurait 15 mètres, le plus petit 9 et la perpendiculaire abaissée sur le plus grand côté parallèle 8 mètres.

$$
\begin{array}{r}
9 \\
15 \\
\hline
24
\end{array}
$$

la moitié est   12

par   8

—————————————

96 est la superficie du trapèze.

Une surface au lieu d'être limitée par quatre lignes peut ne l'être que par trois ; alors c'est un *triangle*.

La superficie d'un triangle se mesure en abaissant une perpendiculaire sur la base et en multipliant cette base par la moitié de la hauteur du triangle.

Si la base a 20 mètres et la perpendiculaire 30, on multipliera 20 par 15 et l'on aura 300 mètres carrés pour la superficie du triangle.

Enfin, une surface peut être limitée par plus de quatre lignes, c'est alors un *poly-gone* : *poly* vient d'un mot grec qui signifie *plusieurs*. Les polygones sont réguliers ou irréguliers selon que leurs côtés sont égaux ou inégaux.

Pour mesurer la superficie des polygones soit réguliers soit irréguliers, on les réduit en autant de triangles qu'il y a de côtés. Chaque côté est la base d'un triangle ; la hauteur est la perpendiculaire abaissée du centre du polygone sur chacun des côtés. On additionne tous les produits, et la somme donne la superficie du polygone.

Au lieu d'être limitée par des lignes droites, une figure peut l'être par une ligne courbe ; alors si tous les points de ce rond sont également distants du centre, la figure est un *cercle* ; la ligne droite qui va du centre à la circonférence s'appelle un *rayon* ; celle qui va d'un point de la circonférence à un autre point en passant par le centre se nomme *diamètre* ; c'est le double d'un rayon.

La circonférence d'un cercle est le triple du diamètre, c'est le rapport de 7 à 22, et l'on peut toujours mesurer le diamètre, puisque c'est une ligne droite.

Pour mesurer la superficie d'un cercle, multipliez la circonférence par le quart du diamètre.

Pour mesurer des portions du cercle, il

faut considérer le rapport de la circonférence de ces parties de cercle à la circonférence entière, et si cette partie courbe est par exemple le 5ᵉ de la circonférence entière, la surface sera le 5° de la superficie entière du cercle.

La ligne courbe qui enveloppe une surface peut ne pas être exactement ronde, elle peut avoir la force d'un œuf ; c'est une *ellipse*, un *ovale*.

Pour mesurer un ovale, on ajoute son grand et son petit diamètre et l'on multiplie la moitié de la somme par 3 ou par 3 1/7 si l'on veut obtenir une exactitude rigoureuse.

Le rapport du cercle est 7 à 22 ; celui de l'ellipse 11 à 14.

Connaissant la superficie de l'ovale entière, on aura celle de la demi-ovale en prenant la moitié, et ainsi des autres parties d'ellipse.

Jusqu'à présent nous n'avons considéré, mesuré que la surface des corps ; mais indépendamment de la longueur et de la largeur, il y a encore la profondeur, l'épaisseur dont il faut souvent tenir compte, le type des corps solides est le cube, le dé à jouer, solide compris entre six carrés égaux.

La solidité d'un cube est égale à l'un des côtés multiplié deux fois par lui-même. Si l'un des côtés a 6 mètres, la solidité du cube sera 6 multiplié par 6 ou 36 multiplié par 6 ou 216 mètres cubes.

Le contenu d'un solide, quel qu'il soit, se trouve en multipliant la hauteur du solide par la superficie de la base.

Le prisme est un solide ayant deux bases absolument semblables rectilignes et parallèles, et formé d'autant de parallélogrammes que ses deux bases ont de côtés.

D'après la règle que je viens d'établir précédemment, si la base du prisme a 4 mètres de long sur 2 de large, et que la hauteur du prisme soit 6, on aurait 2 fois 4 font 8 et 6 fois 8 font 48.

Le cylindre ou la *colonne* ne diffère du prisme qu'en ce que ses deux bases sont arrondies.

Le moyen de le mesurer est le même que pour le prisme, seulement rappelez-vous que pour obtenir la superficie d'une base arrondie, il faut mesurer le diamètre pour avoir la superficie du cercle ; on multiplie la superficie de

cette base par la hauteur et l'on a la solidité
de la colonne.

La pyramide est un solide formé d'autant
de triangles que la base a de côtés, et qui
viennent tous aboutir à un sommet commun.

Le cône diffère de la pyramide en ce que
la base est arrondie, ainsi un pain de sucre
est un cône.

La pyramide est la troisième partie d'un
prisme ayant même base et même hauteur.

Le cône et la pyramide se mesurent donc
par le produit de la superficie de la base
multipliée par le tiers de la hauteur.

Les pyramides et les cônes sont quelquefois tronqués, c'est-à-dire qu'une partie a
été enlevée ; alors il faut supposer la
pyramide ou le cône complet; calculer la solidité du corps enlevé par la troncature; et
soustraire cette solidité de la solidité du corps
complet.

La sphère est un cercle solide si je puis
m'exprimer ainsi ; une table ronde vous
donne l'idée assez exacte du cercle, une
boule celle de la sphère.

*La solidité d'une sphère est mesurée en mul-
tipliant la superficie totale par le tiers du
diamètre.*

Vous devez vous apercevoir que chaque
figure superficielle a un solide qui lui correspond. La sphère est le solide du cercle ;
le sphéroïde est le solide de l'ovale; un œuf
est un sphéroïde, et pour mesurer la solidité,
*il faut multiplier la superficie du petit cercle
par le 6e du grand diamètre.*

Il se trouve parfois des figures tout à fait irrégulières ; on les suppose divisées en autant
de pyramides qu'il y a de faces à la figure
irrégulière, et l'on additionne les solides de
toutes ces pyramides; ou bien, quand la figure est trop irrégulière, on la plonge dans
un vase rempli d'eau et ayant la forme d'un
cube ; ce corps déplacé, fait sortir un volume d'eau égal au sien ; on mesure l'eau
par le moyen de la mesure cubique dont
elle est sortie et l'on trouve ainsi combien
de cubes contient la figure irrégulière.

Cette courte étude résume tout ce que
la géométrie a d'utile ; en effet elle embrasse tous les corps de la nature ; elle les
considère sous toutes les formes qu'ils peu-

vent avoir. Elle enseigne à mesurer les lignes, les surfaces et les solides, et dans les corps il n'y a que cela : ligne, superficie et solidité. Mon professeur de mathématiques avait donc raison de nous dire que nous oublierions tout ce que nous avions mis un an à apprendre, et même dans les questions qu'il nous laissa, combien n'en avons-nous pas négligées? Ce que mon professeur de mathématiques n'ajoute pas et pourtant le fait est très-remarquable, c'est que les géométries ne contiennent que des principes généraux et ne disent rien des applications, de ce qui est le plus utile, de manière qu'un industriel, après avoir perdu un an pour apprendre tous les raisonnements de géométrie, n'est guère plus avancé et il a de nouvelles études à faire pour apprendre à se servir de la science qu'il a acquise; c'est alors qu'il s'aperçoit que dans tout ce qu'il a étudié avec tant de fatigue et d'ennui il n'y a pas deux pages à retenir, et que son temps aurait été bien mieux employé à apprendre d'abord sans doute les principes généraux indispensables, ceux que j'ai indiqués, mais surtout les problêmes qui intéressent son industrie et celle des autres.

Où j'ai puisé les applications qui vont
suivre, c'est auprès des industriels eux-mêmes; j'ai regardé faire les uns et les autres,
et j'ai adopté ce qui m'a semblé le mieux.

II.

APPLICATIONS USUELLES.

Métrage ou toisé des murs en fondation.

' Les murs en fondation se comptent au cube, c'est-à-dire à raison des centimètres d'épaisseur. On multiplie la hauteur par la largeur et l'on a la superficie qu'on multiplie par l'épaisseur pour avoir la solidité.

Murs en élévation.

On les mesure aussi au cube, et bien qu'ils soient criblés de vides nombreux, de portes, de fenêtres, on les suppose pleins parce qu'on tient compte du temps perdu et des déchets inévitables qui surviennent lorsqu'il faut tailler et disposer convenablement des matériaux autour d'un vide. Il y a seulement une différence à faire, c'est celle des parties construites en pierres de taille avec celles formées de moellons.

Je crois qu'il vaudrait mieux tenir compte des vides et toiser avec plus de précision.

Si le mur est circulaire, ovale, ou polygonique, il faut mesurer le dehors et le dedans, prendre la moitié de la somme des deux longueurs et la multiplier par la hauteur.

Marches et assises en pierre de taille.

On prend le pourtour de leur giron et de leur face sur la longueur et l'épaisseur.

Puits circulaires.

La maçonnerie d'un puits est assise sur un cercle en bois nommé *rouet*; elle s'élève jusqu'au sol et là vient se terminer par une assise de pierre nommée *mardelle* ou *margelle*. Ces trois parties doivent être évaluées séparément; le rouet doit avoir été mesuré avant qu'on ne le recouvre par la maçonnerie.

Pour mesurer un puits circulaire, on prend le diamètre intérieur qui est celui du vide, et le diamètre extérieur qui est celui du vide, plus de chaque côté l'épaisseur de la maçonnerie. On multiplie chacun de ces diamètres par 3,14 ou $\frac{1}{7}$ rapport de la circonférence au diamètre. On additionne les deux circonférences et la moitié de la somme donne une circonférence moyenne que l'on multiplie par la hauteur du puits.

On divise l'épaisseur de la margelle en la mesurant d'abord quarrément. On mesure le parement de dessus en entier, et l'on compte les parements des faces circulaires une fois et demie pour le pourtour sur l'épaisseur.

Puits ovales.

On ajoute ensemble le grand et le petit diamètre, et de plus une épaisseur de mur; on multiplie cette somme par 3,14 pour avoir une circonférence moyenne à multiplier par la hauteur.

Voûtes en plein ceintre.

Le plein ceintre, c'est le berceau; les voûtes de cave par exemple sont en plein cein-

tre. Peu importe qu'elles soient surhaussées
ou surbaissées, le métrage est le même. On
ajoute la largeur de la voûte avec le rayon
de montée, puis en ajoutant le 7ᵉ de cette
somme à la somme elle·même on a la circonférence de la voûte qu'on multiplie par
sa longueur.

L'usage est d'ajouter pour valeur des
reins un tiers du produit de la voûte; mais
ceci est conditionnel; un tiers, c'est quelquefois trop, quelquefois pas assez. Je pense
qu'il vaut mieux les mesurer exactement,
les cuber.

Autres voûtes.

Le métrage de ces voûtes s'obtient en
multipliant le pourtour par la flèche mon-
tante ou demi-diamètre montant; cette
flèche s'appelle encore montée de la voûte.

Manteaux de cheminée.

On mesure le pourtour du tuyau en partant d'un nu de mur à l'autre; puis on
mesure le pourtour des jambages de ce

manteau; on additionne ces deux pourtours,
on prend la moitié de la somme et on la
multiplie par la hauteur totale entre les
deux planchers.

Colonnes.

Pour mesurer une colonne, on multiplie
le diamètre par lui-même puisque le diamètre est tout à la fois l'épaisseur et la largeur de la colonne; puis on multiplie ce
produit par la hauteur de la colonne.

Saillies et moulures, dorures.

On comprend aisément le mot *saillies*.
C'est tout ce qui dépasse le nu d'un mur
ou d'une colonne, tout ce qui s'en détache,
les chapiteaux, les corniches, les entable-
ments, les plinthes, etc.

Il y a des saillies sans moulures, sans enjolivements, les bases des colonnes par
exemple, des avant-corps considérables,
qui alors doivent se mesurer au cube, d'a-
près les principes déjà donnés, en prenant
la hauteur, l'épaisseur, la largeur, ou bien

le pourtour suivant la forme du corps saillant.

Quant aux moulures, si l'on en veut avec justesse l'appréciation, il faut suivre les règles employées pour la dorure et l'argenture; là on cherche le plus de précision possible parce que les matières qu'on emploie sont d'un prix élevé.

On fait passer un fil sur toutes les saillies et sur tous les enfoncements des moulures, et l'on multiplie la longueur de ce fil par la longueur des moulures dont il représentait le pourtour ou la largeur.

Pourtourner chaque moulure, en faisant suivre tous les contours par un fil, voilà le moyen d'obtenir la véritable surface. Mais vous trouverez d'autres conventions établies pour les moulures sans dorures, des appréciations moins exactes mais plus brèves, ou plutôt dans tout ce qui est ornement on convient à l'avance d'un prix à forfait; ainsi on ne mètre pas l'ouvrage d'un sculpteur, on lui paie un chapiteau corinthien, par exemple, à raison de son développement relatif; cependant on peut compter le chapiteau dorique sur 96 centi-

mètres de profil et d'après son pourtour, la
volute du chapiteau ionique sur 32 centimètres de profil ; la campane du chapiteau
corinthien pour 16 centimètres ; mais il serait fort difficile d'évaluer en détail les feuilles que sculpte l'artiste. Lorsqu'une pierre
a subi des découpures, on la mesure comme
si elle était encore dans son état primitif.

Je ne puis donner dans un chapitre d'a-
rithmétique que les idées générales du métrage ; les idées spéciales viennent d'elles-
mêmes par le contact avec les industriels avec lesquels on fait des affaires.

Charpente.

On appelle *pièce de bois* ou *solive*, un
cube d'un peu plus du dixième d'un mètre
cube ou stère, et l'on est convenu d'attribuer
au décistère la réprésentation de la pièce
de bois. Il faut donc cent décistères ou dix
stères de bois pour faire ce qu'on appelait
autrefois un cent de pièces de bois de charpente.

Dans la charpente tout se toise à la pièce ;
chaque pièce de bois se toise, c'est le toisé

le plus facile et le plus difficile ; le bois est
facile à cuber, mais le travail est excessive-
ment difficile à apprécier et il n'y a pas à Paris
deux toiseurs qui fassent cette estimation
avec justesse. Une mortaise placée dans un
sens a dix fois plus de valeur que si elle était
posée dans un autre ; une longue pièce de
bois doit souvent être appréciée à un prix
moins élevé qu'un bout de bois mais qui a
exigé une coupe difficile.

Ce que je dois faire connaître à tout le
monde, c'est le cubage du bois, c'est le
moyen de toiser un arbre, une poutre.

Je suppose qu'un arbre ou une poutre ait
52 pieds de longueur sur 11 à 12 pouces ;
ce sont les termes consacrés pour exprimer
les dimensions de la face et de la largeur.

Je multiplie ces deux dimensions l'une
par l'autre, 11 par 12, et j'ai au produit 132
que je multiplie par la longueur de l'arbre
ou de la poutre et j'obtiens au produit 6864
dont je prends le sixième ; je divise par 72, attendu qu'une pièce de bois ou solive a 12
pieds de long et 6 pouces quarrés. Et 6 fois
12 font 72. Le quotient de cette division
me donne le nombre de pièces de bois ou

de solives contenues dans l'arbre ou dans
la poutre.

$$
\begin{array}{r}
12 \\
11 \\
\hline
132 \\
52 \\
\hline
264 \\
660 \\
\hline
6864
\end{array}
$$

$$
\begin{array}{r}
1144 \\
424 \\
64
\end{array}
\left|
\begin{array}{l}
72 \\
\hline
15 \text{ pièces} \quad \dfrac{64}{72} \text{ ou } \dfrac{8}{9}
\end{array}
\right.
$$

Quant aux bois courbes, il faut prendre
leur longueur avec un cordeau.

*Menuiserie, serrurerie, plomberie, couvertu-
res, pavé, badigeonnage.*

Le métrage des travaux qui se rattachent
à ces branches d'industrie n'exige aucune
explication. Le plus souvent le fer ou le
plomb se pèse, ou bien il n'y a que des
longueurs à mesurer, des longueurs à tant

le mètre courant. Le métrage de la menni-
serie, du pavé, des couvertures et du badigeonnage n'est qu'un métrage superfi-
ciel; il n'y a pour tous ces travaux qu'à
multiplier la largeur par la longueur. Les
enjolivements, les travaux de luxe se paient
à part, et le solde des comptes est la conséquence des marchés spéciaux. Encore une
fois je n'ai voulu vous donner que les grandes idées du métrage, mais il m'a semblé
que vous ne deviez pas rester dans l'ignorance où vous laissent les autres traités de
mathématiques, car toutes ces idées peuvent servir vos intérêts pécuniaires en vous
empêchant de vous fier à ceux dont l'intérêt est de vous tromper.

ANCIENNES MESURES.

Réduction des anciennes mesures en nouvelles.

FRACTIONS.

La fraction est une partie de l'unité 1/3 1/4 1/6; elle s'exprime avec deux nombres séparés l'un de l'autre par un trait; celui de dessous nomme la nature de ces parties, et a reçu pour cela le nom de *dénominateur*; il indique si ce sont des tiers, des quarts, des sixièmes d'unité. Il se lit en ajoutant le son *ième* au chiffre : *sixième*, *dixième*, *vingtième*; excepté dans *une demie, un tiers et un quart* 1/2 1/3 1/4. Le nombre supérieur spécifie combien l'on prend des parties indiquées par le dénominateur, il compte ces parties, et voilà pourquoi il a reçu le nom de *numérateur* du mot latin *numerare* qui signifie compter.

La fraction 7/8 exprime d'abord que l'unité a été divisée en 8 parties; puisqu'on a pris 7 de ces huitièmes d'unité.

Pour qu'il y ait fraction, il faut que le numérateur soit plus petit que le dénominateur, car supposons-le égal, par exemple $\frac{4}{4}$ indique qu'un objet a été divisé en 4 parties; si l'on prend 4 de ces parties, il ne restera plus de fractions de l'objet, on l'aura pris tout entier. 4/4 sont donc égaux à une unité; $\frac{7}{4}$ valent donc un entier plus $\frac{3}{4}$.

Delà deux réductions : celle des fractions en entiers, celle des entiers en fractions.

Quand une fraction se trouve par l'effet des opérations avoir le numérateur plus fort que le dénominateur, il y a toujours des entiers contenus dans la fraction; pour les extraire, divisez le numérateur par le dénominateur; le quotient exprimera les entiers; le reste de la division sera le numérateur d'une nouvelle fraction qui aura le même dénominateur que la première.

Soit 17; en 17 combien de fois 6 ? 2 fois
$$6$$
pour 14 et il reste 3; il y a donc 14 entiers
plus $\frac{3}{6}$

Pour réduire des entiers, en fractions il
faut multiplier au lieu de diviser; multiplier le dénominateur par l'entier et ajouter le numérateur en conservant encore le
même dénominateur.

Soit $3\frac{4}{5}$ à réduire en cinquièmes; 5 fois

3, 15 et 4 font $\frac{19}{5}$ en effet, 3 unités va-

lent 3 fois 5 ou $\frac{15}{5}$ et $\frac{4}{5}$ qu'il y avait déjà,

cela fait bien $\frac{19}{5}$

On peut multiplier ou diviser les deux termes d'une fraction sans en changer la valeur.

$$\frac{2}{8} \qquad \frac{4}{16} \qquad \frac{1}{4}$$

Ces trois fractions sont les mêmes : en
effet, en multipliant par 2 le dénominateur
8 j'ai rendu les parties 2 fois plus petites ;
les parties d'une pomme divisée en 16 seront plus petites que si elle n'eût été divisée qu'en 8. Mais en multipliant le numérateur 2 par 4, j'ai pris 2 fois plus de
ces nouvelles parties ; il y a donc compensation.

Pour la division c'est le raisonnement
inverse ; en divisant le dénominateur 8 par
2, j'ai eu des quarts, parties plus fortes que
les huitièmes ; mais en divisant le numérateur 2 aussi par 2 j'ai pris deux fois moins
de ces parties, il y a donc encore compensation.

Ainsi quand vous remarquerez une fraction formée de deux nombres élevés, di-
visez-la, réduisez-la à la plus simple expression, quand ces deux termes sont
exactement divisibles par un même nombre. Il est plus facile et plus prompt d'o-
pérer avec des nombres courts.

Si vous aviez $\dfrac{480}{640}$

Divisez d'abord par 10 en retranchant de part et d'autre un 0 , il restera $\frac{48}{64}$; divisez par 4 et vous aurez $\frac{12}{16}$; divisez encore par 4 et il ne vous restera plus que la petite fraction $\frac{3}{4}$ formée de deux chiffres seulement et pourtant égale à $\frac{480}{640}$.

Deux des 4 règles des fractions ne peuvent se faire qu'avec des quantités de même espèce , on ne peut pas plus ajouter des quarts avec des sixièmes que des pierres avec des couteaux. Il faut donc amener les fractions à avoir un même dénominateur.

Quand il n'y a que deux fractions , multipliez les deux termes de chacune par le dénominateur de l'autre.

$$\frac{2}{3} \qquad \frac{6}{8} \qquad \frac{16}{24} \qquad \frac{18}{24}$$

8 fois 2 font 16; 8 fois 3 , 24; 3 fois 6 font 18; 3 fois 8; 24. Ainsi vous avez mul-

tiplié les deux termes de la première fraction 2 par le dénominateur 8 de la seconde;
$\overline{3}$

et les deux termes de la seconde fraction 6
$\overline{8}$

par le dénominateur 3 de la première ; et
vous n'avez pas dénaturé les fractions, car
une fraction ne change pas lorsqu'on multiplie ses deux termes par un même nombre.

S'il y a plusieurs fractions, multipliez
les deux termes de chacune par le produit
des dénominateurs de toutes les autres.

$$\frac{6}{8} \quad \frac{3}{4} \quad \frac{5}{6} \quad \frac{144}{192} \quad \frac{144}{192} \quad \frac{160}{192}$$

6 fois 4 font 24 ; voilà le produit des deux
dénominateurs par lequel il faut multiplier
les deux termes de la première fraction et
l'on aura 144. Pour 3 il faudra nécessaire-
$\overline{192}$ $\quad$ $\overline{4}$

ment multiplier les dénominateurs des deux
autres fractions; le produit 48 multiplié
par 3 et par 4 donnera une nouvelle fraction 144 ; cette fraction est la même que la
$\overline{192}$

précédente, parce que $\dfrac{6}{8}$ est la même chose

que $\dfrac{3}{4}$; divisez par 2 les deux termes de $\dfrac{6}{8}$

vous aurez $\dfrac{3}{4}$. Ceci prouve que le moyen

de réduction que vous employez est bon.
Pour $\dfrac{5}{6}$, vous avez d'abord 8 fois 4 qui font

32, puis 5 fois 32 et 6 fois 32 ou 160. Vous $\dfrac{160}{192}$

voyez que les dénominateurs sont les mêmes. La conviction qu'il vous importe de
prendre, c'est que les fractions n'ont pas
changé de valeur. En effet, réduisez, par
exemple $\dfrac{144}{192}$ à sa plus simple expression;

divisez d'abord par 8 les deux termes et
vous aurez $\dfrac{18}{24}$; prenez la moitié de cette

nouvelle fraction, il viendra $\dfrac{9}{12}$ dont le tiers

est $\dfrac{3}{4}$.

ADDITION DES FRACTIONS.

Pour faire l'addition des fractions , rédui-sez-les d'abord au même dénominateur, car encore une fois on ne peut ajouter que des quantités de même espèce. Puis addition-nez les numérateurs et donnez à la fraction le dénominateur commun.

$$6 \text{ et } 5 \text{ font } \frac{36}{42} + \frac{35}{42} = \frac{71}{42} \text{ ou } 1 \frac{29}{42}$$
$$7 \quad 6$$

Le numérateur 71 étant plus fort que le dénominateur 42, extrayez les entiers con-tenus dans cette fraction, en divisant le nu-mérateur par le dénominateur , et vous au-rez 1 entier $\frac{29}{42}$

S'il y a des entiers joints aux fractions qu'on veut additionner, ajoutez d'abord les fractions , puis extrayez les entiers pour les joindre aux autres entiers.

$$7 \frac{3}{4} + 9 \frac{5}{6} = 17 \frac{7}{12}$$

$$\frac{18}{24} + \frac{20}{24} = \frac{38}{24} \text{ ou } 1\frac{14}{24} \text{ ou } 1\frac{7}{12} \quad 1 \text{ et } 7$$

font 8 et 9 font 17, donc 17 entiers $\frac{7}{12}$

Si l'on veut ajouter des fractions de fractions avec de simples fractions, il faudra réduire les fractions de fractions en simples fractions, puis suivre les règles déjà connues.

Si l'on veut ajouter les $\frac{2}{3}$ de $\frac{1}{2}$ de $\frac{5}{6}$ avec

$\frac{1}{4}$ il faut d'abord prendre les $\frac{2}{3}$ de $\frac{1}{2}$ de $\frac{5}{6}$

en multipliant continuement les numérateurs des fractions de fractions 2 fois 1 font 2, 2 fois 5 font 10; voilà le numérateur des fractions. Il faut aussi multiplier les dénominateurs des mêmes fractions de fractions. 3 fois 2 font 6; 6 fois 6 font 36. on a donc $\frac{10}{36}$ ou $\frac{5}{18}$

pour la valeur des fractions de fractions. Ajoutant $\frac{5}{18}$ avec $\frac{1}{4}$, on a $\frac{19}{36}$.

$$\frac{20}{72} + \frac{18}{72} = \frac{38}{72} \text{ ou } \frac{19}{36}$$

Ainsi rappelez-vous qu'il y a trois cas dans l'addition des fractions.

Ou l'on n'additionne que des fractions ;

Ou l'on additionne des entiers joints à des fractions à d'autres entiers joints ou non à des fractions ;

Ou l'on additionne des fractions de fractions avec de simples fractions.

Je vous ai indiqué les trois règles ; elles sont faciles : seulement il ne faut pas les confondre, et c'est pour cela que j'y suis revenu pour les faire bien saillir à vos yeux et à votre intelligence.

SOUSTRACTION DES FRACTIONS.

De même qu'on ne peut ajouter que des quantités de même espèce, de même on ne peut soustraire d'une fraction qu'une autre fraction qui ait le même dénominateur.

Si l'on veut soustraire $\frac{3}{8}$ de $\frac{4}{5}$ il faut réduire ces deux fractions au même dénominateur $\dfrac{15}{40}$ $\dfrac{32}{40}$ et retrancher le numérateur

15 du numérateur 32; on aura pour reste $\dfrac{17}{40}$; effectivement, si l'on fait la preuve de la soustraction, si l'on ajoute le plus petit numérateur 15 avec le reste 17, on aura le plus grand numérateur 32.

Quand il se trouve des entiers joints aux fractions, il faut regarder si la fraction du plus grand nombre est plus forte ou plus faible que celle du plus petit nombre.

Si la fraction du nombre à retrancher est plus petite que celle du plus grand nombre, alors il n'y a pas de difficulté; on retranche la fraction de la fraction, puis l'entier de l'entier. Si l'on veut ôter 17 $\dfrac{1}{4}$ de 43 $\dfrac{5}{6}$ je réduis $\dfrac{1}{4}$ et $\dfrac{5}{6}$ au même dénominateur et j'ai $\dfrac{6}{24}$ $\dfrac{20}{24}$; 6 de 20 il reste $\dfrac{14}{24}$ ou $\dfrac{7}{12}$. Maintenant que j'ai retranché mes deux fractions l'une de l'autre, j'effectue la soustraction sur les deux entiers; 17 de 43 il reste 26; donc le reste de la soustraction de $17\frac{1}{4}$ de $43\frac{5}{6}$ est $26\frac{7}{12}$.

Mais bien qu'un nombre soit plus fort qu'un autre, la fraction qui est jointe aux entiers peut être plus petite que celle du nombre le plus faible. Par exemple si l'on veut retrancher $17\frac{5}{6}$ de $43\frac{1}{4}$; bien évidemment $17\frac{5}{6}$ est plus petit que $43\frac{1}{4}$ et peut par conséquent en être retranché, mais la fraction $\frac{5}{6}$ est plus forte que $\frac{1}{4}$: que faire alors ? Il n'y a qu'une chose possible, c'est d'emprunter un entier sur 43 et de le joindre à $\frac{1}{4}$ sous la forme de fraction. Un entier s'exprime en fractions par un numérateur et un dénominateur les mêmes; $\frac{4}{4}$ voilà donc la valeur en fraction de l'entier pris à 43; $\frac{4}{4}$ et $\frac{1}{4}$ font $\frac{5}{4}$: je réduis $\frac{5}{6}$ et $\frac{5}{4}$ au même dénominateur et j'ai $\frac{20}{24}$ $\frac{30}{24}$; 20

de 5o il reste $\frac{10}{24}$ ou $\frac{5}{12}$; je ne dirai plus ι 7
de 43 puisque j'ai pris un entier à 43 ; ι 7
de 42 il reste 25 ; le reste de la soustraction est donc 25 $\frac{5}{12}$.

S'il y avait de part et d'autre plusieurs
entiers et plusieurs fractions, il faudrait
ajouter tous les entiers et toutes les fractions
du nombre à soustraire, puis tous les entiers et toutes les fractions du nombre qu'on
veut soustraire ; alors on n'aurait plus que
deux nombres, et l'on retrancherait le plus
petit du plus grand en suivant les indica-
tions données précédemment.

Pour retrancher des fractions de fractions d'autres fractions de fractions, il faut
réduire les fractions de fractions à soustraire,
en une seule fraction en multipliant tous les
numérateurs puis tous les dénominateurs ;
on fera de même pour les fractions de fractions qu'on veut soustraire, on réduira ces
deux nouvelles fractions au même dénominateur et l'on retranchera la plus petite de
la plus grande.

Soit $\dfrac{5}{16}$ de $\dfrac{2}{3}$ de $\dfrac{7}{8}$ à retrancher de $\dfrac{7}{10}$ de $\dfrac{5}{4}$

de $\dfrac{5}{6}$.

$\dfrac{42}{384}$ ou $\dfrac{21}{192}$ ou $\dfrac{7}{64}$ $\dfrac{105}{240}$ ou $\dfrac{21}{48}$ $\dfrac{7}{64}$ de $\dfrac{21}{48}$

$$
\begin{array}{ccc}
7 & 64 & 64 \\
48 & 48 & 21 \\
\hline
336 & 512 & 64 \\
 & 256 & 128 \\
 & \hline & \hline \\
 & 3072 & 1344
\end{array}
$$

$\dfrac{336}{3072}$ de $\dfrac{1344}{3072}$ il reste $\dfrac{1008}{3072}$ ou $\dfrac{63}{192}$

Pour retrancher des fractions de fractions d'entiers d'autres fractions de fractions d'entiers, par exemple $\dfrac{2}{3}$ de $\dfrac{5}{6}$ de 14 à retrancher

de $\dfrac{3}{4}$ de $\dfrac{5}{8}$ de 50 ; il faut prendre les $\dfrac{2}{3}$ de $\dfrac{5}{6}$

de 14 ce qui donne 7 $\dfrac{7}{9}$; puis je prends les $\dfrac{3}{4}$ de

$\frac{5}{8}$ de 5o et il vient 23 $\frac{7}{16}$; j'ôte 7 $\frac{7}{9}$ du plus

grand 23 $\frac{7}{16}$ et le reste est 15 $\frac{95}{144}$.

Dans la soustraction encore, ce qu'il faut bien spécifier, bien faire saillir, ce sont les différents aspects sous lesquels la soustraction peut s'offrir.

On peut retrancher :

1. Une fraction d'une autre fraction.

2. Un nombre formé d'un entier et d'une fraction d'un autre nombre formé d'un entier et d'une fraction, et alors il y a une attention à avoir, c'est lorsque la fraction du plus petit nombre est plus forte que celle du plus grand.

3. Plusieurs entiers et plusieurs fractions de plusieurs entiers et de plusieurs fractions.

4. Des fractions de fractions d'autres fractions de fractions.

5. Des fractions de fractions d'entiers d'autres fractions de fractions d'entiers.

MULTIPLICATION DES FRACTIONS.

Pour multiplier une fraction par une fraction, il n'est pas nécessaire de les réduire au même dénominateur, il suffit de multiplier numérateur par numérateur et dénominateur par dénominateur.

$$\frac{2}{3} \times \frac{3}{4} = \frac{6}{12} \text{ ou } \frac{1}{2}$$

Pour multiplier des entiers avec fractions par des entiers avec fractions, réduisez les entiers en fractions puis suivez la règle précédente.

$$5\frac{3}{4} \times 4\frac{5}{6} \quad \frac{23}{4} \times \frac{29}{6} = \frac{667}{24} \text{ ou } 27\frac{19}{24}$$

$$
\begin{array}{ccc}
29 & 6 & 667 \,|\, 24 \\
23 & \underline{4} & 187 \,|\, 27 \quad \frac{19}{24} \\
\overline{87} & 24 & 19 \\
58 \\
\overline{667}
\end{array}
$$

DIVISION DES FRACTIONS,

Pour diviser une fraction par une fraction, il faut les réduire au même dénominateur et prendre pour diviseur le plus petit numérateur.

$$\frac{4}{5} \text{ à diviser par } \frac{3}{7} = 1 \quad \frac{13}{15}$$

$$\frac{28}{35} : \frac{15}{35} \qquad \frac{28}{13} \Big| \frac{15}{1} \quad \frac{13}{15}$$

On peut aussi, pour diviser une fraction par une fraction, multiplier la fraction dividende par la fraction diviseur renversée.

$$\frac{4}{5} \text{ à diviser par } \frac{3}{7} \text{ ou } \frac{4}{5} \text{ à multiplier par } \frac{7}{3}$$

$$\frac{7 \text{ fois } 4}{3 \text{ fois } 5} \quad \frac{28}{15} \text{ ou } 1 \quad \frac{13}{15}$$

On voit que le résultat est le même par les deux moyens. Le premier est plus simple, le second souvent plus prompt, mais peu compréhensible.

S'il y a des entiers joints aux fractions, il faut réduire le tout en fractions.

Mais s'il n'y avait qu'un seul entier sans fraction à diviser par une fraction, alors il faudrait réduire l'entier en une fraction ayant pour dénominateur celui de la fraction diviseur.

6 entiers à diviser par $\frac{2}{3}$

Un entier exprimé en tiers vaut $\frac{3}{3}$. 6 entiers valent donc 18. 18 divisé par 2 donne au quotient $\frac{9}{3}$ ou 3.

RÉDUCTION

des fractions en décimales.

Toutes les études auxquelles vous venez de vous livrer, vous pouvez vous en dispenser en connaissant seulement la règle qui va suivre.

Pour réduire une fraction en décimales, divisez le numérateur par le dénominateur.

Réduire $\dfrac{8}{25}$ en décimales $= 0,32$

$$80 \mid 25$$
$$50 \mid 0,32$$

Vous divisez 8 par 25; je vous ai exercé à ce genre de division. Le dividende 8 n'étant pas contenu dans le diviseur 25, je pose un o au quotient; je n'aurai pas d'unités; je ne puis avoir que des décimales et elles s'indiquent par une virgule. Je fais la division d'après la règle ordinaire et j'obtiens au quotient o,32.

S'il y avait un entier joint à la fraction, on poserait d'abord l'entier et l'on mettrait immédiatement après lui la virgule. On opérerait sur la fraction comme on vient de le faire.

$2\dfrac{8}{25}$ réduits en décimales donnent 2,32

C'est le même cas lorsque le numérateur est plus fort que le dénominateur $\dfrac{58}{25}$

$$
\begin{array}{r|l}
58 & 25 \\
80 & 2,32
\end{array}
$$

Quant à la réduction des décimales en fractions, elle est toute simple, puisque l'on ne peut prendre pour dénominateur que 10, 100, 1000. 0,32 en fractions donnent $\dfrac{32}{100}$ ou $\dfrac{16}{50}$ ou $\dfrac{8}{25}$.

NOMBRES COMPLEXES

Anciennes mesures.

Vous savez qu'un nombre est concret lorsqu'on ne se borne pas à articuler le nombre et qu'on le fait suivre d'un nom qui spécifie la nature des objets. Les nombres dits *complexes* sont des nombres concrets, mais avec une spécialité qui est le système ancien de mesurage. Beaucoup d'industriels en sont encore à ce vieux système qui n'a pas le sens commun; vous pouvez avoir des relations d'intérêt avec eux, il faut donc que je vous mette à même de les comprendre et de faire vos affaires sans être exposé à devenir leurs dupes.

Et d'abord *le sytème monétaire*. Au lieu du franc, il y avait *la livre* qui valait 20 sous, le *sou* qui valait 12 deniers ou 4 liards; puis on avait aussi un *écu* proprement dit qui valait 3 livres, et aussi l'écu de six livres.

Pour *peser* les différentes marchandises. on avait les poids dont les rapports suivent :

L'unité principale était encore

La livre qui valait 2 marcs.
Le marc — — 8 onces.
L'once — — 8 gros.
Le gros — —72 *grains.*

Pour *toiser*, on se servait du *pied de roi.*

La toise valait 6 pieds.
Le pied — 12 pouces.
Le pouce — 12 lignes.
La ligne — 12 *points.*

Pour *mesurer la terre* on la divisait en *ur-pents* et un arpent contenait 100 *perches* quarrées. Quant à la valeur de la perche, elle variait selon les us et coutumes de chaque province. A Paris la perche valait 18 pieds; dans d'autres provinces 19, 20, 22, 24, etc.

La division du pied de Roi ne change jamais; il est toujours de 12 pouces.

La mesure de *capacité*, c'était le *muid.*

Le muid valait 12 setiers.
Le setier — 4 minots.
Le quart d'un minot 16 litrons.

Ou bien encore :

Le muid de blé contenait 12 setiers.

Le setier — — 12 *boisseaux.*

Ou bien encore :

Le muid de vin contenait 150 quartes.

La quarte — — 12 pintes.

La pinte — — 2 chopines.

La chopine — — 2 demi-setiers.

La valeur de l'*aune* était très-variable entre 3 et 5 pieds.

Il suffit d'avoir sous les yeux ce système de mesurage pour le condamner. Chaque unité principale a des subdivisions qui n'ont aucun rapport avec celles des autres unités ; ce n'est pas comme dans le système métrique où tout se compte de dix en dix. Puis dans chaque pays, il y avait des conventions locales qui ne répondaient pas aux conventions des autres pays ; il fallait connaître toutes ces différences, les calculer ; c'était un brouillamini, un chaos à ne pas en sortir. Le système métrique est une des plus belles créations de l'esprit humain, c'est une de celles qui ont été le plus utiles aux hommes : c'est peut-être la seule circonstance dans laquelle tous les différents peuples aient eu la même opinion, et une opinion raisonnable.

Pour faire le calcul des anciennes mesures, il faut parfaitement connaître les subdivisions de chaque unité principale, car pour les retenues ce ne sont plus des unités de dix en dix qu'il faut retenir; si après avoir additionné un certain nombre d'onces vous en trouvez à la somme 19, il est indispensable de vous rappeler que 19 onces représentent 1 livre plus 3 onces ou 2 marcs plus 3 onces. Il ne faudrait donc poser que les trois onces et retenir 1, s'il vient ensuite des livres, 2 s'il vient ensuite des marcs.

ADDITION

des nombres complexes.

43 livres 6 sous 8 deniers

| 54 | 14 | 13 | 38 | 12 | 38 | 20 |
| 9 | 15 | 17 | 6 | 3 | 18 | 1 |

107 liv. 18 sous 6 deniers

Je dis : 8 et 3 font 11 et et 7 , 18 ; je pose 8 et retiens 1 ; mais ne posez pas le 8 à la somme ; mettez-le à côté ou sur une autre feuille de papier , et c'est encore là un des inconvénients de l'ancien système. 1 et 1 font 2 et 1 , 3 ; j'ai donc 38 deniers que je divise par 12 pour avoir des sous , puisqu'un sou vaut 12 deniers ; il y a 3 sous et il reste 6 deniers ; je ne puis donc porter à la somme que ces 6 deniers , et j'ajoute les 3 sous à la colonne des sous. 3 et 6 font 9 et 4 , 13 et 5 , 18 ; je pose 8 et retiens 1. 1 et 1 font 2 et 1 font 3 ; j'ai aussi 38 sous ; il faut que je cherche les livres contenues dans 38 sous. La livre vaut 20 sous , je divise donc 38 par 20 et j'ai au quotient 1 livre et pour reste 18 sous que je pose à la somme. 1 livre et 3 font 4 et 4 8 et 9 , 17 , je pose 7 et retiens 1 ; je n'ai plus besoin d'isoler mes résultats partiels, attendu que je suis parvenu à l'unité la plus forte et que je n'aurai point à la diviser. 5 et 5 font 10 ; je pose o et j'avance 1.

5 toises 4 pieds 9 pouces 2 lignes.
8   3   7   4
6   2   10   5
_____
20 toises 5 pieds 2 pouces 11 lignes.

Je puis poser de suite 11 lignes à la somme, attendu qu'il n'y a pas de pouces contenus dans 11 lignes.

SOUSTRACTION

des nombres complexes.

J'avais à faire   58 t. 4 p. 5 p. 12 l. d'ouvrage
J'ai fait   7   5   9   6
il me reste à faire 50 t. 4 p. 8 p.   6 l.

Je retranche ce que j'ai fait de ce que j'avais à faire et j'ai ce qui me reste à faire.

6 lignes de 12, il reste 6, je pose 6 et ne retiens rien. 9 de 5 cela ne se peut, j'emprunte un pied qui vaut 12, et 5 que j'avais font 17 pouces. 9 de 17 il reste 8, je n'ai plus que 3 pieds dans le nombre supérieur. 5 de 3 cela ne se peut, j'emprunte une

toise qui vaut 6 pieds et 3 font 9, 5 de 9 il
reste 4 pieds ; 7 de 7, o; et j'abaisse le 5.

De	22 liv.	3 m.	5 onc.	2 gro	8 grai.
Retrancher	15	4	6	3	54
	6 liv.	o m.	6 onc.	6 gro	26

54 de 8 cela ne se peut, j'emprunte 1
gros qui vaut 72 grains et 8 que j'avais font
80; 54 de 80 il reste 26; 3 gros de 1, cela
ne se peut, j'emprunte 1 once qui vaut 8
gros et 1 font 9, 3 de 9 il reste 6. 6 onces
de 4 cela ne se peut, j'emprunte 1 marc
qui vaut 8 onces et 4 font 12, 6 de 12 il
reste 6; 4 marcs de 2 cela ne se peut; sur
les 22 livres j'en prends une qui vaut 2
marcs et 2 font 4, il reste donc o marc,
5 de 11 il reste 5 livres.

MULTIPLICATION

des nombres complexes.

Autant l'addition et la soustraction des
nombres complexes sont faciles, autant la
multiplication et la division sont difficiles.
La multiplication se fait entièrement par le

raisonnement; et ce raisonnement est basé
sur le principe que je vous ai donné pour
calculer les intérêts, il faut examiner le
rapport des différents intérêts avec celui à
6; de même dans la multiplication des
nombres complexes il faut tout rapporter
au prix d'une seule chose, et par exemple
si pour un franc on a tant de toises d'ouvrage, tant d'aunes de toile, pour 10 sous
on aura la moitié de ce qu'on a eu pour
un franc. La multiplication par 10 sous
consiste donc à prendre la moitié du multiplicande. Il faut avoir bien soin de décomposer les valeurs en parties exactement
contenues dans les valeurs supérieures.

Une aune de drap coûte 23 livres 15 sous
9 deniers; combien coûteront 35 aunes.

$$
\begin{array}{l}
\qquad 35 \\
\qquad 23 \text{ liv. } 15 \text{ sous } 9 \text{ den.} \\
\hline
\qquad 105 \\
\qquad 70 \\
\text{Pour 10 sous} \qquad 17 \quad 10 \\
\text{Pour 5 sous} \qquad 8 \quad 15 \\
\text{Pour 6 deniers} \qquad\quad 17 \qquad 6 \\
\text{Pour 3 deniers} \qquad\quad 8 \qquad 9 \\
\hline
832 \text{ li. } 11 \text{ sous } 3 \text{ den.}
\end{array}
$$

Dans la multiplication des nombres complexes c'est le contraire de ce qui a lieu dans
le système décimal. On commence la multiplication par les quantités les plus fortes ;
on commence par le chiffre le plus à gauche au lieu de commencer par le chiffre le
plus à droite. Je multiplie donc d'abord
par 23 livres ; 3 fois 5 font 15 ; 3 fois 3, 9
et 1 font 10 ; 2 fois 5, 10 ; 2 fois 3, 6 et 1
font 7.

Pour multiplier par 15 sous, on pourrait
prendre les 3/4 de 35, puisque 15 sous sont
les 3/4 d'un franc ; mais il est plus facile de
décomposer 15 sous en 10 et 5, et de prendre d'abord la moitié de 35 puis la moitié de
cette moitié parce que 5 est la moitié de 10 ;
la moitié de 35 est de 17 pour 34, il reste
1 et comme je multiplie par des sous, je
dis la moitié d'un franc est de 10 sous.

Il faut avoir une grande attention dans
la manière de poser les chiffres ; on serait
tenté de poser le 7 de 17 sous le 7 de 70,
et l'on aurait un résultat faux. Il est indispensable de remarquer qu'à la rigueur l'addition des produits partiels de la multiplica-

tíon par les livres aurait dû être faite, et alors on aurait eu 1.05 produit définitivement

$$\begin{array}{r} 70 \\ \hline 805 \end{array}$$

arrêté de la multiplication par les livres ; il n'y aurait donc pas lieu à avancer d'une place le premier chiffre de droite d'autres produits tout-à-fait distincts de celui par les livres; ce n'est plus la même multiplication ; ce sont les différents produits de multiplications diverses qu'on additionne ensemble ; il faut donc d'après les règles de l'addition que tous les premiers chiffres de droite se correspondent , soient placés les uns au-dessous des autres.

C'était là une assez grande difficulté pour l'élève, parce qu'on ne lui en rendait pas compte ; je crois l'avoir effacée par le raisonnement développé qui précède.

Pour multiplier par 5 sous , je prends la moitié du produit par 10 sous et j'ai 8 livres 15 sous, car la moitié de 17 livres est 8 livres plus une livre qui vaut 20 sous et 10 font 30. La moitié de 30 sous est 15.

Les 9 deniers, je les décompose en 6 et

3 pour avoir des parties de sous dont le quotient soit facile à apprécier. 6 deniers, c'est la moitié d'un sou. Je prends donc encore la moitié de 35; mais comme l'unité de comparaison est le sou, je ne pose pas cette fois le résultat sous les livres mais sous la colonne des sous. J'ai donc 17 sous 6 deniers parce que 17 est la moitié de 35 plus 1 sou et la moitié d'un sou est 6 deniers.

3 deniers, c'est la moitié du produit par 6 deniers.

Additionnant ces produits partiels, j'ai au produit total 832 livres 11 sous 3 deniers.

Quand le multiplicande et le multiplicateur sont tous les deux des nombres complexes, il faut multiplier successivement tout le multiplicande par chaque valeur exprimée dans le multiplicateur.

72 l.	6 s.	6 d.	
27 t.	4 p.	8 po.	
504 l.	0 s.	0 d.	
144			
6	15	0	
1	7	0	
0	13	6	
36	3	3	
12	1	1	
4	0	4	1/3
4	0	4	1/3
2009 l.	0 s.	6 d.	2/3

Il faut d'abord multiplier 72 livres par
27. Ensuite pour multiplier 6 sous par 27,
on décomposera ces 6 sous en 5 sous et 1
sou. Les 5 sous faisant le quart de la livre,
doivent étant multipliés par 27 donner 27
fois le quart de la livre ou le quart de 27
livres, on prendra donc le quart de 27 livres qui est 6 livres 15 sous. Pour multiplier 1
sou par 27, on remarquera qu'un sou est la
cinquième partie de 5 qu'on vient de multiplier ; ainsi l'on prendra le cinquième des
6 livres 15 sous qui sera 1 livre 7 sous.

A l'égard des six deniers, on fera attention qu'ils sont la moitié d'un sou ; par con-

séquent on prendra la moitié de 1 livre 7
sous qu'on a eu pour un sou.

Jusque là tout le multiplicande est multiplié par 27.

Pour multiplier par 4 pieds, on prendra d'abord pour 3 pieds la moitié de 36
livres 3 sous 3 deniers du multiplicande et
pour 1 pied le tiers de ce que donnent les 3
pieds.

Enfin par 8 pieds on prendra 2 fois pour
4, c'est-à-dire qu'on écrira 2 fois le tiers
de ce qu'on vient d'avoir pour un pied. En
réunissant toutes ces différentes parties on
aura 2009 livres 0 sou 6 deniers 2/3 pour
produit total.

J'ai emprunté cette dernière multiplication à Bezout, d'abord parce que soit l'une
soit l'autre, le moyen est toujours le même,
puis j'attache peu d'importance aux nombres complexes parce qu'on ne s'en sert plus
et l'on fait bien.

DIVISION DES NOMBRES COMPLEXES.

Elle se fait comme celle des nombres
entiers en ayant soin de réduire tous les

restes en quantité inférieure en les multipliant par 20 si l'on veut avoir des sous,
par 12 si l'on veut avoir des deniers et ajoutant les sous ou les deniers qui se trouvent
au dividende.

35 aunes de drap ont coûté 832 livres
11 sols 3 deniers, combien vaut l'aune ?

$$832 \text{ l. } 11 \text{ s. } 3 \text{ den.}$$

$$132$$

$$27 \qquad \begin{cases} 35 \\ 23 \text{ l. } 15 \text{ s. } 9 \text{ d.} \end{cases}$$

Je multiplie par $\qquad$ 20

Pour avoir $\qquad$ 540

des sous $\qquad$ 11

$$\overline{551}$$

$$201$$

$$26$$

Je multiplie par $\qquad$ 12

pour avoir $\qquad$ 52

des deniers $\qquad$ 26

$$\overline{312}$$

$$3$$

$$315$$

$$00$$

Je divise d'abord 832 livres par 35.
Comme dans tous les calculs de nombres
complexes il faut prendre valeur par valeur, il faut diviser d'abord les livres représentées par le nombre 832, on a au quo
tient 23 livres et pour dernier reste 27 livres qu'il faut réduire en sous puisque 27
n'est pas divisible par 35. Je multiplie donc
27 par 20, et j'ai au produit 540 sous auxquels j'ajoute les 11 du dividende, ce qui
me donne 551 sous que je divise par 35
pour avoir les sous du quotient. J'en obtiens 15 et un reste de 26 sous que je multiplie par 12 pour avoir des deniers, attendu qu'un sou vaut 12 deniers, et j'ai au
produit 312; j'ajoute les trois deniers du
dividende, j'ai donc 315 à diviser par 35
pour avoir les deniers du quotient.

L'aune de ce drap vaudra donc 23 livres
15 sous 9 deniers.

Lorsque le diviseur est aussi un nombre
complexe, il faut le réduire à sa plus petite espèce. Multiplier le dividende par le
nombre qui exprime combien il faut de parties de la plus petite espèce du diviseur
pour composer l'unité principale de ce

même diviseur; alors la division sera réduite au cas où le diviseur était incom-
plexe.

57 toises 5 pieds 5 pouces d'ouvrage ont
été payés 845 livres 17 sous 11 deniers, à
combien revient la toise?

Il faut diviser le prix par l'ouvrage fait et
pour cela je réduis 57 toises 5 pieds 6
pouces en pouces ce qui me donne 4169,
et comme il faut 72 pouces pour faire la
toise qui est l'unité principale du diviseur,
je multiplie le dividende par 72 ce qui me
donne 61552 livres 10 sous pour nouveau
dividende.

```
61552 l.  10 s.  │4169
19862            │141 l.  15 s.  3 d.     1433
 3186                                     4106
─────                                     ─────
63730 s.
22040
 1195
─────
14340 d.
 1833
```

Pour comprendre l'opération préparatoire que vous avez faite, il faut faire attention que le diviseur valant 4169 pouces et
le pouce étant la soixante-douzième partie
de la toise, le diviseur est $\dfrac{4109}{72}$ de la toise.

Or pour diviser par une fraction, il faut
renverser la fraction diviseur et multiplier
ensuite par cette fraction renversée, c'est-
à-dire qu'il faut d'abord multiplier par 72
puis diviser par 4169.

CONVERSION

des anciennes mesures en nouvelles.

Un mètre vaut o toise, 513 ou 3 pieds
078.

Une toise vaut 1 mètre, 949.

Un pied vaut o mètre, 324.

Un pouce vaut o mètres, 270.

Une aune vaut 3 pieds 7 pouces 10 lignes
10 points ou 1 mètre, 188.

La lieue de poste vaut 2000 toises ou 3
kilomètres, 898, de manière qu'nn kilomètre ou mille mètres peuvent être considérés

comme un quart de lieue ; un kilomètre vaut
513 toises, 074.

La livre vaut o kilogramme, 489.

Le kilogramme vaut o livres, 042 ou 32
onces, 686 ou 261 gros, 488 ou 18827
grains, 149. Si l'on divise la valeur o k.,
489 de une livre par 16 on verra qu'une
once vaut o k., 030. Cette dernière valeur
divisée par 8 donnera o k., 003 pour valeur du gros, et l'on diviserait ce dernier
nombre par 72 pour avoir des grains.

Le quintal vaut 100 livres ou 100 fois la
valeur d'une livre exprimée en kilogrammes o, 489 ou 48 kilo., 950.

L'are est un quarré dont chaque côté a
dix mètres, et sert à mesurer les terrains.

Le stère est un mètre cube et sert à mesurer les bois de chauffage.

Le litre équivaut à un décimètre cube et
sert à mesurer les liquides et les grains ; il
remplace la pinte et le litron, bien qu'il soit
un peu plus grand qu'eux. Le décalitre
remplace le boisseau, l'hectolitre le setier.

Le gramme équivaut au poids d'un centimètre cube d'eau distillée et vaut 18
grains, 82.

Les nouvelles monnaies d'argent con-
tiennent les $\frac{9}{10}$ de leur poids en argent pur,
les monnaies d'or les $\frac{9}{10}$ de leur poids en or
pur. La pièce d'un franc pèse 5 grammes,
la pièce d'or de 20 francs pèse 6 grammes,
451 et a 21 millimètres de diamètre ; celles
de 20 fr. ont 26 millimètres de diamètre.

Myria , kilo , hecto , déca , déci ,
Dix mille mille cent dix dixième
centi , milli.
centième millième.

Voilà les termes d'origine grecque qu'on
place devant l'unité principale pour exprimer les modifications de sa valeur suivant
le système décimal , c'est-à-dire de dix en
dix.

Pour convertir une fraction en décimales il suffit de diviser le numérateur par le
dénominateur 1 ou o, $\frac{5}{2}$o c'est la même
chose.

Pour convertir un nombre complexe en
décimales, par exemple , 600 toises en mè-

tres, il faut prendre la valeur d'une seule toises 1 m, 909 en mètres et multiplier par le nombre des toises.

Pour convertir 5 livres 6 gros en kilo-grammes, opérez d'abord sur 5 livres, puis sur 6 gros, en prenant la valeur d'une seule livre en kilogrammes et la multipliant par 5 ; puis en prenant la valeur d'un seul gros en kilogrammes et la multipliant par 6, la somme de ces deux produits donnera la conversion cherchée.

Le moyen est le même pour la conver-sion des nouvelles mesures en anciennes.

Les deux chapitres du toisé remplacent dans mon arithmétique deux chapitres qui vous seraient complètement inutiles : le plus grand commun diviseur et les loga-rithmes ; cependant je vous donnerai une idée de ces deux inutilités de la science : d'abord pour ne vous laisser rien igno rer et surtout pour vous rendre convaincus que ces deux connaissances ne sont d'aucun se-

III.   10

cours dans les différentes phases de la vie usuelle.

Un nombre *premier* est celui qui n'est divisible que par lui-même et par l'unité. Deux nombres sont premiers entre eux quand ils n'ont pas de facteur commun.

On appelle *le plus grand commun diviseur*, le plus fort de tous les diviseurs communs à plusieurs nombres et pour trouver le plus grand commun diviseur de deux nombres, il faut diviser le plus grand par le plus petit, le plus petit par le reste, et tous les restes les uns par les autres jusqu'à ce qu'on obtienne un quotient exact. Le reste qui divisera exactement le reste précédent sera le plus grand commun diviseur demandé.

Je ne vois pas ce que vous pourriez faire de tout ce que je viens de vous dire sur le plus grand commun diviseur :

Je passe aux logarithmes.

LOGATIHMES.

Les logarithmes sont des nombres en progression arithmétique qui répondent terme pour terme à une pareille suite de nombres en progression géométrique.

$$2 : 4 : 8 : 16 : 32 : 64 : 128 : 256.$$
$$3 . 5 . 7 . 9 . 11 . 13 . 15 . 17.$$

Chaque terme de la série inférieure est *le logarithme* du terme qui lui correspond dans la série supérieure.

Le même nombre peut donc avoir un nombre infini de logarithmes différents, puisqu'à la même progression géométrique on peut faire correspondre un nombre infini de progressions arithmétiques différentes.

Dans la formation des tables on a choisi pour progression géométrique la progression décimale, celle qui résulte de la multiplication par 10, et pour progression arithmétique la suite naturelle des nombres.

$$1 : 10 : 100 : 1000 : 10,000 : 100,000.$$
$$0 \quad . \quad 1 \quad . \quad 2 \quad . \quad 3 \quad . \quad 4 \quad . \quad 5.$$

Ainsi le logarithme de l'unité suivie de plusieurs zéros est le nombre même des zéros.

Pour comprendre la table de logarithme il faut s'imaginer qu'on a inséré 10000000 moyens géométriques entre 1 et 10, autant entre 10 et 100, autant entre 100 et 1000 et ainsi de suite; puis on a introduit un nombre égal de moyens arithmétiques entre 0 et 1, autant entre 1 et 2, autant entre 2 et 3 et ainsi du reste. On a rangé exactement les seconds au-dessous des premiers, de manière que chaque moyen géométrique eût un moyen arithmétique qui lui correspondît. Alors on a cherché dans la série géométrique le nombre le plus près de 2, et l'on a pris dans la série arithmétique le nombre correspondant. On a de même cherché dans la première série le nombre qui approchait le plus de 3, et l'on a encore pris dans la série inférieure le nombre correspondant. Quand on eut soumis à ce même travail tous les nombres on écrivit

dans une colonne verticale la suite naturelle des nombres et on plaça en regard de
chacun d'eux les termes de la progression
arithmétique qui lui correspondaient tant
bien que mal. On eut :

```
 1 — 0,000000
 2 — 0,301030
 3 — 0,477121
 4 — 0,602060
 5 — 0.698970
 6 — 0.778151
 9 — 0.954243
10 — 1.000000
```

Le premier chiffre de droite de chaque
logarithme se nomme *la caractéristique*,
parce que c'est lui qui indique dans quelle
décade est compris le nombre auquel appartient ce logarithme. Si un nombre a
pour caractéristique 4 je sais qu'il est dans
la décade des dix mille parce que le logarithme de 10,000 est 4, c'est-à-dire un
nombre égal au nombre des zéros de
10,000.

Vous savez que dans les progressions
arithmétiques l'on ne fait qu'ajouter et sous-

traire, que dans les progressions géométriques on multiplie et l'on divise ; vous venez d'apprendre aussi que chaque nombre de la progression géométrique a son correspondant dans la progression arithmétique ; par conséquent en ajoutant les logarithmes de deux nombres on a le logarithme de leur produit.

Ainsi donc pour faire une multiplication par logarithmes, il faut ajouter le logarithme du multiplicande au logarithme du multiplicateur; la somme sera le logarithme du produit ; on cherche cette somme parmi les logarithmes des tables et l'on trouve à côté le produit.

Si l'on voulait multiplier 13 par 14., il faudrait d'abord chercher dans la table le logarithme de 13 qui est

$$1. 113943$$

puis celui de 14 qui est . $\quad$ 1. 146128 .

dont la somme est $\quad$ 0. 260071

Il faudrait reprendre encore la table, la compulser encore pour chercher à quel nombre répond 0. 260071 et l'on finirait par trouver que c'est 182.

Or donc pendant le temps que vous em-
plöyez pour trouver un seul de ces trois
logarithmes, j'aurai multiplié 13 par 14 ;
vous voyez que c'est quelque chose d'assez
absurde que les logarithmes. Qu'importe !
je me suis engagé à tout vous apprendre
même, ce que vous pourriez ignorer,
j'aurai de la résignation jusqu'au bout de
cette tâche assoupissante.

Pour quarrer un nombre vous pouvez
multiplier son logarithme par 2 ; pour le
cuber, par 3 ; et par conséquent pour extraire la racine quarrée il faut diviser le
logarithme par 2, pour extraire la racine
cubique prendre le 1/3 du logarithme ;
pour extraire la racine septième d'un nombre le diviser par 7.

Si l'on avait fréquemment à extraire des
racines quarrées ou cubiques, on pourrait
à la rigueur faire coudre sur quelque partie de ses vêtements une table de logarithmes ; je dis : faire coudre, car si on ou-
bliait de la prendre avec soi on ne pourrait plus faire ses calculs, attendu qu'on
n'aurait consenti à cette gêne que dans

l'impossibilité où l'on se serait trouvé d'extraire une racine quarrée ou une cubique , par le moyen naturel.

Pour diviser un nombre par un autre on peut donc soustraire le logarithme du diviseur du logarithme du dividende; le nombre auquel répond dans la table le logarithme restant sera le quotient de la division.

Ceci ne serait que médiocrement mauvais si toutes les divisions se faisaient sans reste alors on trouverait dans la table un logarithme aussi exact que peut l'être un logarithme; mais il advient, comme vous le savez, que sur 5o divisions , 49 ont des restes, le logarithme ne se trouvera donc qu'en partie dans la table. Il faut faire des rapprochements, des calculs, chercher , chercher toujours dans son guide-âne ; croyez-moi, ne vous donnez pas cette peine et pour aimer la science, ne lui demandez que ce qu'elle a d'utile. Au reste un fait très remarquable, c'est que le plus grand commun diviseur et les logarithmes sont exclus du plus grand nombre des arithmétiques; on a donc jugé qu'ils ne servaient qu'à grossir un volume et à ennuyer un élève.

Le chapitre qui va suivre résumera ce
que vous avez appris d'utile.

———•◦•———

ECHELLE DE PROBLÈMES.

Combien 8462 sous font-ils de francs?
Combien 446 francs font-ils de sous?
Combien 1802 centimes font-ils de francs?
Combien 56 francs font-ils de centimes?
Combien valent 68 objets à 10 sous la
pièce?

13 objets	à	11 sous l'un?
14 objets	à	15 francs l'un?
18	à	25 fr.
1111	à	9 fr.
45	à	100 fr.
4c6	à	0,01 centime.
67	à	10 fr.
386	à	0,05 centimes.

1000 objets coûtent 18 fr., combien coû-
tera un seul?

Un bijoutier a vendu à six personnes des effets en or pesant comme suit : à la première 28 grammes 448 — à la deuxième 248,50 — à la troisième 4,581 — à la quatrième 45,3 — à la cinquième 6847,25 — à la sixième 5,47. Combien de grammes d'or a-t-il vendus ?

Un bijoutier a vendu à six personnes des effets en or pesant comme suit : à la première 1/2 marc ; à la deuxième 1/3 de marc ; à la troisième 1/5 de marc ; à la quatrième 3/8 de marc ; à la cinquième 6/7 de marc ; à la sixième 2/5. Combien de marcs d'or a-t-il vendus ?

Un bijoutier a vendu à six personnes des effets en or pesant comme suit : à la première 1 livre 0 marc 5 onces 4 gros 28 grains ; à la seconde 1 marc 3 onces 2 gros 6 grains ; à la troisième 4 livres 7 onces 1 gros 48 grains 1/2 ; à la quatrième 6 onces 7 gros 36 grains 2/3 ; à la cinquième 3 livres 1 marc 2 onces 1 gros 62 grains 2/5 ; à la sixième 1 marc 6 gros. Combien a-t-il vendu d'or ?

Un maçon avait à faire 7842 mètres 3 décimètres d'ouvrage ; il a fait 58 mètres

674 millimètres; que lui reste-t-il encore à faire?

Un maçon avait à faire 24 toises 5 pieds 6 pouces 3 lignes 1/2 d'ouvrage, il a fait 18 toises 5 pieds 11 pouces 4 lignes 2/3; qu'a-t-il encore à faire?

J'avais 343 aunes 7/8 de drap, j'en ai donné 78 8/9; combien d'aunes me reste-t-il?

Un épicier a vendu 2498 kilogrammes 65 grammes de sucre à 3,65 le kilogramme; pour combien en a-t-il vendu?

Combien valent 643 cordes de bois à raison de 76 francs 12 sous 2 liards l'une?

La longueur d'une pièce de terre contient 172 perches 2/3, la largeur 114 3/4; quelle est la superficie de cette pièce de terre évaluée en arpents?

Une autre pièce de terre est quarrée, elle a 27 toises 4 pieds 6 pouces 3 lignes de longueur et de largeur; quelle est la superficie?

On a acheté 6849 hectolitres de vin pour 66789,50, à combien revient l'hectolitre?

On a 1814 francs à partager entre 3024 personnes; combien revient-il à chacune d'elles?

On a acheté 5 1/2 aunes d'étoffes qui ont coûté 19 francs ; combien coûte l'aune ?

53 aunes ont coûté 471 livres 8 sous 3 deniers ; combien vaut l'aune ?

44 toises 3 pieds 4 pouces 8 lignes d'ouvrage ont coûté 265 francs 4 sous 10 deniers ; à combien revient la toise ?

Quel est l'intérêt annuel de 3600 francs à 5 pour cent ? à 6 ? à 7 1/2 ? à 9 ? à 12 1/2 ?

Quelle somme devrait placer à 5 pour cent une personne qui désirererait avoir 5800 de rente ?

Combien 93 francs à 5 pour cent rapportent-ils de sous ?

Quel est l'intérêt de 2847 francs à 6 pour cent pour trois mois 28 jours ?

Quel est l'intérêt de cette même somme à 7 1/2 pour 5 mois 6 jours ?

75 aunes de drap ont coûté 325 francs, combien coûteront 55 aunes ?

Si 20 toises de maçonnerie valent 126 francs 15 sous ; combien vaudront 18 toises 4 pieds 8 pouces ?

108 hommes ont des vivres pour 25 jours : pour combien de jours en auront 75 hommes ?

Si les vivres qui sont dans une ville peuvent faire subsister 300 hommes pendant 24 jours , combien faudra-t-il d'hommes pour consommer les mêmes vivres en 14 jours?

Si dans une ville assiégée il y a des vivres pour 2000 hommes et pour 11 mois , si l'on renforce la garnison de 600 hommes, combien de temps ces mêmes vivres dureront-ils sans qu'on soit forcé de diminuer la ration ?

Si 2000 hommes subsistent pendant 11 mois avec ces vivres , pendant combien de temps subsisteraient 600 hommes ?

Si un capitaine a de l'argent pour ses soldats et pour 20 jours à raison de 0,65 centimes par homme , de combien faudra-t-il diminuer la solde de chaque militaire pour que l'argent dure pendant 38 jours ?

Si 38 ouvriers ont employé 64 jours pour faire un certain ouvrage , combien 150 ouvriers mettront-ils de temps pour faire le même ouvrage ?

Un marchand a acheté une pièce de taffetas qui pesait 18 livres et qui avait 62 aunes 1/3 et lui coûtait 23 francs la livre ; combien vaut l'aune ?

165 mètres de maçonnerie ont été faits par 20 hommes en 4 jours, combien 13 hommes pourraient-ils faire de mètres en 25 jours?

24 hommes ont fait 180 mètres de maçonnerie en 31 jours, combien faut-il d'hommes pour faire 600 mètres en 18 jours?

Un homme a gagné 1800 francs en 16 jours en prêtant à un autre 20,000 francs, combien gagnera-t-il s'il prête à un autre 50000 francs pour 37 jours?

Une maison rapporte 2700 f. par an, on veut l'acheter de manière qu'elle rapporte 7 1/2; combien doit-on la payer?

Une personne veut emprunter 40000 fr. à 8 pour cent à la condition qu'elle remboursera 8000 francs par année, en combien de temps cette personne sera-t-elle libérée de sa dette?

J'ai prêté 31,808 francs à 7 1/2; à combien monteront les intérêts au bout de 18 ans 10 mois 20 jours?

Un marchand a acheté pour 4800 francs de marchandises à un an de terme à raison de 8 pour cent; il vient payer au bout d'un mois 6 jours combien doit-il donner ?

Un marchand a acheté 4 tonneaux d'huile pesant 3400 kilogrammes, combien doit-il payer net en rabattant 16 pour cent pour la tare.

Quatre personnes ont en caisse 850000 f. quelles veulent partager ; l'une avait mis 20,000 francs ; l'autre 14,000, le troisième 6000, la quatrième 10,000, combien revient-il à chacune d'elles ?

Mais si la première avait laissé ses 20,000 pendant 6 mois ; la seconde ses 14,000 pendant 8 mois, la troisième ses 6000 pendant 2 ans, la quatrième ses 10,000 pendant 18 mois, combien reviendrait-il à chacune d'elles ?

Si au lieu de gagner elles avaient perdu, si elles n'avaient plus en caisse que 14,000 mille francs, combien reviendrait-il à chacune d'elles et en supposant encore que l'argent soit resté dans la société pendant des laps de temps différents.

Un intendant n'a que 3000 rations pour distribuer par jour à cinq régiments dont l'un devrait avoir 860 rations, l'autre 745, le troisième 900 le quatrième 1080, le cinquième 1200, combien doit-il donner à chaque régiment ?

Un homme fait un testament par lequel il laisse à sa veuve 18,000 francs à la condition que si elle enfante un fils il aura les 3/4 de la somme et sa mère le 1/4 seulement ; si elle enfante une fille elle aura elle sa mère les 3/4 et sa fille le 1/4 ; il arrive que cette femme met au monde un fils et deux filles, que revient-il à chacun ?

On emploie 200 ouvriers dont 50 sont payés à raison de 2 fr. par jour ; 70 à raison de 1 fr. 50 ; 50 à raison de 1 fr. 25 ; 30 à raison de 1 fr., à combien chaque ouvrier revient-il par jour l'un portant l'autre ?

Trouver dans combien d'années le capital 600,000 francs vaudra 785,000 à 5 pour cent l'an.

Un capital de 365,000 francs augmenté de ses intérêts simples pendant 28 mois vaut 420,000 francs après ce temps, à quel taux ce capital a-t-il été placé ?

On a mêlé 36 boisseaux de froment à 1 f. 10 ; 48 boisseaux de seigle à 0, 85 centimes et 14 boisseaux à 0. 70 ; le mélange étant fait, à combien revient le boisseau ?

Un orfèvre veut faire un ouvrage qui doit peser 86 marcs d'argent au prix de 30 francs le marc, et parce qu'il n'a point d'argent à ce titre là, il est nécessaire qu'il allie différents titres ; il a de l'argent à 21 francs, à 22, à 29 et à 33 ; combien doit-il prendre de chaque titre pour faire les 86 marcs ?

Avec 1798 hommes on veut former un bataillon quarré, combien y en aura-t-il de chaque côté ?

Extraire la racine quarrée de 18 5⁄6 et celle de 43, 60.

Une terrasse forme un cube dont la solidité est de 2894743770013 pieds cubes, quelle est sa hauteur ?

Extraire la racine cubique de 214 7⁄8 et celle de 3067, 54.

Les questions sur le toisé doivent le plus souvent être spéciales, selon le genre d'industrie auquel l'élève se destine.

FIN DU TROISIÈME VOLUME.

———✦———

Une épreuve publique de ceux de mes enseigne-
mens qui intéressent l'éducation primaire, a eu
lieu, par ordre du Ministre, à l'Ecole normale de
Versailles, et j'ai obtenu les félicitations des personnes distinguées qui composaient l'assemblée,
et les remerciemens des élèves de l'Ecole Ces
suffrages sont venus se joindre à ceux dont plusieurs sociétés savantes ont bien voulu m'hono-
rer. Mon succès ne me fascine pas ; il me donne
du courage pour me mettre à la recherche des
améliorations qu'une idée neuve est toujours
susceptible de recevoir.

LES 22 COURS DE L'ENSEIGNEMENT BUESSARD

1. LECTURE.
2. ÉCRITURE.
3. GRAMMAIRE.
4. ARITHMÉTIQUE.
5. TENUE DES LIVRES.
6. GÉOGRAPHIE.
7. HISTOIRE DE FRANCE.
8. HISTOIRE UNIVERSELLE.
9. HISTOIRE DU TRAVAIL ET DES ARTS.
10. MYTHOLOGIE.
11. LITTÉRATURE.
12. LOGIQUE ET PHILOSOPHIE DU DEVOIR.
13. MNÉMOSYNE PHILODÉONIQUE.
14. RHÉTORIQUE ET COURS DE STYLE.
15. LANGUE LATINE.
16. LANGUE ANGLAISE.
17. COSMOGRAPHIE.
18. PHYSIQUE USUELLE.

19. CHIMIE USUELLE.
20. HISTOIRE NATURELLE, ZOOLOGIE.
21. BOTANIQUE.
22. MINÉRALOGIE ET GÉOLOGIE.

LA FEUILLE D'ÉTUDES PROGRESSIVES ET D'ÉMULATION TOUTE L'ANNÉE.

COURS ENFANTIN.

2 fr. le volume.

Ouvrages pour les gens du monde :

HISTOIRE UNIVERSELLE DE L'HUMANITÉ.
LITTÉRATURE UNIVERSELLE DE L'ESPRIT HUMAIN, HISTOIRE ET PHILOSOPHIE DES IDÉES.
ÉTUDE SOCIALE ÉTABLIE SUR MA BIO-GRAPHIE.
LES OUVRAGES PHILODÉONIQUES.

ŒUVRE PHILODÉONIQUE

Pour asseoir la société sur ses quatre bases normales : le Devoir, les Principes dignes, le Bien-être par le travail et l'Instruction du plus grand nombre, pour mettre dans chaque milieu social des sols de devoir, de travail et d'appui pour les existences et les idées utiles et pour procurer à chaque profession l'organisation et les ressources dont elle a besoin (PHILOS, ami; DÉON devoir).

LA RÈGLE DE CONDUITE PHILODÉONI-QUE.
L'ORGANISATION PHILODÉONIQUE.
LE POÉME PHILODÉONIQUE.
LE CODE DES DEVOIRS ET DES PRINCIPES D'UN BON ÉTAT SOCIAL.

LES DOUZE GRANDES FÊTES ET LES IN-TERMÈDES PHILODÉONIQUES, ORGANI-SATION, VERS ET MUSIQUE, CHAQUE FÊTE, 1 fr.
LES JEUX PHILODÉONIQUES ET LA TOM-BOLA.

MUSIQUE

LES 27 CHANTS PHILODÉONIQUES AVEC MUSIQUE................ 1 fr. » c.
LE SOLFÈGE BUESSARD............................ 1 50
LA GRANDE DANSE................................ 1 »

POISSY. — IMPRIMERIE ARBIEU.